エリア・スタディーズ 44

アイルランドを知るための70章【第3版】

海老島均
山下理恵子（編著）

明石書店

はじめに

２０１７年に日本とアイルランドは外交関係樹立60周年を迎え、さまざまなイベントが行われるなかで、両国の絆が再確認された。

日本はアイルランドが国交を結んだ東アジアで最初の国だったのだが、それ以前にもラフカディオ・ハーン（小泉八雲）などの文化人や、明治時代に来日したアイルランド人のエンジニアや宣教師が日本との結びつきの架け橋となってきた。一方、日本からは１８７２年に岩倉使節団がアイルランドを訪れている。

外交関係を樹立した後は、経済や貿易面でも交流が進んだ。１９７０年代からは日本企業のアイルランドへの投資が大幅に増えて、アイルランドにとって日本は大きな貿易相手国となる。さらに１９９０年代に「ケルティック・タイガー」と呼ばれる経済の急成長を遂げたアイルランドは、医薬品、化学製品、サービスなどを日本に輸出するようになった。その後、金融危機に直面したものの、アイルランドの経済は堅調な回復をみせ、成長している。さらに今後の英国のＥＵ離脱に伴う影響も見逃せない。

本書の第1版はアイルランド好景気の真っ只中である2004年に発行された。アイルランドの成功の秘訣、文学、音楽など伝統の魅力を紹介し、新しいアイルランドと昔ながらのアイルランドという両面を浮き彫りにした。

第2版発行は金融危機後の2011年であったことから、ケルティック・タイガー後の社会や生活の変化について描き出した。

そして今回、改訂版としての発行が実現した第3版では、伝統的なアイルランドのみならず、グローバル社会のなかで発展し、多様化するアイルランドに焦点を当てた。かつて、多くの人びとが海を越えてアメリカ大陸やオーストラリアに移民したアイルランドだが、現在では多くの移民が入り、社会構造が変化している。アイルランドの新たな挑戦に注目したい。

いくつかの点を説明しておこう。まず一般的に「イギリス」と呼ばれることが多い「グレートブリテン・北アイルランド連合王国」については、できるだけ「英国」という名称で統一した。「イングランド」と記述されている場合は、英国の一地域を指している。またカトリック系住民と対比して「プロテスタント」という言葉が使われているが、これは英国占領下のアイルランドにおいては英国国教会（アイルランド国教会）の信者を意味することが多かった。英国国教会はカトリックから分離した宗派のため、教義的にはカトリックに近い。一方、北アイルランドではスコットランドなどからプロテスタントの長老派の信者が植民したという経緯から、「プロテスタント」の大半は彼らを示すことになる。本書でのアイルランドの土地の名称については、アイルランドの複数の綿密な聞き取り調査に基づいて、できるだけ現地のアイルランド人が使用している発音に近い表記を採用するようにした。人名に関しては『固有名詞英語発音辞典』（三省堂）などを参考としているが、一部やはり現地の聞き取り調査で判断しているものもある。このため既存の文献での表記とは異なる場合もある。

アイルランドと日本は今後も絆を深めていくことだろう。近年においてはアイルランド最大の祝日である「セント・パトリックス・デイ（3月17日）」を記念して、日本各地でパレードやイベントが行われ、建物をアイルランドの国の色である緑にライトアップするグリーニングへの参加も増えている。本書を通してアイルランドという国やアイルランド人の魅力を知り、関心を深めていただけることを願っている。

２０１９年３月

海老島　均
山下理恵子

アイルランドを知るための70章【第3版】

目次

Ⅲ　政治・経済

IV 社会

V 日常生活

VI　アイルランドの象徴

Ⅶ　言語・文学・メディア

Ⅷ　音楽とダンス

アイルランド全図
0
50
100km
ドニゴール
デリー
アントゥリム
ティローン
ベルファスト
アルスター
フェアマナ
ダウン
スライゴー
リートゥリム
アーマー
モナハン
メイヨー
キャヴァン
ロスコモン
ロングフォード
ラウズ
ミーズ
コナクト
ウェストミーズ
レンスター
ダブリン
ゴールウェイ
オファリー
キルデア
大西洋
クレア
リーシュ
ウィックロー
アイリッシュ海
カーロー
キルケニー
ティペレアリー
リムリック
ウェックスフォード
ウォーターフォード
マンスター
ケリー
コーク
明朝体の太字はプロヴィンス
その他はカウンティ
ケルト海

● アイルランドの基礎データ ●

国　名	アイルランド（正式名称ではないがアイルランド共和国と呼ばれることもある）
首　都	ダブリン
面　積	約7万300 km²
人　口	約486万人（2018年アイルランド中央統計局暫定値）
言　語	公用語はアイルランド語、英語
政治制度	国家元首である大統領、首相により率いられる内閣、議会で構成される議員内閣制
宗　教	約78%がカトリック（2016年のデータ）

● アイルランドの国旗 ●

● アイルランドの紋章 ●

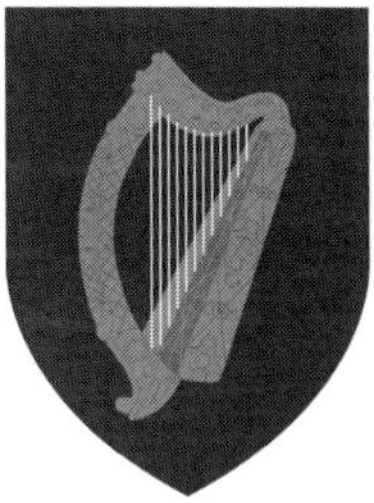

● 北アイルランドの基礎データ ●

地域名	北アイルランド（アイルランド島にある英国領の一部）
首　都	ベルファスト
面　積	約1万4000 km^2
人　口	約187万人（2019年、北アイルランド統計調査局 NISRA データ）
言　語	主に英語
政治制度	比例代表制で選出される一院制
宗　教	キリスト教徒の内訳は、カトリック約45％　プロテスタントとその他の宗派48％（国教会、長老派、メソジストなど）（2019年、NISRA データ）

● 英国の国旗 ●

● アルスターの紋章 ●
（北アイルランドを含む）（非公式）

● アイルランドのプロヴィンスと32カウンティ ●

プロヴィンス名	カウンティ名
レンスター	ダブリン、ウィックロー、キルデア、ミーズ、ラウズ、ウェストミーズ、ロングフォード、オファリー、リーシュ、カーロー、ウェックスフォード、キルケニー
マンスター	ウォーターフォード、ティペレァリー、コーク、ケリー、リムリック、クレア
コナクト	ゴールウェイ、リートゥリム、ロスコモン、メイヨー、スライゴー
アルスター	キャヴァン、モナハン、フェアマナ、アーマー、ティローン、デリー、アントゥリム、ダウン、ドニゴール

現地の人の聞き取りに基づいて、できるだけアイルランド人の使用する発音に近い表記を採用した。このため、他書での表記とは異なる場合もある。

I

風土

1

個性豊かな地域の特色

★カウンティ豆知識★

アイルランド島は古代に勢力を誇った王国の領域に従って、レンスター（Leinster/Laighin: 表記は英語、アイルランド語の順、以下同）、マンスター（Munster/Mumhain）、コナクト（Connacht/Connachta）、アルスター（Ulster/Ulaidh）の四つのプロヴィンス（地方）に分かれている。もともとは五つだったのだが、5番目の王国（Kingdom of Mide）がレンスターを中心に組み込まれて現在のかたちとなった。レンスターが島の東（南東）部、マンスターが南（南西）部、コナクトが西部、アルスターが北部におおよそ位置する。

各プロヴィンスは、カウンティと呼ばれる行政単位に細分される（16頁表参照）。カウンティは州、県、郡などと訳されるが、ここではカウンティのまま表記する。多くの場合、Co. と省略され、カウンティ名の前に置かれる。

カウンティの歴史はヴァイキング侵略の時代までさかのぼり、各地域の個性が形成されてきた。本章でそれぞれの魅力を十分に書きつくすことはできないが、全32カウンティの特色について少しだけ紹介していきたい。

まずはレンスター。この地方の中心はアイルランドの首都ダブリン（第4、5章参照）を含むカウンティ・ダブリン（Dublin/Baile Átha Cliath）。首都とカウンティを区別するため、前者をダブリン・シティまたはダブリン市と呼ぶこともある。ダブリン湾に沿って美しい港町が並ぶ。じつはダブリンはカウンティではない。1994年にダブリン・リージョナル・オーソリティが設立され、ダブリンはカウンティより大きなリージョン（プロヴィンスとは異なり、欧州連合EUの行政上の区分）とされた。ダブリン・リージョンの下に、カウンティと同等の権限をもつ四つの地区が置かれている。ダブリン以外の七つのリージョンが複数のカウンティで構成されていることからも、ダブリンへの集中度が推し量れる。

ダブリンの繁栄に伴い、周辺のカウンティのベッドタウン化が進んだ。ダブリン湾を南下すると、カウンティ・ウイックロー（Wicklow/Cill Mhantáin）。ガーデン・オブ・アイルランドという呼び名のとおり、青々とした山が連なり、森林が多い。西の内陸部に向かうとカウンティ・キルデア（Kildare/Cill Dara）。競走馬の育成場があり、アイリッシュ・ダービーで有名なカラ競馬場もある。また、オリエンタルな雰囲気の日本庭園も有名で、アイルランド人が日本人に薦めるスポットとなっている。ダブリンの北西にはカウンティ・ミーズ（Meath/Mí）。かつては5番目のプロヴィンスだった前述の王国の一部で、アイルランド語で「中央」を意味する。ニューグレンジ、ターラの丘、スレーンの丘など、遺跡の宝庫といえる。ミーズの東側には、アイリッシュ海に面したカウンティ・ラウズ（Louth/Lú）。レンスターには面積の小さなカウンティが多いが、ラウズはアイルランド島で最小のカウンティ。わずか821平方キロメートルは島全体の1％未満。このため「ちっぽけなカウンティ（wee county）」という別称をもつ。ミーズから内陸に進むとカウンティ・ウェストミーズ（Westmeath/An Iarmhí）。その名のとおり、中央の西を意味する。継母によって白鳥にされた『リールの子どもたち』という物語の舞台といわれる白鳥の住む湖がある。その北側のカウンティ・ロングフォード（Longford/Longfort）も大西洋に注ぐ国内最長（約386キロメートル）のシャノン川流域であることから水辺の風景が美しい。内陸のカウンティ・オファリー（Offaly/Ua Failghe）とカウンティ・リーシュ（Laois/Laois）はかつて「王のカウンティ」「女王のカウンティ」と呼ばれ、それぞれスペイン王フィリペ2世とイングランド女王メアリ1世に由来する。17世紀のジョージアン・スタイルの建造物が残るオファリーのバーという可憐な町はアイルランドの「ヘソ」、つまり地理上の中央といわれている（国のヘソの位置については日本と同様、諸説ある）。レンスターにある五つのカウンティに囲まれたカウンティ・カーロー（Carlow/Ceatharlach）はラウズに次いで小さなカウンティだが、かつてはイングランド王リチャード2世の領土として中心的な役割を果たした。カーローの南のアイリッシュ海沿いに位置するカウンティ・ウェックスフォード（Wexford/Loch Garman）の町は9世紀にヴァイキングによって建設された。アイルランドではめずらしく陽が注ぐ海辺のロスレアでは日照時間がほかよりも長い。その西側のカウンティ・キルケニー（Kilkenny/Cill Chainnigh）は城や教会など見所が多い。ちなみにキルケニーとキルデアのCillは「教会」を意味する。キルケニーの人たちは、尻尾だけになるまで戦った果敢な2匹のネコの言い伝えから「キルケニー・キャッツ」と呼ばれる。このカウンティのハーリングやゲーリック・フットボール（第40章参照）のユニフォームは、黒とアンバー（琥珀色）の縦縞模様で縞ネコのようだ。

レンスターから西へ進むとマンスター。海沿いのカウンティ・ウォーターフォード（Waterford/Port Lairge）のウォーターフォードはウェックスフォードと同様に、ヴァイキングが築いた町だ。レジナルド塔といったヴァイキングの要塞も残っている。その北のティペレァリー（Tipperary/Tiobraid Árainn）は内陸部でもっとも大きなカウンティ。第一次世界大戦中に英国軍の行進曲として流布した「イッツ・ア・ロング・ウェイ・トゥ・ティペレァリー」は世界的に有名だが、作詞者はじつは米国人らしい。ケルト海に面するのはアイルランド共和国内でダブリンに次いで大きな都市コーク・シティを抱えるカウンティ・コーク（Cork/Corcaigh）。モダンな都市だが、その周辺には風光明媚な山や湖、海岸線が連なる。コークの別称は「反抗者のカウンティ（rebel county）」。バラ戦争から始まってアイルランド独立戦争や内戦に至るまで、反骨精神をみせつけてきた。1920年の英国軍「ブラック・アンド・タンズ」による焼き討ちで町が炎に包まれても抵抗をやめなかった。独立運動の担い手となったマイケル・コリンズの出身地でもある。そのおとなりの大西洋に面するカウンティ・ケリー（Kerry/Ciarraí）は人気の観光地。キラーニー国立公園、変化に富んだ光景が続くディングル半島、国の最高峰キャラントゥール（標高約1038メートル）など雄大な自然が息づく。アイルランド人にとっては、一大イベント「ローズ・オブ・トレリー」の開催地としても知られる。各地（外国も含む）の代表として選ばれた女性が美と個性を競う、いわゆるビューティーコンテストなのだが、テレビ中継される全国的な祭典となっている。北へ進むとカウンティ・リムリック（Limerick/Luimneach）。ノルマン人の支配で繁栄したが、19世紀には飢饉などによって困窮した。ケルティック・タイガーと呼ばれる経済ブームで活気が戻った。さらに北へ進むとカウンティ・クレア（Clare/Clár）。モハーの断崖などの名所があり、今でも伝統音楽やダンスが生活に深く根づく土地といわれる。

クレアから北の大西洋側およびその東の内陸部がコナクト。中世に都市国家として発展したゴールウェイ・シティがあるのが、カウンティ・ゴールウェイ（Galway/Gaillimh）だ。オイスター・フェスティバルなどのイベントに多くの観光客が集まる。貿易相手だったスペインの雰囲気が漂うことから、エキゾチックな町といわれることもある。その西側にはゴツゴツと起伏の多い風景が広がるコネマラ、さらにアラン諸島もある。これらゴールウェイ西部はアイルランド語使用地区（ゲールタクト）で、ラジオやテレビのアイルランド語放送の発信地ともなっている。ゴールウェイを海岸沿いに北上すると、カトリック信者の聖地が点在するカウンティ・メイヨー（Mayo/Maigh Eo）。聖パトリックがヘビを退治したといわれるクローパトリック山には巡礼者が絶えない。聖母マリアの降臨という奇跡が起こったとされるノックの村も屈指の巡礼地だ。コナクトで唯一、海に面していないのがカウンティ・ロスコモン（Roscommon/Ros Comáin）。湖と緑に囲まれた穏やかな風景が広がり、アイルランドの初代大統領ダグラス・ハイドなどの著名人を輩出した。おとなりのカウンティ・リートゥリム（Leitrim/Liatroim）は大西洋沿いといっても海岸線はたった約4キロメートル。19世紀の大飢饉の影響か、人口がもっとも少ないカウンティだ。カウンティ・スライゴー（Sligo/Sligeach）はノーベル賞を受賞したウィリアム・バトラー・イェイツ（第53章参照）にちなんで、イェイツ・カウンティと呼ばれる。しかし、彼はスライゴー出身ではない。子ども時代に過ごしたギル湖周辺のロマンチックな風景に触発され、後年に作品を創作したといわれる。イェイツはフランスで死去した後、スライゴーに埋葬された。

最後のアルスターは政治抜きでは語れない。九つのカウンティ中、三つはアイルランド共和国、残りの六つは現時点ではグレートブリテンおよび北アイルランド連合王国の一部で、6カウンティ

（シックス・カウンティ）と呼ばれる。アルスターで最大面積のカウンティ・ドニゴール（Donegal/Dún na nGall）は、ゴールウェイのコネマラと並んでゲールタクトを残す伝統的なカウンティ。エンヤなど、世界的に成功したアーティストの出身地でもある。ロングフォードやミーズと接するカウンティ・キャヴァン（Cavan/Cabhán）には、シャノン川の水源の一つシャノンポットがあり、食べるだけで知恵と武勇を授かるサーモン・オヴ・ウィズダムという神話上のサケがいたという。カウンティ・モナハン（Monaghan/ Muineacháin）はダブリンから遠くなく、歴史的な建物や豊かな自然が残る。

ここからは6《シックス》カウンティ。カウンティ・フェアマナ（Fermanagh/Fir Manach）には全面積の3分の1を占めるアッパーアーン湖、ロウアーアーン湖が横たわる。昔から重要な水路として利用されていた。湖上には美しい島々が浮かぶ。カウンティ・アーマー（Armagh/Árd Mhacha）は北アイルランドの五つのカウンティと接するヨーロッパ有数の規模を誇るネイ湖の北側。伝説によると英雄フィン・マックールが土の塊を掘り出し、スコットランドに向かって投げたために生まれた湖だという（塊はアイリッシュ海に落ちてマン島になった）。また、もう一人の伝説の英雄クー・フリン（コラム4参照）率いる赤い枝の戦士団の拠点だったというナヴァンフォートもある。ここは戦争の女神マーハ（アーマーのMhacha、フェルマナのManach）の宮殿ともいわれる。神話と伝説ゆかりの地なのだ。ネイ湖の西に広がるカウンティ・ティローン（Tyrone/Tír Eoghain）は、アルスター地方で勢力をもったイ・ニール（後にオ・ニール）一族出身の人物名に由来する。一族が抑えられた後に英国から北アイルランドに多数のプロテスタントが植民し、北アイルランド問題の背景の一つとなった。ネイ湖の北西はカウンティ・デリー（Derry/Doire）。このカウンティの名称をめぐる論争がある。デリーの公式表記はロンドンデリー。ちなみに日本で知られる「ダニー・ボーイ」の旋律となっている民謡は、「ロンドンデリーの歌」と称される。しかし共和国では通常はロンドンデリーとは呼ばない。デリーの元の意味は「楢《オーク》の森」。ケルト人にとって神聖な木で、王の助言者であった神官「ドルイド」の語源だという。17世紀にロンドン商人の援助によってこの地への植民が進められたことで改名された。北アイルランド紛争において象徴的な場所であり、1972年にはデリーの市内で「血の日曜日事件」が起こった（第17章参照）。カウンティ・アントゥリム（Antrim/Aontroim）出身のアイルランド系アメリカ人からは、7人の歴代米国大統領が誕生している。観光名所があり、旅行者も少なくない。カウンティ・ダウン（Down/Dún）にはアイルランド初のプロテスタント教会があり、アイルランドの聖人と同名の聖パトリック教会というのだからややこしい。この二つのカウンティのほぼ境界線上に位置するのが、北アイルランドの首府ベルファスト（住所はアントリゥム内）。麻、タバコ、造船などの産業で栄えた都市だ。かつてはカトリック系住民とプロテスタント系住民の居住区が分けられ、子どもたちは別々の学校に通い、カトリック系住民が雇用などで差別を受けていた。現在では和平プロセスが進められているが、まだまだ多くの難題を抱えている。

雄大な緑濃い風景が広がり、遺跡や歴史的な建造物も魅力的なアイルランド。しかしその歴史は外部からの侵略、支配、飢饉、抵抗や独立運動、内戦と、けっして穏やかとはいえない。それでもしなやかに、たくましく生き抜けて、近年の経済繁栄へとつながっていく。苦難を成功へと変えるアイリッシュ・スピリット。本書ではその秘訣を、多種多様な側面からひも解いていきたい。

（山下理恵子）

2

移り気な天候

★寒くて、雨ばかり？★

「アイルランドは寒いんでしょうね」とよくいわれる。北緯51度30分から55度30分と、北海道よりもずっと北にある位置のせいだろうか。次頁表1はダブリン空港における2016〜17年の各月の平均気温で、いずれも16度以下。平均気温こそ札幌と大差はないが、夏は東京で通常25度以上、札幌でも20度を超えることを考えると、夏は確かにかなり涼しい。ちなみに2016年の最高気温は、7月19日にロスコモンで記録された30・4度だった。一方、冬はもっとも寒い月でも5度前後。氷点下になることは少ない。つまり年間を通じて暑くもなく、極寒でもないわけだ。大西洋からの湿った暖かいメキシコ湾流の影響で、それほど寒くならない気候が保たれているといわれる。

「いつも雨が降っている」というイメージも持たれているアイルランドだが、実際の降雨量をみてみよう（次頁表2）。日本では雨は春から秋にかけて多く、冬は少ない。多い月には200ミリを超えることもある。一方、アイルランドではどの月も降雨量は100ミリをめったに超えない（2016年1月は例外的に雨が多かった）。年間降雨量は1000ミリ以下で、雨が少ない年でさえ東京では通常1000ミリ以上は雨か雪が降るこ

表1　ダブリン空港における月別の平均気温（℃）

	1月	2月	3月	4月	5月	6月	7月	8月	9月	10月	11月	12月	年間平均
2016	5.7	4.4	5.9	6.2	11.1	14.0	15.7	15.4	14.3	10.4	5.6	6.7	9.6
2017	5.7	6.2	7.7	8.0	11.6	14.4	15.0	14.6	12.4	11.2	6.5	5.3	9.9

出所：MET Éireann

表2　ダブリン空港における月別の合計降雨量（mm）

	1月	2月	3月	4月	5月	6月	7月	8月	9月	10月	11月	12月	年間合計
2016	118.4	59.7	36.3	88.2	46.8	58.5	43.7	61.9	56.6	60.0	36.9	46.6	713.6
2017	21.9	41.6	67.2	10.0	43.5	86.4	42.2	73.2	82.3	47.8	81.5	63.1	660.7

出所：MET Éireann

とを考えれば、かなり少ない。

　つまり、気温も降雨量も1年を通じてそれほど変化がなく、平均的には極端に寒いとか、雨が多いとかいうわけではない。ではなぜ「寒い国」だとか、「雨ばかりの国」と誤解されやすいのだろうか。寒いという印象は緯度のせいもあるだろうが、冬の日照時間が影響している気がする。アイルランドの年間日照時間は１１００〜１６００時間。日本では日照時間が少ない札幌が１６００〜１７００時間程度なのでほぼ同じ。しかし、12月は北部で1時間、南部で2時間がおおよその1日の平均日照時間。札幌よりも短い。さらにサマータイムを採用しているので、春から夏にかけては日の出から日の入りまで約18時間もある一方、冬は昼間が極端に短くなる。1日のほとんどがどんよりと暗くて風も強くときどき雨模様なので、寒さが身にしみることがある。

　一方、雨がよく降るという印象は、天気が変わりやすいためかもしれない。データをみるとアイルランドは四季の移り変わりがなさそうだが、1日の間に天候が目まぐるしく移り変わる。日々の天気予報が「曇り、ときどき、晴れ、ところ

アラン諸島の断崖、ドン・エンガス
（提供：アイルランド政府観光庁）

どころ一時雨」という感じなので、降水確率が算出しにくい（わざわざ傘をもつ人も少ない）。このような雨はシャワーと呼ばれ、一時的に激しく降り、サーッと通り過ぎてしまう。標高1000メートル級の高い山が少ないので、雲の流れが速いことも要因の一つだ。晴れているかと思うといきなり降り出し、再び太陽が顔を出すと美しい虹がかかる。1日のうちに、いくつもの気象現象を体験することができるのだ。

　こうした天候がアイルランドを緑深い「エメラルドの島」にしたといっても過言ではない。アイルランド島ははるか昔に地殻変動によってグレートブリテン島から離れ、氷河作用によって地形が形成されたといわれる。太古の時代の海は暖かく、炭酸カルシウムを含む海洋生物の堆積によって石灰岩ができた。このため、現在のアイルランド西部の大地には、むき出しの石灰岩が存在する。粗削りで、起伏に富んだ石灰岩の景色が印象的なのが、カウンティ・クレアのバレン高原やカウンティ・ゴールウェイのアラン諸島など。岩の割れ目には可憐な高山植物がたくましく咲いている。泥炭層（ピートボグ）もアイルランドの典型的な風景だ。不完全な状態で腐敗した太古の植物が湿った状態で蓄積し、燃料としても使われる泥炭となった。これも雨が多いアイルランドならではの景色といえる。

草木の生えない地形がある一方で、深い緑に包まれた大地もある。川、湖、谷がいたるところに点在する。恵みの雨が草木を育て、牧草地と水辺の風景が、アイルランドの田園をエメラルド色に輝かせた。

移り気な天候に悩まされつつ、その天候によって育まれた自然のなかで生きるアイルランドの人びと。彼らの挨拶は天気の話題で始まることが多い。「まったくひどい天気だこと！」とお決まりの台詞を口にしながら、そんなことは慣れっこだわといった余裕の笑顔をみせて、今日もアイルランドの1日が始まる。

（山下理恵子）

3

豊かな自然と文化

★世界遺産を巡る★

アイルランド島には三つの世界遺産がある。１９８６年にアイルランドで初めてユネスコの世界遺産に登録されたのが、ジャイアンツ・コーズウェイ。直訳すると「巨人の（盛り上がった）石道」。北アイルランドのカウンティー・アントゥリム北部海岸沿いに広がる、石柱が地面からぼこぼこと立ち並ぶ印象的な景観だ。およそ６０００万年前に火山活動によって流れた玄武岩の溶岩の層が、急速な冷却によって固まる際に収縮してひび割れが入り、やがて石柱の集合となった。表面は多角形で六角形が多く、直径約40～50センチメートル程度。約４万本の石の柱が海岸を埋め尽くしている。

その様相はまるで巨人が海を渡るために通る道のようなので、英雄にして伝説の巨人、フィン・マックールにちなんでこの名前がつけられたという。フィンはケルト神話に登場するフィアナ騎士団のリーダー。ドルイドのフィネガスの下で修行を積んでいた頃、「サーモン・オヴ・ウィズダム（知恵のサケ）」と呼ばれる魚を料理するよう命じられた。魚を焼いているときに火傷した親指を口に入れ、さらにフィネガスがサケを食べさせたことから知恵を授かり、親指をなめることで不思議な力を

ジャイアンツ・コーズウェイ
（提供：visitbelfast.com）

持つようになった。やがて騎士団長として活躍するようになるのだが、ジャイアンツ・コーズウェイは彼とスコットランドの巨人ベナンドナーとの戦いの過程で生まれたとされている。諸説があるのだが、巨人が作った石の柱を渡りながらアイルランドに向かうベナンドナーは、フィンより大男だった。そこでフィンの妻ウナはフィンを赤ん坊に変装させて、ベナンドナーが赤ん坊の父親であるフィンの大きさを想像しておののくようにもくろんだ。予想通りベナンドナーは恐れをなし、海上の石を蹴散らしながら逃げ去った。このため北アイルランドの海岸沿いと、スコットランドのスタッファ島に石柱が残ったのだとされている。

ここは世界遺産というだけでなく、英国のナショナル・トラストによって管理されている。見どころとなる奇石には、「巨人のブーツ」、「願いがかなう椅子」、「ラクダ」、「巨人のおばあさん」、「オルガン」といったユニークな名前がつけられ、ビジターセンターでは歴史や伝説を知ることができる。驚異的な自然の姿を目にするために、多くの観光客が訪れている。

２番目の世界遺産として１９９３年に登録されたのが、カウンティ・ミーズのボイン渓谷に建つニューグレンジ、ナウス、ダウス

ニューグレンジの遺跡
（提供：アイルランド政府観光庁）

の巨石遺跡群を有するブルー・ナ・ボーニャ（「ボイン川の宮殿」という意味）。5000年以上前の先史時代からアイルランドの大地を見守ってきた遺跡のなかには、エジプトのギザの大ピラミッドよりも古いものもある。

これらの遺跡群は、一般的には墓（および儀式の場）だったと考えられている。とくにニューグレンジの円形塚は有名だ。入口には大きな石に渦巻きやひし形の紋様が描かれ、象徴文字のようにも思える。外壁には南のカウンティ・ウィックローから運ばれた石英が重なり、内部では精巧に組み合わされた石板が雨水の浸入を防ぐ。これは古代人の知恵だといわれる。神秘的なのはこの遺跡の構造だ。毎年、冬至の朝に陽光が石室のいちばん奥（おそらく死者が祀られていた場所）まで射し込むように作られているのだ。ダウスにも同じような仕組みがみられるが、ナウスは春分の日に同じことが起こるようになっている。太陽信仰の一つだろうが、この時代に正確な天文学の知識を有していたことは驚きだ。ニューグレンジを建造したのは、ケルト人が訪れたといわれる時代以前のアイルランドの先住民族だといわれるが、詳細はわかっていない。遺跡を見学するには、ビジターセンターを出発するツアーに参加しなければならない。

最後は1996年に世界遺産となったシュケリッグ・ヴィヒル、英語名スケリッグ・マイケル。「大天使ミカエルの険しい岩」という意味を持つ、カ

シュケリッグ・ヴィヒル
wikimedia commons/Jerzy Strzelecki

ウンティ・ケリーの沖合に浮かぶ神秘的な島だ。この島には初期キリスト教修道院の遺跡が残っている。石を積んで建てられた修道院は6世紀にケルト人が建造したという説があるが、起源についてははっきりとはわかっていない。急な崖に作られた600段の石段を登ると、礼拝堂や十字架、修道士の住居があった場所にたどり着く。蜂の巣のかたちをした「ビーハイブ・ハット」と呼ばれる石の住居に暮らした修道士たちは、ヴァイキングの襲撃を受けながら孤島で厳しい生活を送ったとされるが、やがて彼らが島を離れたため無人島となった。16世紀頃から巡礼地として知られるようになり、島は整備されたのだが、現在では上陸は制限されている。シュケリッグ・ヴィヒルへは遊覧船で島のまわりを巡るツアーが運行している。ただし、プライベートボートを予約すると上陸も可能だ。

この島は野鳥の自然保護区にも指定されていて、ツノメドリのような珍しい海鳥に出会うこともある。最近では映画「スター・ウォーズ」の一部が撮影されたロケ地として、世界中にその名が広まった。

三つの世界遺産は神秘のベールに包まれながら、ひっそりとアイルランド島の歴史を物語っているようだ。

（山下理恵子）

4

素敵な都

★ダブリン、フェアシティ★

アイルランドの首都ダブリン。どこからどこまでをダブリンと呼ぶのかという定義はむずかしい。第1章で述べたとおり、カウンティ・ダブリンは正式には存在しない。ローカル・ガヴァメント・アクトに従って1994年に設立されたダブリン・リージョナル・オーソリティが管轄するのは、ダブリン・シティ（中心部）、フィンガル・カウンティ（北部）、ダンレアリー・ラスダウン・カウンティ（南部、ダブリン湾沿い）、サウス・ダブリン・カウンティ（南部、内陸）の4地域。それぞれが地方自治体に相当するカウンシルをもち、カウンティと同様の扱いとなる。カウンティ・ダブリンと呼ばれた四つを合わせた地域を一つのカウンティと考える人もいまだに多い。現在、アイルランド共和国の全人口は約486万人（2018年4月暫定値）。うち上記4地域を含むダブリン・エリアの人口は約137万人だ。近年では都市部への通勤者のための宅地開発が、ダブリンに接するカウンティにも広がっている。ダブリンの郊外となるカウンティ・ミーズ、カウンティ・キルデア、カウンティ・ウィックローを含んだ地域をグレーター・ダブリンと呼び、ダブリンを含む総人口は約190万人。アイルランド

共和国全人口の4割近くを占める

英語名称のダブリン（Dublin）の語源は「ダブ（黒い）」、「リン（水溜り）」の2語で、9世紀に侵略したヴァイキング（オストマン）が名づけたといわれる。略奪をくり返したヴァイキングだが、なかには定住した者もいた。リフィー川の河口付近に作られた集落がダブリンとなった。その後、ケルト人がダブリンを「バリャ・クリーア（Baile Átha Cliath）」と名づけて、現在でもアイルランド語ではこの名称が用いられる。「防壁で囲まれた街」という意味で、かつてリフィー川からの浸水のため防壁（柵のようなものという説もある）をめぐらせていたためだという。

11世紀にはいったんアイルランド人王ブライアン・ボルーに敗れたものの、ヴァイキングのダブリン支配は3世紀にわたって続く。その後12世紀に入ると、諸王国の争いに介入したアングロ・ノルマン人が勢力を拡大した。その頃までには多くのヴァイキングがアイルランド人と同化したと考えられている。イングランド王ヘンリー2世の救援を得たレンスター王ダーモット・マクマローが、1171年にダブリンを制した。やがてノルマン貴族が支配領域を拡大して、レンスターはノルマン化が進む。イングランド支配の中心がダブリンであり、13世紀にはジョン王によってダブリン城が完成。テューダー朝以降にアイルランド支配が強化されると、ダブリンの役割が拡大し、18世紀後半には大英帝国でロンドンに次ぐ都市になった。しかしダブリンは同時に、植民地化に対する抵抗の舞台ともなった。1916年のイースター蜂起の司令部はダブリンの中央郵便局。その後1922〜23年にアイルランド人どうしが血を流した内戦の舞台も、フォー・コーツと呼ばれるダブリンの裁判所だった。こうしてダブリンは新生アイルランドの首都となった。政治、経済、文化の中心として、そして

オコンネル橋から眺めたリフィー川
（写真：筆者）

最近では国際的な都市として発展を続けている。現在ではダブリン・エリアの住民のうち、約2割がアイルランド以外の国で生まれだ。

ダブリンの真ん中を流れるリフィー川を隔てて、南側をサウスサイド、北側をノースサイドと呼ぶ。それぞれの住民はサウスサイダー、ノースサイダーという。この区分は日本の「山の手」、「下町」と似て、ある種のステータスを意識させることがある。おしゃれなブティックが並ぶグラフトン通りや市民の憩いの場であるセント・スティーヴンズ・グリーンからグランカナル（運河）に向かうと、各国大使館や一流ホテル、高級住宅地が連なるのがサウスサイドだ。その先にはラスマインズをはじめとする閑静な住宅街があり、ダブリン湾沿いにはブラックロック、ダンレアリーなどお洒落な街並みが続く。一方、ノースサイドにはダブリン湾沿いにクロンターフ、ホース、マラハイドなどのシーサイドの高級住宅地があるものの、中心部のリフィー川付近は昔から多くの労働者階級が暮らしている。すべてではないが、青少年犯罪や麻薬売買の巣窟になっている場所もある。このため、サウ

モリー・マローンの像
（写真：筆者）

スサイダーというと「洗練されたお金持ち」、ノースサイダーというと「粗雑な下町っ子」といったお決まりのイメージを受ける人が少なくない。もちろんノースサイドは悪い面ばかりではない。昔ながらの古き良きダブリンの雰囲気が漂うともいえよう。

ダブリンを観光するとよく耳にするのが《モリー・マローンの歌》だ。17世紀に台車を押しながら貝を売り歩いた行商の娘、モリー・マローンのことを歌ったとされる。グラフトン通りの近くに彼女の像が建てられている。この曲の最初の部分である「In Dublin's Fair City...（ダブリンの素敵な都会で）」という歌詞から、ダブリンはフェアシティという愛称で呼ばれるようになった。モリー・マローンが熱病で倒れて死んでしまい、幽霊としてさまようというのが歌詞の内容。一説には娼婦だったという話もあって、ダブリンの愛唱歌としてふさわしいかどうか道徳的に疑わしいともいわれるが、ダブリンが今でも素敵な都会であることは変わらない。

（山下理恵子）

5

首都を満喫する

★ダブリンの人気スポット★

2016年にダブリンを訪れた観光客は約560万人。ダブリン・エリアの人口の4倍以上の人が訪れたことになる。

飛行機でダブリン空港に到着したら、バスで市内に向かうのが便利だ。コノリー駅、中央バスステーション、ヒューストン駅で降りれば、そこから列車やバスで郊外や他の地域に向かうことができる。空港発のバスはダブリン市内のさまざまな場所に運行しているので、滞在先を確認して乗車するバスを選ぶといいだろう。また、地方都市に直行するバスも運行している。

さて、ダブリンで訪れるべき場所をいくつか紹介してみよう。まずは中心部のメインストリートといっても過言ではないオコンネル通り。1829年にカトリック教徒解放法を成立させ、1841年にはダブリン市長となったダニエル・オコンネル（1775～1847）にちなんで名づけられた。この通りのリフィー川近くに位置するオコンネル像を背に坂を北上すると、左手には独立戦争の舞台となった中央郵便局がある。1916年のイースター蜂起で義勇軍の司令部となり、ここで独立が宣言された。通りをはさんで右手には、作家ジェイムズ・ジョイスの像。さらに上ると自治運動の中心人物となったチャール

オコンネル通り
銅像の後ろに見えているのがスパイア。（写真：筆者）

ズ・スチュワート・パーネル（1846～91）の像が建つ。その近くのパーネル・スクエアに入ると、ダブリン作家博物館がある。2003年に建てられた高さ120メートルの光のモニュメント、別名スパイアもこの通りのランドマークだ。歴史を感じさせるオコンネル通りだが、中央郵便局の先を左に曲がってヘンリー通りに入るとショッピング・センターやブティックが建ち並び、買い物客でいつもにぎわっている。

第５章
首都を満喫する

リフィー川にかかるハーフペニー橋
（提供：アイルランド政府観光庁）

オコンネル通りがあるノースサイドからリフィー川を渡ってサウスサイドに抜けるためには、橋を越えなければならない。両岸を結ぶ橋はいくつかある。よく使われるのはオコンネル通りから続くオコンネル橋だろうが、観光客に人気といえば、ゆるやかに弧を描く歩行者専用のリフィー橋、通常はハーフペニー橋と呼ばれる。かつて半ペニーの通行料を徴収していたことに由来する。ここを渡るとテンプルバーにつながる小路の入口だ。テンプルバーはダブリンの繁華街で、パブ、レストラン、ギャラリー、ナイトクラブなどがひしめき合う。１９９０年代に再開発が進められ、現在では多くの観光客でにぎわう人気スポットとなっている。一方、オコンネル通りを渡ると、右手にはジョージアン・スタイルの美しいアイルランド銀行（旧アイルランド自治議会の建物）、左手には１５９２年にエリザベス１世が設立したアイルランド最古

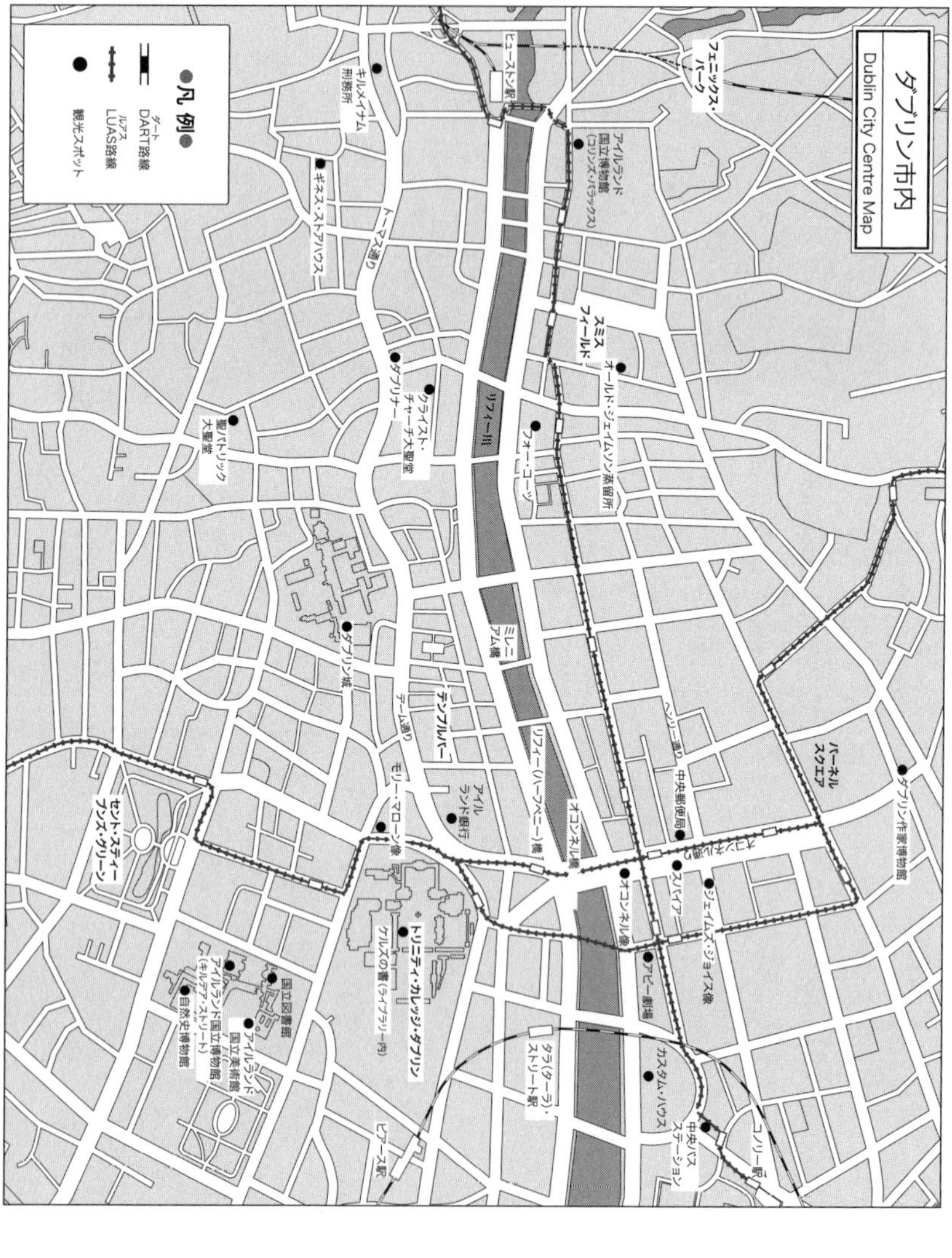

ダブリン市内
Dublin City Centre Map
凡例
DART《ダート》路線
LUAS《ルアス》路線
観光スポット
フェニックス・パーク
ヒューストン駅
キルメイナム刑務所
ギネス・ストアハウス
アイルランド国立博物館（コリンズ・バラックス）
トーマス通り
スミスフィールド
オールド・ジェイムソン蒸留所
ダブリナー
クライスト・チャーチ大聖堂
聖パトリック大聖堂
リフィー川
フォー・コーツ
ダブリン城
ミレニアム橋
テンプルバー
デーム通り
ヘンリー通り
パーネルスクエア
ダブリン作家博物館
中央郵便局
リフィー（ハーフペニー）橋
オコンネル橋
モリー・マローン像
アイルランド銀行
セント・スティーブンズ・グリーン
オコンネル通り
オコンネル像
スパイアー
ジェイムス・ジョイス像
トリニティ・カレッジ・ダブリン
ケルズの書（ライブラリー内）
国立図書館
アイルランド国立博物館（キルデア・ストリート）
自然史博物館
アイルランド国立美術館
アビー劇場
タラ（ターラ）・ストリート駅
カスタム・ハウス
中央バスステーション
コノリー駅
ピアース駅

の国立大学、トリニティ・カレッジ・ダブリン（ダブリン大学、ＴＣＤ）。伝統を感じることができる美しいキャンパス内には、ケルズの書が飾られたライブラリーなどがあり、観光名所だ。

アイルランド銀行を背に右折し、デーム通りを歩くとダブリン城や市庁舎が現れる。もともとヴァイキングの要塞だった場所に13世紀に城が建てられ、英国の支配の中心となった。修復された現在の建物のなかで、大統領の就任などの儀式が行われる。さらに先に進むと11世紀にさかのぼるクライストチャーチ大聖堂、ヴァイキングの展示があるダブリナー、守護聖人を祭った聖パトリック大聖堂へとたどりつく。ここは、18世紀に『ガリヴァー旅行記』を執筆したジョナサン・スウィフトが司祭長だったことで知られる。

一方、デーム通りに曲がらずにＴＣＤを通り過ぎれば、ショッピング客と、路上で音楽演奏やパフォーマンスをするバスカーで活気あふれるグラフトン通り。わき道に入ると、洒落たブティックやカフェレストラン、フードマーケットなどが発掘できる。グラフトン通りを抜けると、ダブリン市民が散策する都会のオアシス、セント・スティーヴンズ・グリーンが目の前に現れる。

ここまでは歩いてもそれほど苦痛ではない。しかし、ダブリン観光の目玉であるギネス・ストアハウス（ビール醸造所）やキルメイナム刑務所（1916年のイースター蜂起のリーダーたちが処刑された場所）などは、歩くには少し遠い。ダブリンの観光の要所を巡回し、1日中乗り放題の2階建て市内ツアーのバスが利用できる。日本語のガイド放送も利用可能だ。このバスはスミスフィールド周辺のフォー・コーツやジェイムソン（ウィスキー）旧蒸留所、その西側のアイルランド国立博物館コリンズ・バラックスも回るが、路面電車のＬＵＡＳを使ったほうが便利なこともある。アイルランド国立美術館（アートギャラリー）、国立博物館、自然史博物館はセント・スティーヴンズ・グリーンから徒歩圏内だが、市内ツアーバスも停車する。そのほかにも、パブクロール（パブ巡り）、ウォーキングツアー、運河で水上に浮かぶヴァイキングツアーなど目的別ツアーも盛りだくさんだ。オコンネル通り、またはグラフトン通り近くのツーリスト・インフォメーションで情報を入手しよう。

グリーンとレッドの2路線があり、近年は路線が拡充されて便利になったLUAS、ダブリン湾沿いを走る近郊電車のDART、ダブルデッキのバスなど公共の交通機関を利用すれば少し離れた観光名所への移動も楽になる。たとえばかつて貴族の狩場であったことから、今でも鹿が生息するフェニックス・パーク。広大な公園の敷地内にはアイルランドの大統領公邸、アメリカ合衆国の大使公邸、アイルランド警察本部のほか動物園もある。ダブリン湾を南下するとジェイムズ・ジョイス・タワー（サンディコーヴにあるジョイスに捧げられたユリシーズの舞台）を訪れたり、ブラックロック、ダンレアリーといった美しい街並みを探索したりもできる。北上して、マラハイド城がある風光明媚なマラハイドや、シーフードを堪能できる港町ホウスを訪れるのもいい。市内を1日観光して、翌日はお気に入りの場所をじっくりと見学。さらに郊外へと足を伸ばすというプランがお薦めだ。

（山下理恵子）

6

旅人が惹かれるエメラルドの島

★恵まれた観光資源★

アイルランドにとって観光は大切な産業だ。2016年にアイルランドを訪れた観光客は1000万人以上で、人口をはるかに上回る。当然ながら訪れるべき観光名所もたくさんある。本章ではこれまでの章で記述した世界遺産と首都ダブリンを除いた各地の人気スポットのごく一部を紹介する。

近年もっとも多くの観光客を集めているのは、ダブリンのギネス・ストアハウス（第5章参照）だが、第2位はカウンティ・クレアの「モハーの断崖」だ。高いところでは200メートルもある断崖絶壁が連なる、迫力のある風景。この断崖は約3億年前に水で押し流された泥や砂が河口付近で積み重なり、層となってできたのだという。天気がよければ切り立つ断崖とキラキラ光る海、遠くに見える島という感動的な光景を眺められる。モハーの断崖の近くには不思議な白い石灰岩の景色が広がる「バレン高原」があるので、一緒に訪れるといいだろう。またここからそれほど遠くないゴールウェイやクレアのドゥーリンの港から、船でアラン諸島に向かうこともできる。アラン諸島は「イニシュモア（大きな島）」、「イニシュマーン（真ん中の島）」、「イニシュイア（東の島）」からなる。石灰岩

カウンティ・ケリーのキラーニー
（提供：アイルランド政府観光庁）

の台地、石垣で囲まれた畑、遺跡や要塞、そして断崖。アラン諸島に住む人々はアイルランド語を話し、昔ながらの伝統的な生活を送ってきた。迫力のある景色を楽しむだけでなく、文化体験ができるのも魅力だといえる。

景勝として名高いもう一つの観光地がカウンティ・ケリーのキラーニー。キラーニー国立公園は渓谷や森と湖の眺めが美しく、ロス城やマックロスハウスといった名所もある。特に「貴婦人の眺め」と呼ばれる絶景ポイントが有名だ。キラーニーを起点として大西洋に突き出るアイベラ半島を1周して、海沿いの風景を楽しむリング・オブ・ケリー（ケリー周遊路）も、人気観光ルートとなっている。またアイベラ半島の北にはもう一つの半島、ディングル半島があり、やはり美しい海岸線や遺跡を堪能できる。

アイルランドの西部、南西部を紹介したので、東部の景勝を一つ挙げるとしたら、国立公園にも指定されているカウンティ・ウィックロー のウィックロー山地だろう。首都ダブリンから南に下るこの地域は、ハイキングやドライブに最適のスポットだ。見どころは小高い山に隠れた美しい湖。ロッホ・テイ（テイ湖）は神秘的な黒い湖であり、大自然のなかにひっそりと横たわっている。

景色だけでなく遺跡巡りもアイルランド旅行の醍醐味。たとえばウィックロー山地付近には、グレンダロッホという遺跡がある。5世紀以降、アイルランドにキリスト教が普及すると、各地に修道院が建てられるようになった。厳しい修行を積む修道院には人びとが集い、美しい文字で飾った写本などの独特な文化が花開いた。グレンダロッホもその一つ。聖ケヴィン教会やラウンドタワーなどの遺跡が静かな山間に集約されている。修道院の文化が栄えた頃、アイルランドは「聖者と学者（学僧）の島」と呼ばれるようになっていた（第8章参照）。ケルト文化とキリスト教を融合させたといわれる、各地でみられるハイクロスと呼ばれる十字架も、この時代に各地で造られた。ダブリン近郊のモナスターボイス修道院跡や、シャノン川沿いのクロンマクノイズのハイクロスなどが有名だ。

一方、新石器時代の先住民族が残したドルメンは、支えとなる立石の上に大きな天井石を載せたテーブル状の遺跡だ。必ずしも墓であったとはかぎらないらしいが、埋葬の痕跡が発見されているものも多い。世界各地に残っているが、アイルランド島内だけで数百個もあるらしい。有名なところでは、「プールナブローン（石臼のくぼみ）」と呼ばれるバレン高原のドルメン（石灰岩が広がるこの高原では数多くのドルメンがみつかっている）、重さが推定100トンというカウンティ・カーローにあるブラウンズヒル・ドルメン、「ドルイドの祭壇」と呼ばれるカウンティ・アントゥリムのバリーラムフォード・ドルメンなどがある。カウンティ・スライゴーのキャロウモア遺跡群にはドルメンに加えて、祭礼に用いられたとされるサークル・ストーンも残されている。
遺跡だけではなく、ロマンチックな城も見逃せない。中世の時代には、各地に多くの美しい城が建造された。キスをすると雄弁になれるという言い伝えで知られるカウンティ・コークのブラウニー城、カウンティ・キルケニーにあるバトラー家のキルケニー城、現在では中世晩餐会が観光客に好評のカウンティ・リムリックのボンラッティ城など。風光明媚な景色が広がる自然、神秘を感じる遺跡、緑のなかに佇む古城。アイルランドではいくつもの魅力に触れることができる。

（山下理恵子）

Ⅰ 風土

古代の遺跡ドルメン
（提供：アイルランド政府観光庁）

II

歴史

7

ケルトの再考

★アイルランド人はどこから来たのか★

アイルランド人はケルト人で、英国人はアングロ・サクソン人だとよくいわれる。だが、英国にもケルト人が住んでいたこともあれば、英国が古代ローマ人やノルマン人などの支配を受けたこともあることを考えれば、単純に英国人はアングロ・サクソン人とはいえない。同じように、アイルランド人をケルト人だと断言することはできない。というのもアイルランドは古代ローマの支配を除いて、ほぼ英国と同じ人種・民族に侵入された経験をもっているからだ。英国人とアイルランド人を人種的に区別するのはむずかしいのではないだろうか。

氷河時代、アイルランドはグレートブリテン島につながり、グレートブリテン島はヨーロッパ大陸につながっていた。西フランスやスペインには人類が住んでいたが、彼らは、食糧となるものがなかったアイルランドまでやってくることはなかった。氷河が溶け始め、人間の食糧となる大鹿がアイルランドにも姿を現したおよそ紀元前６０００年頃、アイルランドはグレートブリテン島から離れた。アイルランドに最初に姿をみせた人間は、スカンディナヴィアからグレートブリテン島を経由して、西に進んでアイルランドにやってきたといわれる。その

第７章
ケルトの再考

当時、グレートブリテン島とアイルランドの間にある海峡は、人間が渡ることができたという。彼らは狩猟をしながら生活を営み、アイルランドの先住民の原型となったのである。

その後も新たな人口の移動があった。紀元前３０００年頃、中東地域で農耕が始まり、人口が増加すると、人びとは新たな土地を求めて移動を開始した。そして中東からフランスやスペインに移住し、海を越えてアイルランドまでやってきた。こうした人びとがアイルランドで土地を耕作し、大量の肉を食べていたことが考古学調査からわかっている。紀元前２０００年頃になると、アイルランドでは青銅器時代が始まり、ウィックロー山地でとれる砂金を用いて、金細工の製品が作られるようになった。青銅器時代に続く鉄器時代をアイルランドにもたらしたのは、ケルト人ではないかといわれているが、くわしいことはわかっていない。だが、アイルランド社会にケルトの文化が根づいたことは、事実である。

ケルト人は紀元前１２００年頃に登場し、ローマ人やゲルマン人によってヨーロッパ大陸の西部に追いやられるまで、中央・西部ヨーロッパを支配したといわれる。ケルト人がいつアイルランドにやってきたのかについては定かでない。従来の説では、勇猛なケルト人が大挙してアイルランドに侵入し、先住民を征服したとされていた。ところが、このことを裏づける考古学的資料は見つかっておらず、それにかわって二つの説が考えられるようになっている。

一つは、少数のケルト人が先住民を征服したという説である。もう一つは、征服といった「暴力的な事件」が起こったのではなく、ケルト人の文化が長期間にわたって、先住民の間に浸透していったという説である。だが、いずれの説をとるにしても、ケルト文化はアイルランド先住民の文化の影響を受け、アイルランド固有のケルト文化に変容した。その証拠にアイルランド語のなかには、ケルト語を起源としない、数多くの言葉が存在している。

ローマ軍は1世紀末にはグレートブリテン島を征服したが、アイルランドまで進軍してはこなかった。アイルランドはローマ帝国の支配を受けない辺境地帯だったのである。当時のアイルランド社会は「無文字社会」であったため、アイルランドの様子をくわしく知ることは不可能である。もし、アイルランドがローマ帝国の支配を受けていれば、ローマ人がアイルランドについて書き記した史料を読むことができただろう。

ただ、ローマ帝国との関連でわかっていることがある。それは、4世紀頃からグレートブリテン島におけるローマ支配が弱体化すると、アイルランド人がグレートブリテン島に攻撃をしかけたということである。そしてウェールズやスコットランドにアイルランド人の「植民地」が成立した。アイルランド人は一部とはいえ、グレートブリテン島を植民地支配した経験をもつのだ。

古代のアイルランド史に関する史料的な限界があるなかで、有益なのが、2世紀頃にアレクサンドリアで活躍した数学者で天文学者、地理学者のプトレマイオスによるアイルランドに関する記述である。そこには数多くの川や王国が記されている。この当時のアイルランドには「小王国」が存在し、その数は１００程度だったのではないかといわれているが、はっきりとしたことはわかっていない。英国勢力に征服されるまで、アイルランドでは全土を政治的に統一する政権は生まれなかった。

とはいえ小王国が乱立するなかでも有力な氏族が存在した。イ・ニール家である。彼らは5世紀以来、アイルランド中央部や北部に支配権を拡大し、それまでアイルランドが5地域に分割・統治されていた体制を変えたといわれている。伝説によれば、イ・ニール家の初代ニールは「ターラ王」で、ニールの息子リーレがその跡を継ぎターラ王となり、その兄弟たちは北部アルスター地方に勢力を拡大したといわれる。

アイルランドの神話では、ターラ王とはターラ（現在のカウンティ・ミーズにある）に居住し、アイルランド全土に多大な支配権をもつ上王《ハイキング》ということになっている。そうであればターラ王だったイ・ニール家はアイルランド全土を統一した王権ではなかったかと推測したくなる。だが、アルスター地方やレンスター地方、マンスター地方にはほかの強力な王権の存在が確認されており、イ・ニール家が全国支配をしていた王権ではなかったことは、現在の歴史家の共通認識である。

ターラの丘（カウンティ・ミーズ）
（提供：アイルランド政府観光庁）

11世紀になると、ターラ王を称することはあまり意味のないものとなっていった。ヴァイキングが侵入したアイルランドでは、内陸部のターラよりもダブリンやリムリック、ウォーターフォードなどの沿岸の町を支配することがより重要な意味をもってきたからだった。だが、そうであっても、ターラはアイルランド人にとって重要な意味をもち続けた。たとえば１８４０年代に英国との合同を撤廃しようとする運動を指導したダニエル・オコンネルは、参加者が１００万人ともいわれる集会をターラで開いている。

（高神信一）

8

聖者と学者の島

★キリスト教の普及★

アイルランドはローマ帝国の支配を受けなかったが、キリスト教（4世紀末にローマの国教となった）を受け入れたので、ローマ帝国の支配に自ら進んで参加していったといえるかもしれない。アイルランドにおけるキリスト教の布教といえば、アイルランドの守護聖人である聖パトリックが有名である。3月17日の「セント・パトリックス・デイ」は、アイルランドのみならず、米国など、アイルランド系移民が多く住む国々で祝われる。

聖パトリックについてはよくわからないことが多い。なかには、聖パトリックは二人いたという説まであるくらいだ。彼はグレートブリテン島に生まれ、アイルランドからの侵略者によって、アイルランドに連れ去られた。6年間奴隷として働いた後に脱走に成功し、今度はキリスト教の布教者としてアイルランドの地に舞い戻ったという。5世紀前半から中頃のことだといわれる。ところで最初にアイルランドへキリスト教をもち込んだのは、どうやら聖パトリックではないようだ。4世紀末か5世紀初頭には、彼よりも早くキリスト教を布教した人物がいたようである。

当時のキリスト教の布教は、支配階級の改宗に重きが置かれていた。そのため、アイルランドの王たちへの改宗の誘いが活発に行われたことが推測される。そのとき問題となったのが、「ドルイド」と呼ばれる魔術師・預言者の存在である。彼らは王たちの助言者という役割も果たしていたから、キリスト教の布教者は彼らと「対決」しなければならなかった。だが、布教者はドルイドと全面的に対決せず、それまでのアイルランド人の宗教観をある程度取り入れながら、布教活動を行った。そうしたこともあって、アイルランドには異教徒的な信仰がいまだに残っている。

聖パトリックらの活動によって、北アイルランドのアーマーに司教聖堂が設けられ、7世紀末までにアーマーの司教は、アイルランドのすべての司教のなかで最も有力なポストとなった。だが、各地の教会は独立性を保っており、教区を底辺としてローマ教皇を頂点とする、現在のカトリック教会にみられるような強固なヒエラルキーはでき上がってはいなかった。

アイルランドの初期キリスト教のなかで、特徴的だったのが修道院制度である。修道院制度は6世紀のアイルランド社会で急成長を遂げた。修道院での生活は礼拝・苦行・学問・労働のくり返しだったといわれる。修道院の規則によれば、特別の期間を除いて水曜日と金曜日は「断食の日」であり、午後遅くまで食事をとらなかった。修道士たちはふだんはパンやミルク、魚などを食べ、日曜日や祝祭日には肉を食べることもあったようだ。こうした規則がはたしてすべての修道士たちによって厳格に守られたかどうかは定かではないが、アイルランドの修道士たちはヨーロッパ大陸の修道士に比べて厳しい生活を自らに課していたといわれる。

7世紀の史料によれば、修道院は外壁で囲まれており、そのなかに修道士の住む小屋、教会、食堂、図書室、写本室などがあった。外壁を出ると、修道院の耕地や納屋、製粉所などがあり、修道院は完全に自立したコミュニティだった。

苦行と祈りの生活を目的とする修道院であれば、本来、人里離れた辺ぴな場所にあると考えるのが普通だが、アイルランドの多くの修道院は主要な道路沿いにあり、宗教や教育の中心地のみならず、経済の中心地ともなった。修道士の多くは一般信徒であり、聖職者は少数だったため、大規模な修道院のなかには、修道院長が創設者の家系から選ばれることもあり、地域の有力者から妻をめとって王侯貴族のような生活を送る者もいた。このことは、アイルランドの修道院制度がローマ教皇の統制下になく、独自に発展したことの一つの証拠であるかもしれない。いずれにせよ、修道院をパトロンとする芸術が発達し、修道院のある町には金属細工などの職人が集まり、町が経済的に栄えたのである。

修道士たちの学問は聖書研究であり、とくに聖書の暗記が重視された。それと同時に聖書の写本が制作され、『ケルズの書』（ダブリン大学所蔵、本書第50章参照）に代表されるすばらしい彩色を施した写本が生まれた。また、修道士たちは聖書研究のために、ラテン語を学び、彼らを通じてアイルランドにラテン語が移入されることになった。

アイルランド文化はもともと文字を知らない口承文化だったため、書き残されることがなかったが、ラテン語の影響を受けて、それまでの口承文化が書き留められ、後世に伝えられることになったのである。一般の人びとのなかからも、教会で教育を受け、ラテン語の読み書きができる階層が生まれた。詩人や法律家といった知識階層がラテン語の影響を受けたことはいうに及ばない。詩人たちはラテン語のアルファベットを使い、それまで口承文化に基礎を置いていたアイルランド文学を文字化していった。ラテン語の導入によって、アイルランドの文化が花開いたのだ。
また、アイルランドの修道士たちは、英国を含めた海外で布教活動を行った。とりわけコロバヌスは、6世紀終わりから7世紀はじめにかけて、大陸各地を広範囲に訪れている。英国やフランス、ベルギー、ドイツなど、アイルランドの修道士の訪れた場所は数多い。キリスト教の普及によって、アイルランドは「聖者と学者の島」になったのである。

（高神信一）

9

北欧からの侵入者

★ヴァイキングの時代★

8世紀末から11世紀にかけて、ヴァイキングと呼ばれるスカンディナヴィア人の海賊がヨーロッパを襲い、アイルランドにもやってきた。当時のスカンディナヴィア人は穀物生産や牧畜、漁業を営み、船による交易を行っていたが、人口が増加したため新しい土地を求めていたのだ。帆船の発達によって活動範囲を拡大させ、西ヨーロッパまで容易に到達することができるようになった。こうして彼らは略奪と交易を目的としてヨーロッパを襲った。彼らがアイルランドやグレートブリテン島、フランスを襲ったのは、ほぼ同じ時期である。

ヴァイキングはノルウェー人、デンマーク人、スウェーデン人から構成されるが、アイルランドを襲撃したのは主としてノルウェー人だった。彼らは自らを「オストメン」と呼んだ。彼らが最初にアイルランドにやってきたのは、795年だったといわれ、四角の帆をつけた船の一団が海から姿を現したという。このときから約40年間、アイルランドは略奪の対象となる。これがヴァイキング襲来の第1期であり、第2期は914年に始まり、930年代に終わる。

第1期において、オストメンは襲っては退却するという襲撃形態をとり、定住しようとはしなかった。襲撃の主な対象は、アイルランドの富が集積し、経済の中心ともいうべき修道院だった。なかにはオストメンに抵抗を試みる修道院もあったが、修道院どうしが連携して戦うことはなく、多くの修道士が殺害された。教会の遺跡にみられる円塔は、オストメンの襲撃の見張りや避難場所に使われたという。オストメンの襲撃が当時の人びとを恐怖に陥れたことは間違いない。

830年代に入ると、彼らの襲撃はそれ以前に比べ激しさを増し、836年に内陸部が広範囲にわたって襲撃されたという記録が残っている。この当時アイルランドは小王国に分裂しており、オストメンを撃退しようとする統一した政治勢力は存在していなかった。このため、アイルランドはオストメンに征服される瀬戸際にあったともいえる。だが、860年代になると、オストメンの関心はイングランドに移り、アイルランドでの大規模な襲撃はなくなった。アイルランド人にとっては幸運だったといえよう。

第2期は914年に始まり、オストメンの大艦隊が、アイルランド南東部ウォーターフォード港に侵入し、ここを拠点にマンスター地方、そしてレンスター地方の略奪を行った。だが、この襲撃も950年代には終わっている。

ところでアイルランドがオストメンに征服されなかったという事実は、イングランドとは対照的である。イングランドを襲撃したのは、ヴァイキングのなかでもデンマーク人（デーン人）であり、アイルランドを襲ったノルウェー人のオストメンとは異なり、はじめから定住を目的としていた。デンマーク人は、9世紀後半にはイングランド東北部を支配下に置くまでになり、11世紀初頭から20年間にわたってイングランド王となっている。

略奪という手段によってオストメンがアイルランドの富を奪ったという見方は一面的である。というのも、彼らがアイルランドと外部世界の橋わたしをして、アイルランドに富をもたらしたという側面を見逃してはならないからだ。オストメンの目的がアイルランドに定住することではなかったとはいえ、なかにはアイルランドに定住し、港を建設した者もいれば、アイルランドとほかの国との交易の仲介者として、アイルランドに金や銀をもたらした者もいる。とりわけ奴隷貿易では莫大な利益を上げたという。アイルランドの王たちに、船を使った戦い方を伝授さえしている。

アイルランドに定住したオストメンは、ダブリンやリムリック、ウォーターフォード、ウェックスフォード、コークに居住地を建設した。なかでも、北欧諸国とフランス西部や地中海を結ぶのに好都合な港となったダブリンは、ヴァイキングの交易の中心地となった。オストメンがダブリンに最初に住んだのは9世紀半ばである。ダブリン市西部のキルメイナムでは、9世紀の共同墓地が発見されるなど、オストメンの足跡を知ることができる。彼らはダブリンの町を城壁で囲み、木の家を造り、作業場でさまざまなものを製作していたことがわかっている。

長い間アイルランド史では、オストメンはブライアン・ボルーというアイルランド人の王によって撃退されたと語られてきた。この説によれば、ボルーは999年の戦闘でまずダブリンのオストメンを撃退し、彼らからダブリンを奪い、1014年の「クロンターフの戦い」でオストメンを破り、アイルランドからヴァイキング勢力を完全に駆逐したということだった。だが、最近の説では、クロンターフの戦いは、オストメンとアイルランド人の戦いではなく、アイルランド人有力者間の勢力争いだったといわれている。このことを説明しておこう。

ボルーがターラ王だったことは歴史的事実である。彼はマンスター地方の小部族の出身であったが、政治・軍事的戦略を用いてマンスター王になり、イ・ニール家以外で初のターラ王になった（第7章参照）。彼はマンスター地方を支配下に収めた後、レンスター地方に勢力を拡大し、980年以来ターラ王だったムエール・シェニールと対立することになった。また、二人はコナクト地方においても勢力争いを行っている。だが、ボルーはシェニールを服従させることに成功し、1002年にターラ王となったのである。

ターラ王となったボルーがアイルランド北部のアルスター地方の支配をもくろんでいたとき、自分の膝元だったレンスター地方の人びとが反旗を翻したのである。これが最終的にクロンターフの戦いとなった。つまり、クロンターフの戦いはけっして、アイルランド人がヴァイキングを撃退したものではなかったのである。ボルーはこの戦いで命を落とし、野望を成就することはできなかった。ボルーの死によって、シェニールが再びターラの王位に就いたのだが、アイルランドを政治的に統一することはなかった。ヴァイキングが去った後のアイルランドは、やはり小王国が分立するという以前の状態のままだったのである。

（高神信一）

10

イングランドによる支配の始まり

★クロムウェルのアイルランド征服★

イングランドによるアイルランド支配は12世紀に始まったといわれる。1154年、アイルランドのキリスト教会をローマ教皇の統制下に置こうとした教皇ハドリアヌス4世は、イングランド王ヘンリー2世に教書を送り、アイルランドの支配権を与えた。だが、その当時ヘンリー2世のイングランド支配は盤石なものではなかったので、アイルランドに軍隊を派遣する余裕などなかった。

というのも、ヘンリー2世は、ノルマンディで生まれ、イングランド人というよりフランス人であり、いわゆるアングロ・ノルマン人だった。イングランドは1066年に、フランスのノルマンディ地方を基盤とするウィリアム1世に征服され、アングロ・サクソンの貴族にかわって、ノルマン系の貴族の支配下にあったのである。そのため、実際に軍隊が送られたのは、皮肉なことにゲール系アイルランド人（アイルランド先住民）の要請にヘンリー2世が応じた結果だった。

イングランドの軍隊がアイルランドに派遣された背景を説明しよう。レンスター王を追われたゲール系アイルランド人ダーモット・マクモロはその地位を回復するため、ヘンリー2世に援軍を求めた。そこでヘンリー2世は、ウェールズにいた、アングロ・ノルマン系のストロングボウ（ペンブルーク伯）をアイルランドに送り込んだのである。ストロングボウは1170年にウォーターフォードに上陸し、マクモロとともに戦いを有利に進めた。だがマクモロが亡くなると、彼の娘を妻に迎えていたストロングボウは、自らレンスター王となった。ストロングボウの権力が巨大化することを恐れたヘンリー2世は、1171年に自らアイルランドに渡り、アイルランドにおける宗主権を獲得し、ストロングボウを自らの支配下に置いた。

アイルランドにはイングランドの政治システムが移入された。ダブリン城が建設されるとともに、イングランド王に代わり総督がアイルランド統治の責任者となり、二院制の議会も導入された。イングランドが支配する領域はしだいに拡大し、14世紀初頭までに島の4分の3に及んだという。

だが、イングランド系は、ゲール系アイルランド人を根絶したり、彼らを土地から追放するといった過酷な手段を用いなかったこともあって、ゲール系アイルランド人はしだいにその支配地域を島の半分まで回復した。また、イングランド系もゲール系と通婚するなどゲール化していき、イングランド系とゲール系は奇妙な共存関係にあったといえよう。こうした状況を一変させたのが、テューダー朝（ヘンリー8世、エドワード6世、メアリー1世、エリザベス1世）による軍事占領と宗教改革だった。

テューダー朝はアイルランドを軍事的に占領し、それ以後のアイルランド支配の基礎を作った。ヘンリー8世は1541年、アイルランド議会からアイルランド国王の称号を贈らせ、これ以後イングランド国王がアイルランド国王を兼ねた。彼が王位に就く前、アイルランド支配は少数のイングランド系貴族を通じたゆるやかなもので、イングランド王の支配権もダブリン周辺にとどまっていた。

しかし、イングランドで宗教改革を行ったヘンリー8世は、アイルランドでも宗教改革を断行し、カトリックを厳しく弾圧し、彼らの土地を収奪した。イングランド系は英国国教会（カトリックから分離したプロテスタントだが、教義的にはカトリックに近い）のメンバーとして、プロテスタントに改宗しないカトリックのゲール系（アイルランド先住民）をさまざまな分野において従属させようとしていった。他方、北アイルランドでは、スコットランドからの多数のプロテスタントの長老派による植民が行われ、南アイルランドとは事情がやや異なっていた。しかし、長老派はプロテスタントとして、英国国教会によるプロテスタント支配に加わる一方で、英国国教会の支配体制のなかでは社会的に不利な二級市民に甘んじなければならなかったのである。

このような過程は大規模な「反乱」を誘発した。エリザベス1世は、アルスター地方とマンスター地方の「反乱」を鎮圧するために莫大な軍事的・財政的出費を払わざるをえず、王室の財政負担を逼迫《ひっぱく》させた。「反乱」が鎮圧された地域には大規模な植民が行われ、17世紀初頭にはアルスター地方にイングランドとスコットランドから多数の人びとが入植した。

こうした植民はゲール系の反発を招き、1641年にアルスター地方で蜂起が決行され、翌年にはそれがアイルランド全土に広がった。イングランドは「ピューリタン革命」によって国内が混乱し、しばらくはアイルランドの「反乱」を鎮圧することが見送られた。だが、イングランドにおける内乱を終結させたオリバー・クロムウェルは1649年、1万2000名の将兵を率いてダブリンに上陸し、ドロハダで4000名、ウェックスフォードで2000名の人びとを虐殺したといわれている。さらにイングランドこのクロムウェルの残虐行為は、アイルランド人の間で永く語り継がれていく。さらにイングランド人はアイルランド人の土地没収を進め、それを政府の債権者とクロムウェルの軍隊の兵士に分け与えた。カトリックの土地所有者に占める割合は著しく減少した。また、「反乱」に参加しなかった者さえも、それまで所有していた土地を没収され、その代わりに西部の荒地が与えられることとなった。

1688年のイングランドの「名誉革命」は流血を伴わない革命として有名であるが、一方、この革命はアイルランドを戦場と化した。王位を追われフランスに亡命したカトリックのジェームズ2世は、アイルランドを足場にしてイングランド王に復位しようとしたのである。1689年、ジェームズ2世はフランス軍を伴いアイルランドに上陸したが、アルスター地方のプロテスタントの植民者から徹底的な反撃を受けた。1690年にはイングランド王ウィリアム3世が自らアイルランドに渡り、ボイン河でジェームズ2世軍を打ち破った。これ以後も戦闘は続いたが、最終的にウィリアム3世が勝利を収めたのであった。

これらの戦争の終結後、18世紀末まで大規模な「反乱」は起きず、アイルランドの支配体制が整備されていった。1692年以降、アイルランド議会はカトリックの政治的・経済的権利を剝奪する「異教徒刑罰法」を制定していく。その内容は、カトリック聖職者の登録制や、カトリックの国会議員選挙権・被選挙権の剝奪、軍隊・行政機関・法曹界からの排除などである。このようにして英国国教徒を中心とした英国のアイルランド支配は、確固たるものとなった。この英国支配を実際に受けもったのは、「アングロ・アイリッシュ」(イングランド系アイルランド人)と呼ばれるプロテスタントの特権的な支配層であった。彼らはアイルランド議会や政府の要職を独占していっただけでなく、地主として地域社会を支配していったのである。

(高神信一)

11

連合王国の成立

★英国植民地のモデル★

1775年に始まったアメリカ独立戦争は、アイルランドの状況を激変させた。アメリカ側に参戦したフランスとスペインは、アイルランドを英国への攻撃の重要な戦略上の拠点とみなしたのだ。当時、アイルランドに駐留する英軍はアメリカへ移動させられていたために、軍事的空白が生じていた。そこで、英国はアイルランドが自ら武装することを認めざるをえず、プロテスタントを中心とした義勇軍が創設されることとなった。この義勇軍は英国に新たな難題をつきつけた。すなわち、アイルランドのプロテスタント支配層はこの義勇軍の軍事的圧力を背景にして、英国への従属状態からの脱却、つまり自治を要求したのである。英国はこれに応じざるをえず、1782年、アイルランドは自治を獲得する。

1789年のフランス革命の勃発は、アイルランドを再び動揺させた。フランス革命の共和主義思想が、プロテスタント（この場合、英国国教会）の支配体制から排除されていたカトリックと長老派を覚醒させたのである。1780年代までにカトリックと長老派の地位は徐々に改善されてはいたが、アイルランドの支配権はプロテスタントの支配層、つまり英国国教会に属する少数の地主の手に握られていた。このような状況のなかで、１７９１年、ベルファストで、共和主義思想の影響を強く受けた長老派の商人やジャーナリストを中心とした「ユナイテッド・アイリッシュメン」という協会が設立された。この協会の当初の目的は議会改革であり、革命的なものではまったくなかった。だが、対仏戦争中の英国政府は、フランスがアイルランドに侵入することを危惧し、それと結びつく可能性のある結社を弾圧した。ユナイテッド・アイリッシュメンは、弾圧を契機として革命的な組織に変質していく。非合法化された組織は、フランスの援助のもとに蜂起を計画した。蜂起にはカトリックの農民組織「ディフェンダーズ」も参加し１７９８年に決行されたが、完全な敗北のうちに終わり治安当局に殺害された人数は３万人ともいわれている。この蜂起鎮圧後、英国政府はアイルランドに与えた自治を取りあげ、１８０１年にアイルランドを併合したのであった。

アイルランドは連合王国の一部になったとはいえ、その統治システムからみると植民地であった。アイルランド総督を頂点とする「アイルランド総督府」という官僚組織がアイルランドを統治したが、このようなシステムはスコットランドやウェールズではみられないものであり、英国植民地の特徴だった。だが、連合王国の一部となったアイルランドには「英国型の制度」も導入されている。

こうした事実をまず警察制度を例にとって説明してみよう。アイルランドの治安維持を担当していたのは「ダブリン首都警察」と「アイルランド警察」だった。ダブリン首都警察は英国最初の「近代的な警察」といわれる「ロンドン首都警察」をモデルにしており、これだけをみるとアイルランドの警察は「英国型」のようにみえる。ところが、アイルランド警察は、ひとりひとりの警官が兵士のように銃で武装するという軍隊のような強力な警察であり、後にセイロンやインド、西インド諸島、パレスチナの警察に影響を与え、「植民地警察のモデル」となった。さらに、ダブリン首都警察とアイルランド警察に共通していえることだが、上層部はプロテスタントで、一般の警官はカトリックという構造をしており、このことは少数の支配者が現地の多数の住民を支配するという英国植民地支配のモデルを示している。また、ロンドン首都警察はダブリン首都警察のモデルであると先に述べたが、じつはロンドン首都警察は、政府が直接に指揮し管轄区域を分割するという構造を、1808年に設立された「ダブリン警察」から採用しているのである。なぜ、警察制度が英国よりも早くアイルランドに導入されたのかといえば、個人の自由を尊重するという英国では、それを脅かす可能性がある警察制度はふさわしくないと考えられていたからである。英国では導入することができない制度が植民地アイルランドでは導入されたともいえる。

教育制度は、国家が個人の領域に介入することを嫌う英国ではなかなか導入が進まなかったが、アイルランドでは事情が違った。アイルランドでは英国に先がけて1831年に「全国学校制度」が設立され、国家が資金を提供する初等学校制度が普及した。この制度はアイルランド人の識字率や数量的思考能力を高めることに貢献したとはいうものの、制度の真の目的は「よりよき英国人」を育成するものだった。このシステムはオーストラレシアの植民地に導入されていっただけでなく、ここで使用された教科書はアイルランドで使用されたものだった。ちなみに英国で初等教育法が成立したのは1870年である。

英国の「新救貧法」は、それまで救貧法が存在しなかったアイルランドに1838年に導入されたが、この制度にも英国国内との違いをみることができる。この救貧法は、貧民を救貧院に収容することによってのみ救済するという「院内救済の原則」を確立したことでよく知られている。ところが、英国では地方の裁量によって、貧民を救貧院で収容するという手段以外でも貧民が救済されていた。一方、アイルランドでは「院内救済の原則」が厳格に適用され、さらに中央による均一性が重視された制度となった。このようにアイルランドの制度は「英国型」でもあり、「植民地型」でもあり、両者の中間に位置したといえるだろう。

ところで、連合王国の一部となったアイルランドは英国の海外植民地の建設者を送り出した。とくに英軍兵士となったアイルランド人には注目しておきたい。1830年において英軍の兵卒の約4割がアイルランド人だったからだ。この当時のアイルランドの人口は連合王国の約3割だったので、人口比でみると1割ほど多いことになる。また、少数とはいえ、植民地の行政官として植民地、とくにインドに赴任したアイルランド人も存在した。19世紀半ばにインド高等行政官の選抜に競争試験が導入されると、アイルランドの諸大学はサンスクリット語やアラブ語の講座を設置するなど、卒業生をインドに送りこもうとした。

（高神信一）

12

人口激減の引き金

★ジャガイモ飢饉★

1845年後半にアイルランドではジャガイモの「胴枯れ病」が発生し、アイルランド各地でジャガイモの凶作をもたらした。その結果、大飢饉が起こり、アイルランドの人口を大幅に減少させるなど、アイルランドの社会・経済に大きな影響を与えたのである。

ジャガイモは新大陸からスペインを経由して1590年頃アイルランドにもたらされたといわれ、オート麦などの穀類の代替物として重要となった。穀物栽培に適さない土壌でも栽培が可能であったので、とくにアイルランド西部の土壌の悪い地域では貴重な栽培物となった。大飢饉の影響がもっとも深刻であったのは、この西部地域である。アイルランドで最初に農業統計がとられたのは1847年だったため、大飢饉直前の農業の状態は推定するしかないが、耕地の約3分の2がジャガイモであったといわれている。

ジャガイモの胴枯れ病がアイルランドで初めて新聞に報じられたのは、1845年9月のことであった。米国ではすでに1843年夏に胴枯れ病が報道されていたが、この胴枯れ病がヨーロッパ大陸や英国を経由してアイルランドに到達したのである。英国では1845年8月までに、胴枯れ病が北部を除く全域にみられるようになった。だが、英国ではジャガイモの凶作が飢饉に発展しなかった。というのは、英国ではジャガイモが主食ではなかったからである。同様にアイルランドの中産階級以上の家庭では、ジャガイモだけでなく、穀類や肉も食べていたので、ジャガイモの凶作は中産階級以上では深刻な問題とはならなかった。

一方、アイルランドの下層階級の食事はジャガイモが中心であり、彼らはジャガイモの不作の影響を最も被った。農村の下層階級はジャガイモを自給自足しており、市場で購買する必要がなかったのだが、大凶作の結果、購買しなければならなくなった。1846年にはジャガイモの価格が前年度の約4倍になり、彼らの窮状に拍車をかけた。

大飢饉に関する人口学的側面の研究は比較的進んでいる。アイルランドの人口は、1841年の調査《センサス》では約820万人、1851年のものでは約680万人とされる。この数値と、大飢饉が存在しなかったときの反事実仮定法モデル（カウンター・ファクチュアル・モデル）に基づく推定によると、約100万人が死亡したとされ、移民による人口の減少は約120万人と推定されている。もっとも死亡率が高かったのはコナクト地方で、とくにスライゴー、ゴールウェイ、メイヨーの各カウンティである。反対に死亡率が低かったのは、レンスター地方東部とアルスター地方東北部の豊かな地域であった。

死亡原因についてみてみよう。はたして人びとは餓死したのであろうか。死亡者の大部分は、チフス、回帰熱、赤痢によるものであった。1851年の国勢調査によれば、過去10年間の餓死者は約2万人にすぎない。すなわち、多くは伝染病によって死亡したのであって、飢餓が直接の原因ではなかった。とはいえ飢餓による栄養不足が人びとから病気に対する抵抗力を奪ったという側面は否定できない。

19世紀アイルランドのナショナリスト、ジョン・ミッチェルは、「神がジャガイモの胴枯れ病をわれわれに与えたが、イングランド人が飢饉を作り出した」と述べ、当時の英国政府を厳しく批判している。実際、大飢饉中でもアイルランドからの穀物輸出は公然と行われており、英国政府が輸出を禁止し、それを飢えたアイルランド人の救済に回すことは可能であった。しかし、穀物の輸出禁止だけではアイルランドの窮状を救うことは不可能だった。その理由を説明しておこう。１８４６年のオート麦などの穀物輸出は約28万トンで、これをジャガイモに換算すると約１００万トンに相当する。だが、この年のジャガイモの凶作は約１０００万トンに及んでいるので、たとえ穀物輸出が行われなくとも、食糧の絶対量は不足していたのだ。

大飢饉の救済にあたったのは、ロバート・ピールの保守党政府（１８４１〜４６）と、それに続くジョン・ラッセルの自由党政府（１８４６〜５２）である。ピールはジャガイモ不足の報告を受けると、代替食糧としてトウモロコシ粉の緊急輸入を決定した。輸入されたトウモロコシ粉は、アイルランド各地に設けられた食糧貯蔵所において原価で販売された。無料で配給されなかったのは、当時の英国で支配的だった、国家が市場に介入することを否定する自由放任主義《レッセ・フェール》に基づいていたからである。

英国首相が救済の最高責任者であったことはいうまでもないが、救済内容の決定に関して大きな影響力をもっていたのが英国財務省である。１８４６年から４７年にかけての英国の金融恐慌による財政の悪化によって、財務省が発言力を強めていた。とくに財務省のなかでも大飢饉の時期に財務事務次官の地位にあったチャールズ・トレヴェリアンの個人的見解が、英国政府の救済策に大きく反映した。トレヴェリアンは、できるかぎり政府の介入を排除しようとする徹底的な自由放任主義者だった。ラッセル自由党内閣はピールよりも自由放任主義の原則を重視した。そのため、ピールが行った穀物輸入を即座に中止した。内閣は、アイルランドの救済はアイルランドが自ら行うものであると主張し、「救貧法」を基礎にした救済策をとろうとした。すなわち貧民を救貧院という収容施設で救済しようとしたのである。だが、大量の貧民を前にして救貧法の救済システムは機能せず、破綻に追い込まれていった。

英国政府が大飢饉の救済に費やした費用は、おもに貸付金というかたちで約1000万ポンドに及んだ。だが、この額は当時の連合王国の国民総生産のわずか0・3%にすぎず、クリミア戦争（1853~56）の費用の2割であった。この額が多いのか、少ないのかは議論の分かれるところであろう。アイルランド自身も救貧税の徴収により700万ポンドを投入しており、英国政府の立場はあくまでも大飢饉はアイルランド人によって解決されねばならないというものであった。

（高神信一）

13

海を越えたアイルランド人

★移民★

1840年代初頭に800万人を超えていたアイルランドの人口は、大飢饉による死亡や移民によって大幅に減少した。その後も、移民によって人口の減少が続いた。その結果、アイルランドの人口は20世紀初頭に450万人まで減った。その後人口は増加し、現在は600万人（アイルランド共和国と北アイルランドの合計人口数）を超えている。アイルランドはヨーロッパ諸国のなかで移民による人口減少が続いた特異な国である。

その一方で、アイルランド島以外に住む「アイルランド人」となると、本国の人数をはるかに超えている。米国籍の人びとのうち約4000万人はアイルランド系米国人といわれるし、オーストラリア人の約3割はアイルランド人の血をひいているといわれる。さらに、英国にも多くのアイルランド人が住んでいる。

移民はアイルランドに残った者の生活に大きな影響を与えた。プラスの面をいえば、アイルランドに残った者の雇用が確保され、彼らの生活水準が上がった。また、移民からの送金をあてにする人びとも多かった。マイナスの面は、人口の減少は国内市場を狭隘《きょうあい》化させ、遅れた農業システムを温存させたことだ。

第13章

海を越えたアイルランド人

独立運動への影響は複雑である。もし移民というシステムが存在しなければ、職もなく将来に希望をもてない若者があふれ、彼らは独立運動の支持者になり、運動がよりいっそう推進されたかもしれない。そうであれば、移民がなければアイルランドはもっと早く独立していたかもしれない。その一方で、独立運動にプラスになった側面がある。それは、移民したアイルランド人がとくに米国において、本国の独立を支援する運動を展開したことである。

1840年代の大飢饉のときに約120万人がアイルランドを脱出し、移民の流れが恒常化していった。もちろん、大飢饉以前にもアイルランド人は移民しており、移民は大飢饉に伴う特異な状態ではなかった。けれども大飢饉以前とそれ以後の移民には違いがある。大飢饉以前には、レンスター地方やアルスター地方といった豊かな地域からの移民が多く、新天地で「豊かな生活」を送るだけの技術や教育、資金をもっていたのである。

大飢饉のときの移民は、それ以前の移民とは4点において異なっている。第一に、貧困者の全体に占める割合が高かったこと。第二に、家族で移民する者の割合が高かったこと。第三に、貧困な地域であるアイルランド西部や南西部からの移民の割合が上昇したこと。第四に、渡航中の船上での死亡率がきわめて高く、船上での死亡率が5割を超えることもあったこと。そのため、「棺おけ船」と呼ばれる船もあった。いずれにせよ、大飢饉のときの移民はアイルランド西部や南西部という貧困地域から移民し、この傾向がこれ以後の移民を特徴づけることになった。

アイルランド人移民の最大の受け入れ国は、いうまでもなく米国である。20世紀初頭には、アイルランド系米国人の数は一説には1500万人とも2000万人ともいわれ、本国の人口をはるかに超えていた。移民たちの約6割は北東部に住み、都市では低賃金労働者として働く者もいれば、熟練工あるいは専門的職業者として働く者もいた。19世紀半ばの米国の鉄道ブームのときには、多くのアイルランド人移民が鉄道建設に従事した。英語を話すことができる、あるいはその読み書きができるという点において、非英語圏からの移民に比べてはるかに有利な条件を与えられていた。また移民たちも米国社会に同化しようと、アメリカ訛りの英語を積極的に身につけようとした。だが、彼らの前にはWASP（アングロ・サクソン系でプロテスタントの白人、通称ワスプ）の壁が立ちはだかった。事実、19世紀半ばにはボストンなどの都市では求人にさいして、「アイルランド人お断り」というポスターが貼られることがあったのである。

そこで移民たちはカトリック教会と民主党支持を中核とする強固なアイルランド系米国人のコミュニティを形成していく。カトリック教会は移民たちに精神的救済だけでなく、社会福祉が整備されていない当時にあっては、慈善活動によって物質的な救済を与えたのだった。

アイルランド人たちは民主党内に自分たちの支持基盤を作り上げていった。アイルランド系米国人の代表のような人物、J・F・ケネディ元大統領は民主党員である。地方レベルでは、党員の公務員への登用などの利益誘導を行っていた民主党のネットワークに参加するため、積極的に民主党員になるアイルランド系も多かった。国政レベルでは、民主党の政治家は反英を唱えたり、アイルランド人のアイデンティティに訴えることによって、アイルランド人票を容易に固めることができたのである。

さらに、アイルランドが英国から独立することが自分たちの地位向上につながると考える者や、反英感情を抱き続ける者は、アイルランドの独立運動に積極的に関わっていった。彼らが支援した代表的な組織が「フィーニアン・ブラザーフッド」や「クラン・ナ・ゲール」である（第13章参照）。

第二次世界大戦後になると、アイルランド系米国人コミュニティも変容した。移民の第二世代まではアイルランド系どうしで結婚したが、第三世代になるとそうした傾向がみられなくなり、純粋なアイルランド系米国人が存在しなくなっていったのである。だが、たとえ英国人やドイツ人、イタリア人の血が入っても、自らをアイルランド系であると名乗る者が多数いる。というのも、英国の植民地であった米国には反英という伝統があり、反英闘争を続けてきたアイルランドはその伝統にうまくあてはまるからである。

英国に住むアイルランド人にもふれておこう。大飢饉のときに英国に移民したアイルランド人のなかには、米国に行くための渡航費を稼ぐことを目的に一時的に滞在したものの、そのまま住み着いてしまった者も多い。彼らは低賃金労働に就き、英国の都市のもっとも劣悪な地域に住んだ。米国のアイルランド人移民と違うところは、英国のアイルランド人たちは、強固なコミュニティを作らなかったことである。その証拠に移民たちは熱心なカトリックでもなければ、特定の政党を支持したのでもなかった。「完全な英国人」になろうとする者がいる一方、いつかはアイルランドに戻ることを考え、アイルランド人としてのアイデンティティを保ち続け、英国社会に同化しない者もいる。（高神信一）

14

独立への流れ

——★ユナイテッド・アイリッシュメンからフィーニアンへ★——

ユナイテッド・アイリッシュメンの蜂起失敗以後、民族運動の指導者として登場したのが、カトリックの地主ダニエル・オコンネルである。オコンネルが最初にめざしたのは、カトリックの地位向上であり、彼は１８２３年に「カトリック協会」を設立した。そして１８２９年に「カトリック解放法」を英国議会で可決させ、カトリックに英国下院議員、閣僚、判事、陸海軍の将官への道を開いた。

オコンネルが次に組織した運動は、英国とアイルランド間の合同法を撤廃しようとする合同法撤廃運動であった。オコンネルはアイルランドが必要とする政策を英国議会から引き出すことは不可能と考え、合同法によって失った自治を取り戻そうとしたのである。だが、英国政府から譲歩を引き出すことができず、運動内で彼の影響力はしだいに弱まっていった。かわって運動の主導権を握ったのが、「青年アイルランド」であった。やがて大陸での革命や治安当局による弾圧などによって運動は急進化し、彼らは１８４８年７月に蜂起を決行した。蜂起は小規模な戦闘で終わったが、「１８４８年蜂起」としてユナイテッド・アイリッシュメンの蜂起とともに、アイルランドのナショナリストの記憶に刻み込まれていく。

ここで19世紀半ば、すなわち大飢饉以後のアイルランド民族運動の大きな変化を説明しておきたい。それは米国に渡ったアイルランド人、すなわちアイルランド系米国人が、アイルランドの民族運動に重要な役割を果たすようになったということである。アイルランド人移民たちは大飢饉の強烈な記憶をもっており、それを容易に反英闘争へと転化していったのである。また、米国において彼らの前にはＷＡＳＰによる差別もあった。米国における自分たちの地位向上のためにも、母国アイルランドの独立を支援したのである（第13章参照）。

アイルランド系米国人の支援を受けて１８５８年にダブリンで設立されたのが、ＩＲＢ（アイルランド共和主義者同盟）である。ＩＲＢは武力闘争によって英国から独立し共和国（具体的にイメージされていたのが米国）を建設することをめざした。１８６７年に蜂起を決行し、１９１６年の「イースター蜂起」や独立戦争では中心的役割を果たした。またＩＲＢのメンバーは「フィーニアン」と呼ばれたが、この名称は、ＩＲＢを物的・人的に支援するために１８５９年にニューヨークで結成された「フィーニアン・ブラザーフッド」（以下ＦＢと略記）に由来している。

ダニエル・オコンネル

ＩＲＢは資金不足に悩まされるとともに、警察の監視態勢のもと武器密輸などの蜂起準備を自由に進めることができなかった。しかしFBは「米国人将校たち」(南北戦争に従軍した軍人)を蜂起指導者としてアイルランドに送りこみ、IRBに1867年3月に蜂起を決行させた。この蜂起は準備も不十分なまま決行され、さらに命令系統も混乱したためIRBは自滅していった。蜂起に失敗したとはいえ、IRBの活動は自由党党首ウィリアム・グラッドストン(首相、1868~74、1880~85、1886、1892~94)に「アイルランド問題」の解決の必要性を痛感させた。グラッドストンは政権に就くと1869年にアイルランド国教会を廃止し、1870年にはアイルランド土地法(第1次)を成立させた。

1860年代にピークを迎えたIRBは1870年代に衰退し、かわってチャールズ・スチュワート・パーネルを指導者とする自治運動がアイルランド民族運動の主流となった。パーネルは、1879年に始まった「土地戦争」(地代の不払いなど)において「土地同盟」の指導者として頭角を現した。彼は、土地戦争の終結後には、「アイルランド国民党」を率いて、グラッドストンと連携することによって、ある程度の成果を上げることができた。とはいえ、1886年にグラッドストンが議会に上程した「第1次自治法案」は成立に至らず、さらにジョセフ・チェンバレンらを自由党から脱党させる契機となった。グラッドストンは1893年に「第2次自治法案」を英国議会に提出したが、議会の承認を得ることはできず、パーネルは既婚夫人とのスキャンダルによって失脚した。

パーネルの失脚後、アイルランドの民族運動は停滞したが、この時期アイルランド語を復活させ、アイルランドの固有な文化にアイルランド人のアイデンティティを見いだそうとした「アイルランド文芸復興(ゲーリック・リバイバル)」運動が、アイルランド人の心をとらえたことにはふれておきたい。この運動を推進したなかに詩人W・B・イェイツがいる（第53章参照）。

ところで、パーネルの自治運動を単なる合法的運動と解釈してはならない。というのも、彼が独立運動の指導者として地位を確立した背景には、武力闘争を推進しようとしたＩＲＢの支持があったからである。また、パーネルはＩＲＢのメンバーになったという説もある。そしてＩＲＢの背後には、アイルランド系米国人の組織「クラン・ナ・ゲール」の存在があった。クラン・ナ・ゲールは、１８６７年に米国で設立された秘密組織で、パーネルに活動資金を提供していた。この組織は武力闘争によるアイルランド独立を目的としていたとはいえ、アイルランドの民族運動の主導権を握るためにもパーネルを支援していたのだった。クラン・ナ・ゲールはパーネルを支持しながらも、その一方で１８８１年から１８８７年に英国の都市で「ダイナマイト・キャンペーン」という爆弾攻撃をしかけ、英国議会などを爆破した。この一連の事件が引き起こした「恐怖」を考慮しなければ、１８８０年代の英国政府のアイルランド政策は理解できない。

アイルランドの独立運動についていえることは、合法的運動と武力闘争による運動の間を振り子のように揺れ動くということである。経済的・社会的状況に応じて、あるときには合法的運動が勢力を拡大し、あるときにはその逆が生じたのである。19世紀における合法的運動は、１７８２年に自治を獲得した義勇軍の運動を起源とし、オコンネルによる英国との合同撤廃運動、そしてパーネルの自治運動となっていく。一方、武力闘争によって独立を獲得しようとする運動は「ユナイテッド・アイリッシュメン」から「フィーニアン」に至るのである。

（高神信一）

15

自由への戦い

★アイルランド独立戦争★

アイルランドが独立へと動き出す契機となったのは、1912年にハーバート・アスキス自由党内閣が英国議会に提出した「第3次自治法案」であろう。このとき自由党は下院において271議席を有し、対する保守党および「リベラル・ユニオニスト」は273議席と拮抗し、42議席の労働党と84議席のアイルランド国民党がキャスティング・ボートを握っていた。そのため、自由党内閣はアイルランド国民党が要求するアイルランド自治に取り組まざるをえなかったのである。

第3次自治法案は、1914年に下院を通過し、アイルランドに自治議会が認められることになった。だが、その実施は第一次世界大戦の勃発によって延期された。このとき自治ではなく完全な独立をめざしたIRB（アイルランド共和主義者同盟、第14章参照）は「義勇軍」（後のIRA、後述）を利用し、1916年、「イースター蜂起」を決行した。この義勇軍の結成は、北アイルランドのユニオニスト（英国との合同支持者）が行った、アイルランド自治法案への徹底抗戦の動きに端を発している。

イースター蜂起自体は1週間ほどで鎮圧されたが、450

イースター蜂起の舞台となった中央郵便局
（写真：山下理恵子）

名の死者と2600名の負傷者を出している。蜂起に対して当初冷淡であったアイルランド世論も、英国政府がパトリック・ピアースやジェームズ・コノリーなどの蜂起首謀者を処刑したことによって、反英の気運が高まり、独立支持へと急旋回していった。今や「英国人をアイルランドから追い出すこと」が人びとの目的となった。そして1918年12月に、アイルランドで行われた英国議会選挙において、急進的なナショナリストの政党「シン・フェイン」が73議席、すなわちアイルランドに割り当てられた議席の大部分を獲得した。シン・フェイン党は英国議会への登院を拒否し、1919年1月ダブリンに「国民議会」（ドイル・エアラン）を創設し、アイルランド独立の意志を明確に表明した。

国民議会が開催されたまさにその日に、

独立戦争を象徴する出来事がカウンティ・ティペレァァリーのソロヘドベグで起こった。ＩＲＡ（アイルランド共和軍、1919年頃から義勇軍はＩＲＡと呼ばれるようになった）が、ソロヘドベグの採石場に輸送されるダイナマイトを強奪し、警護の「アイルランド警察」の警官２名を射殺したのである。この事件はその後の独立戦争の展開を暗示させるものだった。このときから１９２１年７月の休戦まで、ＩＲＡは英軍や警察に対してゲリラ戦をくり広げた。

ＩＲＡの軍事活動はすでに１９１８年頃から始まっており、警官を襲撃し武器を奪っていた。攻撃はしだいにエスカレートして、１９２０年に入ると、警察バラック（警察官の駐在所）の攻撃に重点を移した。１９２０年前半には16の警察バラックを破壊し、29の警察バラックに損害を与え、４００以上の警察バラックに放火した。そして１９２０年秋になると、ＩＲＡは「遊撃隊」を編制し、英軍やアイルランド警察のパトロールや輸送部隊に「待ち伏せ攻撃」をしかけ、軍・警察の死傷者数を増加させていった。このＩＲＡの支配権を握っていたのが、マイケル・コリンズを最高指導者とするＩＲＢである。

ＩＲＡがゲリラ戦を展開する一方で、国民議会はアイルランド人が国家を運営できることを内外に示そうとした。１９１９年に開催された国民議会において、大統領に選出されたエイモン・デ＝ヴァレラは、シン・フェイン党の指導者アーサー・グリフィスを内相兼大統領代理、コリンズを財務相に任命した。「革命政府」が動き始めたのである。革命政府の活動のなかでとくに注目を集めたのが「共和国裁判所」である。裁判所は土地問題をはじめとして、地域のさまざまな紛争を解決しようとした。だが、こうした革命政府の活動もゲリラ戦の激化によって休止に追い込まれていった。

英国世論はアイルランド独立戦争に関してしだいに英国政府に批判的な目を向けるようになっていった。その契機となったのが、「ブラック・アンド・タンズ」や「補助部隊」という元英軍兵士によって構成された警察の特別部隊の活動である。IRAの軍事活動の激化によって、アイルランドの警官の辞職者数が増加し、治安当局は警官の補充を迫られた。その補充として英国政府は、第一次世界大戦に従軍し退役した英軍兵士を特別部隊に組織したのである。彼らはIRAの軍事活動への報復としてIRAのメンバーが潜伏していると推測される地域の建物に放火し、商店の略奪を行い、英国や米国の世論を憤激させた。

また、英国政府内部においても、ゲリラ戦を戦うIRAを軍事的に制圧することが不可能であるという意見が影響力をもち始めた。IRAは弾圧を受け、弱体化していたことは事実である。実際、治安当局は1921年7月の休戦までに4000名を超えるアイルランド人を拘束し、IRAの活動メンバーを2000名程度にまで減少させた。IRAの武器・弾薬も不足していた。というのも、大量の武器をヨーロッパ大陸や米国から密輸することは不可能であり、治安当局からの武器の強奪にも限界があったからだ。だが、ゲリラ戦は少数の武器と少人数のメンバーによって戦うことができることを考えると、IRAは戦闘を継続することが十分可能だったのである。

英国政府は1921年7月、革命政府の指導者と交渉を始め、同年12月、両者の間で条約（英愛条約）が調印された。この条約はアイルランドに新たな問題を投げかけた。つまり、多くのアイルランドのナショナリストが望んでいた「共和国」ではなく、「英連邦内の自治領」というステイタスをアイルランドに与えるというものだったからだ。コリンズらの条約賛成派は、自治領としての地位の獲得を共和国への「実質的な第一歩」だとみなした。これに対してデ＝ヴァレラに代表される条約反対派は、あくまでも共和国の獲得に固執した。国民議会において白熱した議論の末、条約は僅差で批准され、1922年、アイルランド南部26カウンティは「アイルランド自由国」として英国から「独立」することになった。条約では北部アルスターの6《シックス》カウンティを南部から分離することが盛り込まれていたが、この部分については当時それほど問題視されてはいなかった。

条約反対派は、賛成派（アイルランド自由国政府）に武力攻撃をしかけ、ここに1年近くにわたって内戦が戦われた。自由国政府は英国政府からの武器援助を受けながら、戦いを有利に進め、最終的に勝利を収めた。アイルランドが英連邦を離脱し、現在の「アイルランド共和国」という政体になったのは、1949年のことだった。

（高神信一）

16

カトリック国家の成立

★新生アイルランド★

条約賛成派は、クマン・ナ・ゲール党（後にフィネ・ゲール党となる）を結成し、新政府を作り、独立戦争や内戦で荒廃した国の建て直しを図った。一方、条約反対派のエイモン・デ＝ヴァレラは、国民議会への登院を拒否し続けたシン・フェイン党と袂を分かち、フィアナ・フォイル党を結成し、１９２７年に国民議会に参加し、１９３２年には政権を奪取している。

現在のアイルランド政治は、フィネ・ゲール党とフィアナ・フォイル党という二大政党を中心に政権交代が行われているが、両者の間にはイデオロギーや政策の違いはほとんどなく、独立戦争の終結にさいして英国政府と締結した条約の賛成・反対をめぐって設立された経緯をいまだに引きずっていることに注目しておきたい。

英国からようやく独立したアイルランド自由国は自主路線を歩もうとしたが、なかでも有名なのが、第二次世界大戦中の「中立政策」である。戦争の勃発にさいし、英国はアイルランドに連合国側に参戦するよう圧力をかけたが、デ＝ヴァレラは中立を守り続けた。英国支配下であれば、こうしたことは許されるものではなかったであろう。

エイモン・デ=ヴァレラ
（写真：United States Library of Congress）

一方、アイルランドは政治的に独立したものの、英国経済の支配下から抜け出すのは容易なことではなかった。北アイルランドという工業地域を欠いて独立したアイルランド自由国は農業国として出発せざるをえず、主な輸出品は家畜としての牛で、貿易の主要相手国はいうまでもなく英国だった。そのため、英国との関係悪化はアイルランド経済に底知れぬ損害を与えた。このことを証明したのが、１９３２年から３８年までの「経済戦争」である。

１９３２年に政権に就いたデ＝ヴァレラは、土地年賦金（アイルランドの自作農創設にあたって、独立前に英国政府が貸付けた）の支払いを停止した。これに対して英国政府はアイルランドからの輸入品に20％の関税を課した。するとアイルランド政府は報復として英国からの輸入品に関税を設定した。ようやく１９３８年に、英国とアイルランドの間に貿易協定が締結され、経済戦争は終結することになった。

アイルランド政府は国内産業を育成することによって、経済の成長を図ろうとしたが、それは成功しなかった。そこで１９５０年代末に、外国企業の誘致に政策を転換した。この政策転換は功を奏し、１９６０年代はヨーロッパ並みの経済成長を遂げることができた。とはいえ、有望な国内産業はなかなか育たず、外国企業に依存したままだった経済はその後、高失業率に悩まされ続けた。この状況が一変したのが1990年代である。アイルランドは外国企業に依存する構造に変化はなかったとはいえ、高度成長を遂げ「ケルティック・タイガー」と呼ばれるようになった。

この時期の高度成長の内容をみてみると、アイルランドにおける企業収益の9割を多国籍企業が稼ぎ出し、企業投資の7割が米国系企業である。だからといってアイルランド系米国人が母国のために、一肌脱いでいるわけではない。米国系企業は経済的利益のために行動している。アイルランドは1973年に欧州共同体（EC）に加盟したが、ECは欧州連合（EU）に発展し、巨大な市場を形成するようになった。米国系企業はアイルランドを、EU市場への進出拠点とみなしているのである。さらに、アイルランド政府が企業誘致のために補助金を出し、法人税を低く設定しているのも、この動きを加速させている。だが、多国籍企業は収益が上げられなければすぐに撤退するため、こうした企業にいつまでも期待することはできない。

2008年9月のリーマン・ショック以後の世界的金融危機は、アイルランド経済にも大きな傷跡を残した。経済ブームに踊った銀行や不動産業者の経営が変調をきたし始めたのである。政府は銀行救済のために多額の費用の支出を迫られ、国際通貨基金に救済を仰がねばならなくなった。

ところで英国支配はアイルランド社会の隅々にまで浸透し、独立によってそれらを一掃することは不可能だった。たとえば、アイルランド共和国の憲法には第一公用語はアイルランド語、第二公用語は英語と規定されているけれども、日常語は英語であり、アイルランド語を日常語とする住民は減少の一途をたどっている。また、アイルランド自由国は、英国がアイルランドで作り上げた官僚制などを引き継ぎ活用している。英国的なものを全面否定することはできなかったのである。

そうしたなかにあって、英国に対してアイルランド社会の独自性を示すことができたのが、カトリックであることだった。19世紀以来、カトリック教会は教育や病院、福祉などの分野で重要な役割を果たし、アイルランド社会のなかに強固なネットワークを張りめぐらしてきた。英国支配という「軛《くびき》」が消えうせたアイルランドにおいて、カトリック教会が全面に出てくることは当然のことである。1937年憲法は、信仰の自由を認めながらも、カトリック教会に「特別な地位」を与えた（1973年にこの条項は見直された）。

憲法以外にカトリック教会の影響力をみる好例が、妊娠中絶と離婚の禁止である。さらに1929年には、産児制限を唱える書物や猥褻な書物の出版が禁止される検閲制度が作られた。猥褻な書物のなかには、ジェイムズ・ジョイスの作品までも含まれていた。だが、検閲制度が見直され、近年離婚が合法化されたことからもわかるように、カトリック教会の支配力は弱まりつつある（コラム1参照）。

カトリック教会の影響力低下の理由をいくつか挙げることができる。まず、カトリック教会自身が変革したことである。とくにカトリック教会の現代社会への適応を問題とした第二次ヴァティカン公会議（1962～65）の影響は大きく、カトリック教会について自由に議論できる雰囲気が醸成された。また、テレビや外国旅行などによってアイルランド人が広く海外の事情を知るようになり、あるいは高等教育の発達によってカトリック聖職者にもはや従順ではなくなった。とはいえ、アイルランドはほかのヨーロッパ諸国に比べると、カトリック教会の支配力が抜きん出ている国であるという事実は否定できない。この事実は、北アイルランド紛争の解決をむずかしくしている。

（高神信一）

17

英国との合同か、アイルランド統一か

★北アイルランド紛争★

北アイルランド紛争は小康状態を保っているだけであり、けっして解決してはいない。現在の和平への枠組みは、１９９８年４月に英国のトニー・ブレア首相（当時）、アイルランド共和国のバーティー・アハーン首相（当時）、そして北アイルランドの政治指導者の間で合意された「聖金曜日協定《グッドフライデイ・アグリーメント》」に基づいている。この協定によれば、北アイルランドには独自の地方自治議会が設置され、この議会は地方自治政府の執行部を選出する。さらにアイルランド共和国政府と北アイルランドの政治指導者の意見交換の場として「南北アイルランド評議会」を設けるということだった。

今や北アイルランドには２００３年以来、自治議会が存在し、２０１０年２月の「ヒルズバラ協定」によって、警察・司法の権限が英国政府から移譲されている。とはいえ、議会はしばしばその機能が停止されてきた。というのも、和平の枠組みを支持しない人びとがいるからだ。プロテスタントのなかには、いかなる理由があれ英国との合同という現状を変更する考えはない者や、シン・フェイン党やＩＲＡに対して嫌悪感を抱き続ける者がいる。ナショナリストの側にはＩＲ

Aが武力闘争を放棄することに反対したり、なかには和平路線を選択したIRAから離れ武力闘争を継続しているグループさえ存在するのである。

ところで北アイルランド紛争は、カトリックとプロテスタント間の宗教戦争ではないかという考えがある。しかし、紛争はカトリックとプロテスタントの教義をめぐるものではなく、カトリック系住民が長年にわたって差別されてきたという社会的・経済的要因が大きく絡んでおり、宗教戦争という一言では片づけにくい。プロテスタントの基本的な立場は、北アイルランドと英国との合同という現状を肯定することであり、一方カトリックの立場は、北アイルランドの英国からの独立と南北アイルランドの統一を支持するということだ。双方の主張は対立している。

紛争の発端は、17世紀に行われた植民によって、イングランドやスコットランドからの入植者がカトリックの土地を奪ったことにある（第10章参照）。だが、これ以上に問題なのが、1920年に制定された「アイルランド統治法」によって成立した北アイルランドが、カトリックを差別し続けたことである。選挙制度をみても、プロテスタントの居住区に多くの議員を配分し、公営住宅の割当や地方自治体への就職ではプロテスタントが著しく有利な状態にあった。民間企業についても同じことがいえる。つまり、プロテスタントによるカトリックへの差別が紛争の原因なのである。

1960年代後半に、カトリックの地位を改善しようとしたのが「公民権運動」だった。この運動の中心となった「北アイルランド公民権協会」は、1967年に結成された。1968年10月に協会が組織したデモを警察が厳しく取り締まり、この様子がテレビを通じて全世界に流され、人びとに衝撃を与えた。公民権運動のデモは警察の取り締まりだけでなく、プロテスタントの襲撃をも受けた。

1969年8月になると、警察ではもはや暴力の応酬を取り締まることができず、英軍の投入という事態に至った。

カトリック側も暴力に対して暴力で応じた。この中心となったのがIRAである。IRAはプロテスタントや北アイルランドの警察、英軍を標的にし、英国本土も活動範囲に含めた。プロテスタント側はUDA（アルスター防衛協会）などの組織を作り、カトリックへの攻撃を加えていった。こうして1969年から現在までの紛争に関連した犠牲者は3000人を超える。このようにして公民権運動は合法的にカトリックの地位改善を求めただけであったにもかかわらず、プロテスタントとの宗派対立を激化させ、北アイルランドを暴力の応酬の場と化してしまったのは皮肉なことである。

英国の北アイルランド政策の転換点となったのは、1972年1月に起こったデリーの「血の日曜日事件」（公民権運動のデモ隊に英軍が発砲し、14名の死者が出た）である。これを契機とし、英国政府は直接統治に乗り出した。その後、英国政府は1973年に、アイルランド政府、北アイルランドの代表の間で「サニングデール協定」を結び、北アイルランドに地方自治議会を設立し、権限を委譲しようとした。だが、プロテスタントの激しい反対に遭い、直接統治を続行せざるをえなかった。サニングデール協定の内容は、1998年の和平合意とほぼ同じといっていいだろう。

その後も英国政府は紛争を解決しようとする姿勢をみせてきた。マーガレット・サッチャーはIRAを強行に取り締まり、力による法と秩序の維持を強調したが、紛争をかえって悪化させた。こうした姿勢のため、保守党の党大会がIRAの爆弾攻撃を受けたことはよく知られている。しかし、サッチャーは1985年に「英国・アイルランド協定」を結び、和平へ取り組んだことも事実である。この協定によれば、北アイルランドの住民の多数が同意しないかぎり、北アイルランドの地位に変更はなく、英国政府とアイルランド政府の間で協議機関を設置するということだった。また、サッチャーの後継者となったジョン・メジャーは１９９３年に「ダウニング街宣言」を出している。この一連の動きは、現在の和平の枠組みを提供した聖金曜日協定に結実している。

とはいえ英国政府の本音は、北アイルランド問題にはあまり関わりたくないというものである。というのも、北アイルランド紛争は選挙の票には結びつかないからである。多くの英国民にとっても、北アイルランド紛争は「対岸の火事」にすぎない。アイルランド政府にしても南北アイルランドの統一を公式には支持する一方で、それが実現した場合には北のプロテスタントが一定の発言力をもち、カトリック国家であるアイルランドがプロテスタント化することを恐れている。

北アイルランドに住む人びとは、現状をどのようにみているのだろうか。現状に批判的なのは、カトリックよりもむしろプロテスタントである。プロテスタントは１９６９年の紛争の激化まで、あらゆる面においてカトリックよりも優遇されてきた。ところが１９７０年代以来、カトリックの地位が徐々に改善され、自分たちの地位が脅かされている。とはいえ、プロテスタントのなかには、紛争の激化が経済活動をはじめとして、自分たちの生活にマイナスであることを自覚している者もいる。いずれにせよ、紛争の解決にはまだ時間がかかるだろう。

（高神信一）

III

政治・経済

18

好景気にわいた時代

★「ケルティック・タイガー」とは何であったか★

1994年8月、当時世界的大投資銀行だったモルガン・スタンレー社の情報誌にアイルランド経済についての論文が載った（"The Irish economy: a Celtic tiger," *MS Euroletter*, 31 August 1994.「アイルランド経済――ケルティック・タイガー」）。筆者はケヴィン・ガーディナーという社員だった。この当時は「東アジアの虎」と呼ばれた新興工業国シンガポール、香港、台湾、韓国が世界の注目を集めていた。1980年代後半から1990年代前半にかけて、これらの国々が急成長したのである。それよりも勢いの強い急成長をする虎がヨーロッパに現れた、それはアイルランドである、と彼は紹介した。ケルトに虎はいないのになぜだなどと難癖をつける人もいたが、経済の躍進をうまく表現しているため「未曾有の好景気にわくアイルランド」を意味する語として以来広く用いられるようになった。

これがどれほど広く、また重要なものとして使われたか、その例を挙げてみたい。たとえば2003年に刊行されたあるアイルランドの年表は氷河期の終わりから始まっているが、1995年の記述は「共和国における空前の好景気――ケルティック・タイガー――始まる。2001年まで続く」とだけある。

この年にはほかに何の事件もなかったかのごとくである。

同じく2003年に刊行された『アイルランド百科事典』(*The Encyclopedia of Ireland*)にも、「Celtic Tiger」という項目があり、次のように解説している。

「1987年からアイルランド共和国の経済は〝良循環〟に入り、急成長、低インフレ、失業減少、国際収支黒字が持続的な高度成長をもたらしている。1990年代を通してアイルランドの成長率は欧州連合(EU)加盟15か国および経済協力開発機構(OECD)加盟29か国のなかでもっとも高く、かの四つのアジアの〝虎〟経済の1997～98年の崩壊以前の成長率をも凌駕している。そのような高成長率は不平等の増大という犠牲の上に達成されていると批評家たちはいうが、海外の解説者、分析家、そしてとくにアイルランドのメディアは、アイルランドをヨーロッパの〝ケルティック・タイガー〟経済と呼び、EUのほとんどすべての経済分野をリードしているとみている」

このテーマを扱った経済書はもちろんたくさんある。ここで別の種類の例を挙げたのは「ケルティック・タイガー」という言葉がどれほど早く、また広い範囲で周知のものとして使われていたかをみるためである。

次のような解説も多くみられる。

10年の間にアイルランドは西ヨーロッパ最貧国の一つからもっとも繁栄する経済へと変貌し、優秀な人材の絶えざる流出が止まり、知識産業社会になった。この成功をもたらしたのは、世界市場への経済開放、低率課税、そして教育への投資である。

もちろん、初期の段階から一部の批評家の警告はあったが、どうもはじめのうちは手放しの賛美が多かったようである。

ではなぜ、このような奇妙な虎が突然のごとく現れたのか。

もっとも大きな役割を果たしたのは、政府主導の経済発展策である。①社会協議会制度。長年悩みの種だった労使紛争の解決のために作られた経営者、政府、労働組合三者の協議会で、１９８０年代半ばに発足した。これにより労使紛争による経済の混乱、停滞は激減した。１９８０年代はじめには、アイルランド銀行（発券銀行）も含む全銀行が長期のストライキをしたため、テープでつなぎ合わせたぼろぼろの札が使われたこともあった。旅行者は換金に苦労し、勤め人は給料の振込先を外国銀行に変えた。また、郵便局のストライキで手紙が届かず、電話交換手のストライキで電話が使えないなど、労働者の権利とはいえ不自由な思いをすることがかなりあった。この協議で賃上げなどが決められるのではるかに平穏になった。外国資本の投資や海外からの観光客にとって非常によい条件を整えたといえよう。②国内高等教育の数十年にわたる投資。ＯＥＣＤはすでに１９６５年に報告書『教育投資』を出版し、アイルランド社会と経済の将来にとって教育が鍵であると強調した。これを受けてさまざまな施策がなされてきた。大学まで無料になり、大学におけるコンピューター教育は非常に盛んである。まだ国が貧しい時代から教育に投資しついに花開いた、と日本のある新聞は「ケルティック・タイガー」を評価した。ちょうど小泉内閣の時代で、首相が「米百俵」を引き合いに出して国民に痛みを我慢するよう訴えたのにあわせて、この新聞は繁栄をもたらしたアイルランドの米百俵政策、という記事を載せた。どこか違うな、と思いながら読んだのを思い出す。③外国からの直接投資促進、その決め手ともいうべき、外国資本および輸出入関連企業への低率の法人税(10%、2003年から12・5%)。海外からの投資については法人税をはじめ、工場敷地、建設についての優遇措置、労働者育成費の補助などいたれりつくせりの誘致政策が行われた。法人税は当初外国資本と輸出入関連企業のみが10%であった。しかし、アイルランドはタックス・ヘイブンだという批判がEU内でくり返し起こり、ついに2003年12・5%に上げた。しかもこの税率はすべての法人に適用された。アイルランド企業にはまだかなり高い法人税が課されていたが、一律12・5%に下げられた。好景気のときはいいが、下降するととたんに税収が落ち込んでしまった。

さらに、EU加盟国としての利点がある。加盟当初は最貧国であったため、社会資本の充実、インフラ整備に多額の補助を受けた。また、ユーロを流通させているアイルランドにとって、EUは全体として一つの国内市場である。これはアイルランドを拠点とする外国企業にとっても同じであるから、EU以外の外国企業にとっては非常な利点になる。多国籍企業にとって法人税率の低さはとくに魅力的だった。法人税の高い国の同系統企業から安く仕入れてアイルランドで製造販売すれば、納める税ははるかに少なくなる。実際にそのような疑いをもたれる取引が行われていたらしい。

最後に、皮肉なことだが、アイルランドは英語国であり、これが海外資本、とりわけ米国資本にとっては(日本企業とっても)非常な利点になっていた。

こうして、インテル、ヒューレット・パッカード（HP）、デル、IBM、日本からはNECなどのIT産業から医薬品、医療器具産業など、非常に多数多種類の企業が進出した。しかし好景気のもたらした物価高、賃金をはじめ各種経費の値上がりで、代表的なところがいくつも撤収した。

以上のことからわかるように、ケルティック・タイガーは1995年または1987年にいきなり飛び出したのではなく、事柄によっては1950年代から変革が始まり、次第に、独立第一世代の経済ナショナリズム、すなわち農業を軸とする自給自足的経済、保護主義から、自由貿易、開放経済、製造業重視、外国資本の直接投資などへの転換と人材作りが行われた結果生まれたものだったのである。しかし、喜んでばかりはいられない。たとえば、ブームの期間を通して国内総生産（GDP）が平均6％上昇したとか、ときには11％を超えたなどと誰もが書く。それは確かにすばらしい成長であるが、同じ年の国民総生産（GNP）をみると2割ほど少ない。その差は年が進むにつれて拡大している。つまり、アイルランドで作られた価値のうち2割もが国外に移されており、生産された価値の8割でアイルランド人は生活していることになる。外国資本に依存すればするほど、この差は大きくなる。これは問題だ、とアイルランド人の企業家にいうと、その分われわれは海外に投資して稼ぐから取り戻せると胸を張っていた。

好景気で若者が多く海外から帰ってきた。また、多くの国から働き手が渡来した。人口は急増して、住宅需要は激増し価格は高騰した。銀行は貸付条件を緩和し、ローンを組んで家を買う人が増えた。不動産ブームに国中が踊った。しかしブームは崩壊した。銀行は倒産の危険に落ち込み、不動産関連の労働者たちは職を失った。千里を走る虎でも、この運命は避けられなかったようだ。（上野 格）

19

ポスト・ケルティック・タイガー

★2011年の政治的混乱★

2011年2月25日にアイルランドで総選挙が行われ、政権党フィアナ・フォイル（共和党）が史上最低の議席数しか得られず第三党に転落した。同党はアイルランド自由国の新政党として1927年の総選挙に臨んで以来前回まで常に第一党であった。これに対して万年第二党だったフィネ・ゲール（アイルランド統一党）が78年の歴史で初めて第一党に躍進した。第二党はこれも躍進した労働党。次頁の表に明暗がくっきり示されている。なお、フィアナ・フォイルが第一党であっても議席の過半数を占めるとはかぎらないので、政権はフィアナ・フォイルと他との連立、フィネ・ゲールと他との連立で交代になることが多い。この結果、フィネ・ゲールが労働党と組んで組閣し、首相にはエンダ・ケニーが就いた。

フィアナ・フォイルは英愛条約反対の反アイルランド自由国派に起源をもつ。フィネ・ゲールは条約賛成の自由国派が中心であった。反自由国派は「昨日の友は今日の敵」という悲劇の内戦で敗北したが、民衆の支持は一貫して強かった。判官びいきもあるのだろう。理想（共和国）を追って妥協しない、という発足当時の姿勢が多くの国民の共感を呼んだという面も

表　2011年2月25日の総選挙の結果（議席数）

	フィネ・ゲール	労働党	フィアナ・フォイル	シン・フェイン	左派連合	緑の党	無所属その他
解散前	51	20	71	5	0	6	13
選挙後	76	37	20	14	5	0	14

あろう。支持者は、地域的には西部に、階層的には中小業者、低所得層に多い。フィネ・ゲールも共和主義ではあるが、現実主義的妥協的とみられがちで、支持層は、どちらかといえば中高所得層、インテリ層などに多い。どちらも日本でいえば保守系の政党といってよい。長年のこの固定的投票行動に激震が走った。おそらく、低所得層、中小企業者層が経済の激しい変動にさらされて、政権の座にあるフィアナ・フォイルを見限ったのであろう。汚職まがいのスキャンダルもそれを煽ったであろう。

一方、この選挙でシン・フェインは議席を3倍近く増やした。これは、1905年にグリフィスが組織した政党シン・フェインとは無関係で、IRA暫定派の合法的政治活動部門として北アイルランドで大きな勢力をもっていた。IRAが実力行使をいっさいやめて政治活動に専念していたため、シン・フェインは独自の政党として南（「共和国」）でも議席をもち始めた。最初は1議席のみであったが、選挙のたびに当選者を増やしている。つねに正論派で、日本でいえば共産党のような少数正論派野党であったが、議席を大きく増やした後に果たす役割に注目が集まった。

左派連合（ULA）は社会主義党や失業者活動グループなどが選挙のために結集した政党でまだ評価は定まらない。左派政党のほとんどないアイルランドでは貴重な存在になるかもしれない。

第19章
ポスト・ケルティック・タイガー

哀れなのは緑の党。ついに議席を失った（2016年には2議席を獲得）。フィアナ・フォイルと連立内閣を組んでいたため同一視され責任を取らされたのかもしれない。しかし、何より選挙日程が悪かった。同じ傾向の政党でもドイツのバーデン・ビュルテンベルグ州選挙では緑の党が大躍進した。こちらの選挙日は3月27日。アイルランドとドイツの選挙の間に、福島第一原子力発電所の事故があった。

フィアナ・フォイルはなぜ惨敗したのだろうか。経済大躍進中に育っていた挫折の目を取り除けず、国家破産に近い状態をもたらしたことの責任をとらされた、というところであろうか。

フィアナ・フォイルのアハーン党首は独立アイルランド史上初めて3期連続、最長不倒距離の首相を務めた。在任期間は1997年6月から2008年5月。これはアイルランドが史上空前の好景気にわいた期間であった。いわばいいとこ取り。積極的外資導入（外資系企業と貿易関連企業は法人税10%など）、減税、規制緩和、金融特区を設け国際化をはかるなどの施策により、平均6%を上回る成長率を10年以上も続けた。しかし、経済成長が貧困率を上昇させたという批判が起こるなか（経済開発協力機構（OECD）統計によるとアイルランドの貧困率はいつも米国、日本に次いで1桁の上位にある）アハーン首相は金品受領や脱税等の嫌疑で告訴され、あっさり辞職した。経済救済のかじ取りはせず、2011年の選挙にも立候補しなかった。

同じ党の閣僚であったカウエンが跡を継いだが、これがまったくの貧乏くじ。就任直後の国民投票でアイルランドはリスボン条約加盟を否決した。これは条約加盟によりアイルランドの中立政策が不可能になるのではないか、といった国民の危惧の表明とされた。しかし、じつのところは国民には内容がよくわからず、「わからないものには反対」というシン・フェインなどの宣伝が功を奏したとも伝えられた。当時カウエン首相が欧州連合（EU）首脳会議で孤立している気の毒な様子がテレビなどでたびたび報道された（2009年10月再度の国民投票で可決）。

EU関係の条約承認についての国民投票で、政府の説明不足が否決の原因になることがある。EU関係ではかつてニース条約が否決された。EU加盟国の追加を認めるものだが、このときも条約解説の冊子が投票日の1週間前になってもまだ有権者に届かない地域が多くて問題になった。国民は拡大EUの各国から労働移民が押し寄せてきて自分たちの職を奪うのではないか、賃金を引き下げるのではないかと危惧したといわれる。しかし、国民投票は何度でもできる、と政府筋は語っており、3度は難しいので2度目が正念場と思っている節がある。この場合も翌年再度の国民投票で可決された。予定どおりの結果が出るまで何度でも投票させるというのでは、国民投票もあまり民主的とはいえないかもしれない。

2008年9月カウエン首相就任4か月で、アイルランドはEU27か国中最初に自国の景気後退を認めた。リーマン・ショック、不動産バブルの崩壊がその直接の引き金だが、原因はもちろん好景気の最中に生まれていた。アイルランド人には自宅をもちたいという願望が強いという。好景気で海外から帰国する若者も多くなり、住宅需要が拡大した。銀行は住宅ローンの貸付を競って行い、そのための資金調達をおもに海外の金融機関から行っていた。不動産価格は急上昇し、短期間に3倍から、ときには5倍にまで跳ね上がった。消費者たちは自宅のローンだけではなく、不動産価格のさらなる上昇を見込んで、利殖のための2軒目、3軒目のローンを組んだ。しかし、人口が500万人にも満たない狭い国内市場である。住宅供給は間もなく需要を超えるほどになり、住宅販売が不振に陥った。ローンを払えない人びとが激増した。転機は２００８年。この年ＧＤＰは初めて前年より1割減少し、２０１０年には20％近く落ちこんだ。失業率は急速に悪化し、５％に満たなかったものが15％にまで跳ね上がった。住宅価格は半値にまで値下がりしてしまった。好景気で物価と賃金は上昇し、社会保険その他の経費も高くなってきたため、当初の利益が見込めなくなった外国企業は次々に国外に移転し始めた。たとえばコンピューターのデルはポーランドに移転。それによりＧＤＰの４％が失われるという試算もあった。日本のＮＥＣも30年続いた子会社を閉鎖した。

銀行の倒産を防ぐため、政府は早々と預金全額保護の政策を打ち出した。そのための国費投入と税の減収で厳しい緊縮財政が行われることになり、「勝手なことをしてきた銀行をわれわれの税金で救うのか」という批判が巻き起こった。また苦境脱出のためにＥＵおよびＩＭＦから多額の資金を借りたため、「金で主権を売りわたすのか」という批判も起こった。フィネ・ゲール率いる与党は不正疑惑などもあって、２０１６年の選挙では過半数割れとなった。混乱の末に翌年ケニー首相は辞任。その後バラッカー首相が与党を引き継いだ。

（上野 格）

20

国の「かたち」をめぐる対立と協調

★南北の政治体制★

1937年に制定されたアイルランドの三色旗の意味するところは、南（緑）と北（橙）が結びつき、平和（白）を実現するという将来構想である。南北の境界線はアイルランド自由国の成立と同時に生まれたものだが、そこに至る過程でみられたのは、国の「かたち」をめぐる激しい論争（独立国となるべきか、なるとすれば北を含めた形での独立をめざすべきか）であった。これがアイルランドの政党政治の起源であり、現在のアイルランド共和国（以下、南）の二大政党の対立軸にもなっている。また、北アイルランド（以下、北）では、イギリス連合王国の一部として存在すべきと主張するのがユニオニスト、それに反対するのがナショナリスト、という国の「あり方」をめぐる本質的な対立が政治体制の根幹にある。南北アイルランドの政治を象《かたど》ってきたのは国の「かたち」であるといっても過言ではない。

まず、歴史的に重要な年号と事項を年表で整理したい。基本的には、南と北の政治制度は独立しているが、歴史的背景から明らかなように、南北のつながりや英国の影響も大きく、政治制度は重層的でもある。政党を例に挙げると、複数の政党が全島規模で活動しているほか、北の地方選挙で英国政党が候補者

	事項		
1782年	グラタン議会（アイルランド自治議会）発足		
1800年	併合法成立（翌年、アイルランド自治議会は英国に吸収、解散）		
1914年	第三次自治法案で自治議会設置が決まるが、第一次世界大戦により延期		
1919年	独立派ナショナリスト政党が「国民議会」（ドイル・エアラン）創設		
1920年	英国がアイルランド統治法制定		
	北アイルランド	共通	アイルランド共和国
1921年	英連合王国内で自治権を持つ北アイルランド誕生	イギリス・アイルランド条約（英愛条約）	
1922年			アイルランド自由国誕生、立法府「ウラクタス」誕生
1937年			憲法制定により二院制の立法機関が設立（翌年英国が独立を承認）
1949年			アイルランド共和国成立、英連邦を離脱
1957年			日本との外交関係樹立
1972年	自治政府停止、英国による直接統治の開始		
1973年	サニングデール協定、権力分有型自治政府が発足するも半年弱で頓挫	英国・アイルランドの両国が欧州経済共同体（現在のEU）に加盟	
1985年		英国・アイルランド協定	
1993年		ダウニング街宣言、翌年にIRAが停戦宣言	
1998年		聖金曜日協定（ベルファスト合意）	国民投票で北アイルランド6州の領有権放棄
1999年	権力分有型の自治政府発足	南北閣僚級会議（南北アイルランド評議会）設置	
2007年	セントアンドリュース協定、2002年より停止していた自治政府の機能復活		
2010年	ヒルズバラ協定、警察・司法権限の委譲		
2014年	ストーモントハウス協定、福祉改革に着手		
2016年	英国のEU離脱決定		
2017年	マクギネス副首席大臣辞任、自治政府の機能停止		
2020年	EU離脱後も単一市場内での物品取引が可能に	英国・アイルランド間の共通旅行区域は維持	

三好真理駐アイルランド日本大使とバラッカー社会保障大臣（当時）
（2017年、提供：Experience Japan）

を立てたりする。これを念頭に置き、まず南の政治制度について概観すると、１９４９年から立憲共和制をとっており、立法府「ウラクタス」は英国議会をモデルとしている。しかし、国民が直接投票によって選ぶ大統領（任期は7年）も同時に存在し、この半大統領制とも称される制度は英国君主制と一線を画する。大統領には実質的権限はないものの、共和国憲法の擁護者として高い権威をもち、議会で成立した法案の違憲審査を最高裁判所に委託する権限をもつ。その一方で、実質的な権力者は、国会の下院から選出される首相「ティーショック」である。２０１７年には、インド出身の父をもつ移民の子で、同性愛者であることも公表していたバラッカーが首相となり、アイルランド社会の変容を世界に示した。

二院制の国会の定員は、上院「シャナッド・エアラン」は60名（首相任命が11名、職能代表が43名で、大学選挙区が6名）、下院「ドイル・エアラン」は１６０名で、全国40の選挙区から選ばれる（任期は5年、解散あり）。選挙制度は、単記移譲式投票（Single transferable vote, STV）と呼ばれ、投票するのは比較的簡単だが、開票・集計が複雑なクォータ計算式（＝全有効投票数／議席数＋1、それに1をプラス）が用いられている。興味深いことに、この制度は南北の両方で採用されており、南では大統領選挙、下院選挙、上院選挙の大半（間接選挙）、欧州議会選挙、地域議会選挙で用いられている。英国の一人勝ち制度（小選挙区多数代表制）とは異なり、票割れによる無駄を減らし、比例代表を提供できるような制度であり、加えて政党よりも人物本位の選挙になりやすいという特徴をもっている。このため、選挙区有権者の冠婚葬祭に出席する国会議員や世襲政治家も多い。また、前首相のエンダ・ケニーのように、小学校教師から政治家になるというキャリアパスをとるケースも珍しくない。行政府には首相官邸を含めて17の省があり、セント・パトリックス・デイには多くの大臣が、米国や日本など世界各国に派遣される（コラム6参照）。

アイルランド首相官邸
以前は王立科学院（およびUCD工学部）の建物だった。
（写真：小舘尚文）

南の政治を動かしてきた中心には、アイルランド自由国が生まれる過程での対立意見がもとになってできた二つの政党がある。もともとアイルランドの独立をめざして活動してきた政治グループ「シン・フェイン」（ゲール語で「我々自身」という意味、SF）は、1921年の英愛条

南の主要政党

政党名	原文	略称
フィネ・ゲール	Fine Gael	FF
フィアナ・フォイル	Fianna Fáil	FG
シン・フェイン	Sinn Féin	SF
労働党	The Labour Party	L
緑の党	Green Party/ Comhaontas Glas	G
社会民主党	Social Democrats	SD

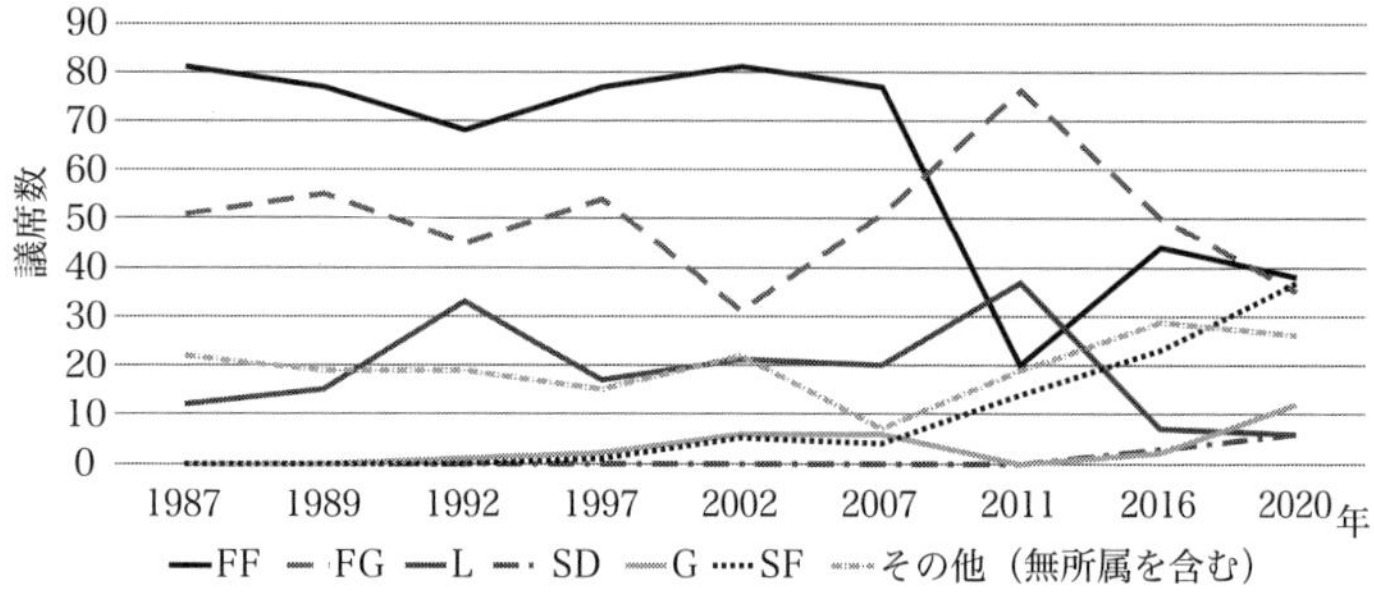

アイルランド共和国国民議会（通称レンスター議会）選挙結果（各党議席数）
出所：選挙ごとに出版される *How Ireland Voted* をもとに筆者作成

約締結による南北分断や、英国王への宣誓規定をめぐって内部対立し、分裂した。条約に賛成する穏健派グループが設立したのがフィネ・ゲール（ゲール語で「アイルランド人の家族」、ＦＧ）で、強硬派・反対派のうちシン・フェインと決裂してデ＝ヴァレラが設立したのがフィアナ・フォイル（ゲール語で「運命の戦士」、ＦＦ）だ。両党は１９３２年以降、二大政党として議会制民主主義の確立に貢献した。その結果、政党システムは資本家・労働者間、保守主義と革新主義の間の対立といった西欧的な社会的諸集団の亀裂に対応していない。また、第三政党として労働党が存在するものの、労働組合の基盤が脆弱で、社会民主主義系の政党が弱いという特徴もある。キリスト教民主主義政党はないが、欧州議会ではＦＧがその一翼を担っている。

２０１１年の選挙で歴史的大敗を喫するまで、

北の主要政党

政党名	原文	略称
民主統一党	Democratic Unionist Party	DUP
シン・フェイン	Sinn Féin	SF
社会民主労働党	Social Democratic and Labour Party	SDLP
アルスター統一党	Ulster Unionist Party	UUP
北アイルランド同盟党	Alliance Party of Northern Ireland	AP
北アイルランド緑の党	Green Party in Northern Ireland	GP

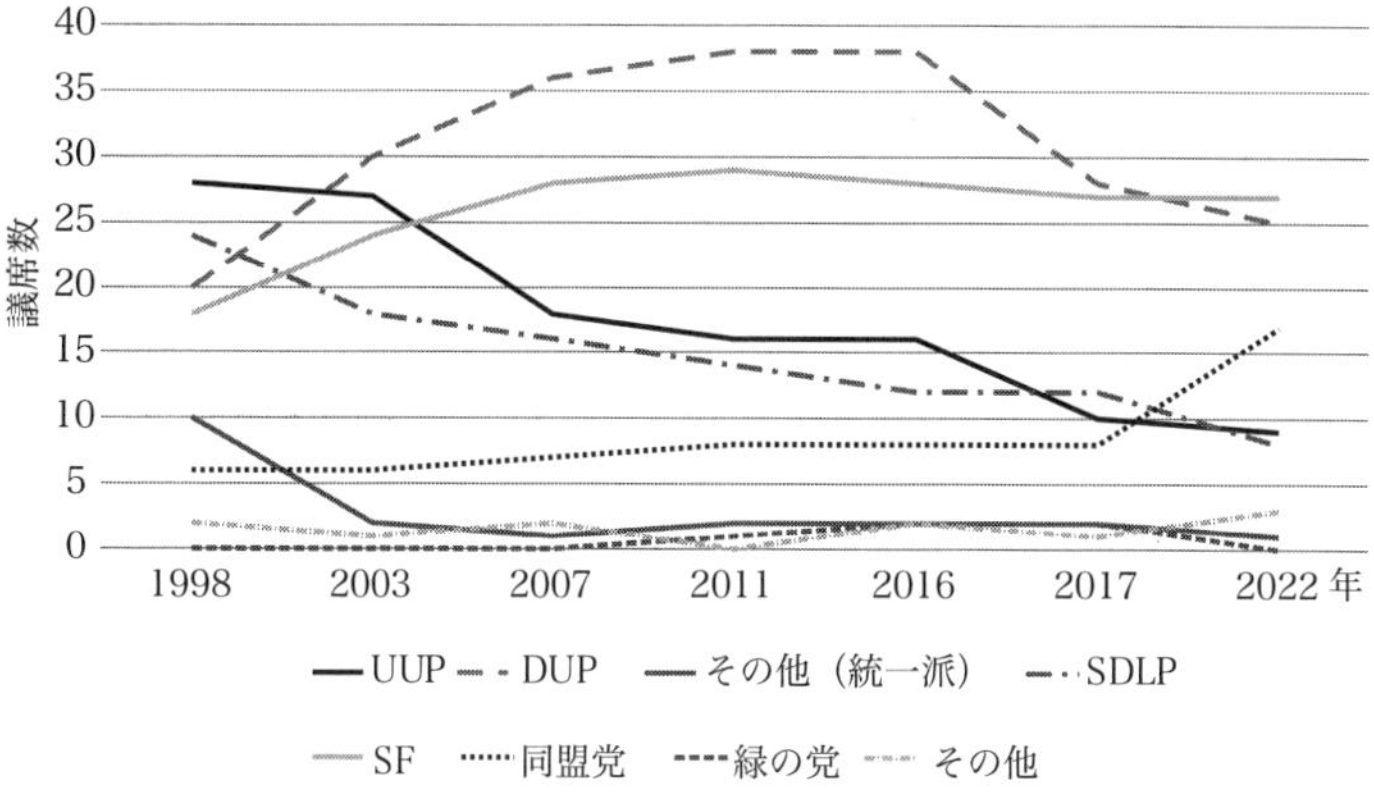

北アイルランドの地方自治議会（通称ストーモント議会）選挙の結果（各党議席数）
出所：*Northern Ireland Elections* をもとに筆者作成

FFが概して一党優位ともいえる体制を築いてきたことも大きな特徴である。FF率いる南の政府はユーロに参加し、ヨーロッパ統合の枠組みのなかで独自のアイデンティティを築きながら、1990年代後半には「ケルティック・タイガー」と呼ばれる高度経済成長も達成した（第19章参照）。北を含む英国とは一線を画した政治経済体制を築いたのだ。しかし英国がEU離脱を決めたことによって、北との国境や英国との密接な経済依存関係の変化が懸念され、国の「かたち」が再び頭をもたげている（第21章参照）。

一方北では、1998年の和平合意（第16章参照）が現行の政治制度の基盤となっている。北アイルランドの将来的な政治的帰属は住民の意志決定に委

ベルファスト郊外にあるストーモント議会
（写真：千葉優子）

ねられるとしたうえで、深く分断された社会をユニオニスト陣営とナショナリスト陣営が共同統治する自治政府を発足させることにつながった合意だ。そして南北アイルランド閣僚級会議や英愛会議といったバックアップ体制も整えられた。北の政府の形態はベルギーやレバノンなどにならった権力分有型であり、各陣営の最大政党から選出された首席大臣と副首席大臣は対等関係にある（実質的に「首相」が二人いることになる）。彼らは官邸を通して行政府を牽引し、政策指針を作成するほか、対外交渉、法案作成といった任務を共同で果たす。行政府には官邸に加えて八つの省があり、大臣のポスト任命には議席数に応じて政党間で分配されるドント式が採用されている。各大臣にはかなりの裁量が与えられており、法定委員会のサポートおよび監視を受けて各省を運営する。

1998年から2003年頃までは、両陣営の穏健派であるアルスター統一党（UUP）とSDLPが台頭していたが、その後は勢力を失い、強硬派である民主統一党（DUP）とSFがそれぞれ第一、第二党となった。構造的に両陣営の政党を必要とする連立政府であるため、政党間の足並みが乱れると機能不能に陥りやすい。たとえば2002年10月～2007年5月には、議会が停止していた。また2017年1月にも、フォスター首席大臣（当時）の所属政党であるDUPに不満を示したSFのマクギネス副首席大臣（当時）が辞任すると、自治政府は凍結状態となった。同年3月の地方選挙では、DUPは10議席を失い、支持が大きく減少したが、英国のメイ政権との閣外協力関係を通じて影響力を誇示し、強硬な立場を崩さなかった。こうした状況のなか、自治政府の再開に向けた交渉は進展せず、行政府が再び結成されたのは2020年1月であった。

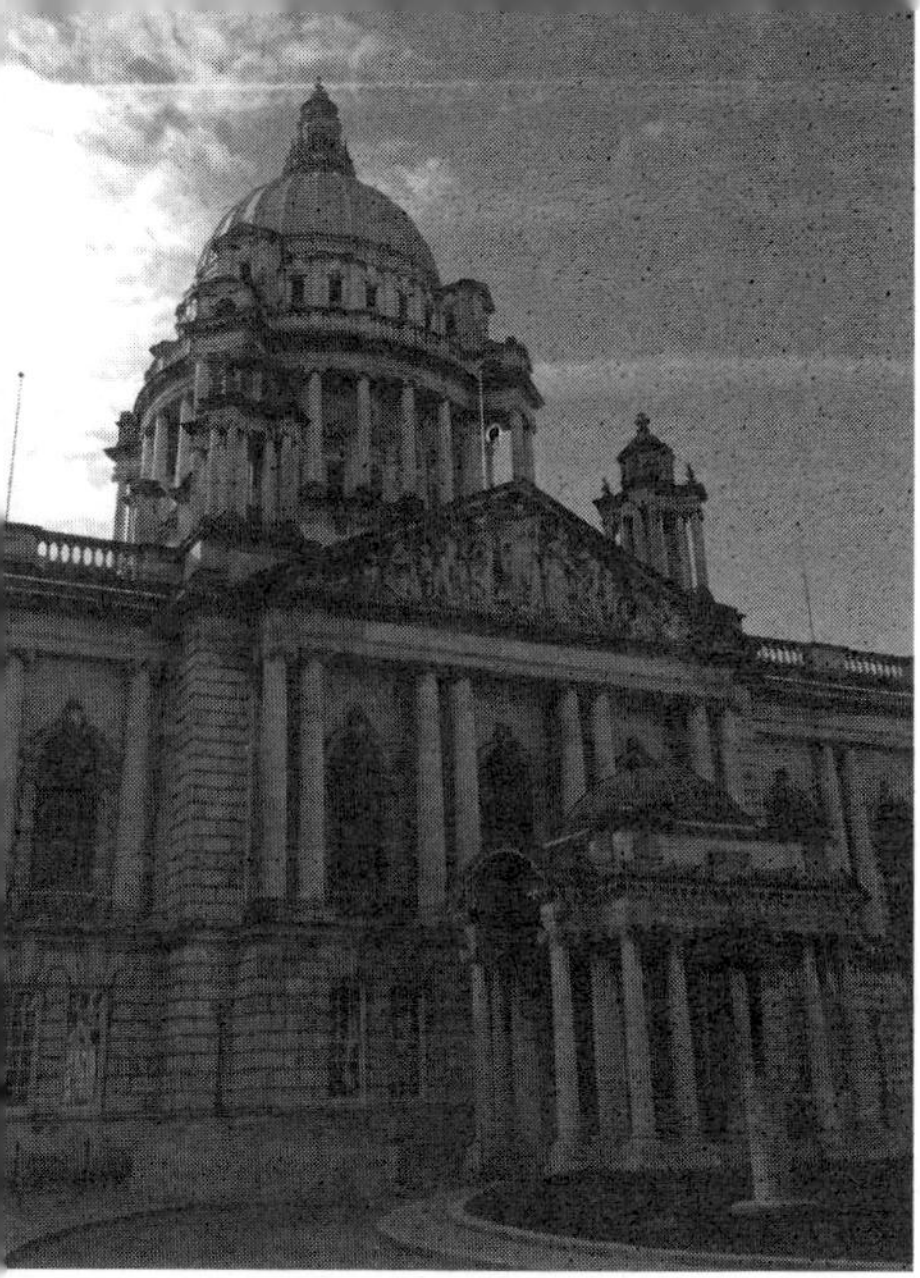

ベルファスト市庁舎
1906年に完成した当時の北アイルランドは、英国とアイルランドのなかで最も経済的に繁栄していた。（写真：千葉優子）

一方、第三極を形成する同盟党や緑の党も、ベルファストを中心にゆるやかに支持を伸ばしている。また近年、以前は候補者を立てなかった英国保守党や労働党もストーモント議会選挙に候補者を選出するようになった。ちなみに、ナショナリスト陣営の最大勢力となったSFは全島政党であるが、ここ最近、南北で勢力を伸ばしていることは注目に値する（ちなみに現SF代表は、南北ともに女性である）。IRA（第14、17章参照）との関係が深かったことから、SFは長らく疑念を払拭できなかったが、２０１７年にマクギネスが死去、翌年2月には34年間党首を務めたアダムズが引退したことで、北アイルランド紛争および和平プロセスに関わった中心人物が表舞台から去った。こうしたイメージ刷新も追い風となり、２０２２年の地方選挙では、ＳＦはＤＵＰに勝利して初めて第一党となった。さらに同盟党（ＡＰ）も議席数を8から17に伸ばす躍進をみせ、第三党の存在となった。

ストーモント議会は定員90名の一院制で、各議員には自らを「ナショナリスト」、「ユニオニスト」、「その他」のなかから指定することが求められる。これは重要な決議において両陣営の支持があるかどうかを判断する際の指標となる。議員はおもに議会において法案の審議・修正案の要求・可決を行うが、個人として法案を出すこともできる。議員の選挙方法については前述の通りだが、ＳＴＶを用いた比例代表制は地域議会選挙（北の領土は11の地域に区分されている）と欧州議会選挙でも用いられている（英国の国政選挙では単純小選挙区制を採用、18名を選出）。なおＳＦ所属のウェストミンスター議員は英国女王への宣誓を拒否し、これまでに登院したことはない。

このように、南北アイルランドにおける政治は、国の「かたち」をめぐる対立と協調のくり返しによって形成されてきた。英国のＥＵ離脱が実施され、社会の多様化も進むなかで、アイルランドの政治は南北ともに大きな変化の時を迎えている。

（小舘尚文、千葉優子）

21

欧州に生きるアイルランド

★EUとユーロ★

アイルランドは1973年、現在の欧州連合（EU）の前身である欧州経済共同体（EEC）に加盟した。英国の加盟と同時であり、両国の政治・経済両面にわたる密接な関係からすれば、当然のことだった。それでは当初、欧州統合への消極的だった英国が、なぜEECへの加盟を望んだのだろうか。その背景には、第二次世界大戦後、欧州統合が、当初は戦争を二度と起こさないという政治的目的をもった運動として発足したが、その目的を達成するための手段として経済統合が選択されたことが挙げられる。この考え方に基づき、1952年に仏独を中心とした6か国によって発足した石炭鉄鋼共同体（ECSC）は、関税同盟から共通通商政策へと徐々に経済統合の段階を上げた。

英国はもともと、欧州統合に経済的メリットがある場合に欧州統合に積極的となり、そうでない場合には消極的になる。アイルランドにとっては、このような英国のEEC加盟に追随する以外の選択はなかったが、その後の経済発展の道筋を考えると、EEC加盟は明らかにアイルランドにとってプラスになった。第一に、比較的貧しい農業国だったアイルランドに対し、欧州レベルの格差是正を目的とする地域政策により与えられた構造基金や結束基金などと呼ばれる補助金である。その後、アイルランドは次第に工業化を進め、域内の先進国に追いつくことをめざすようになる。第二に、アイルランドは小国であるため自国市場の規模は小さいが、EEC加盟後は加盟国全体を自国市場と考えることができるようになった。

このような利点は、欧州統合が発展し、1992年末に欧州単一市場という形で完成することによって、さらに活かされることになった。アイルランドは当時、依然として域内の後発国であったため、低い賃金を活用し海外からの直接投資を積極的に誘致し、高い経済成長を達成した。この時期、アイルランドで成長を遂げた産業は、一つは金融業であり、低く設定された金融税制などにより、海外からの資金を投資信託やリース資産に呼び込むことに成功した。もう一つは、相対的に低い賃金のメリットを活かし、欧州を中心とした先進国から業務委託を引き受けるアウトソーシングの業務である。英語の能力を活かしたコールセンター（電話の受付）や事務処理、IT関係のプログラミングなどが挙げられる。

以上のようなかたちで、アイルランドは高い経済成長を遂げることになった。EUはアイルランドにとって、英国への依存の体質から脱皮するための手段となったのである。その最も顕著な現れとなったのが、1999年のユーロ導入だった。英国がユーロ導入を見送ったにもかかわらず、アイルランドがこの決定を行ったことにより、アイルランドはドイツ・フランスなどユーロ圏各国との経済関係を強化し、一段の成長を遂げる道を選んだのである。

その後、2000年代に入っても、アイルランドは高成長を続けた。その最大の要因は、欧州中央銀行（ＥＣＢ）の金融政策にあった。ＥＣＢはユーロ導入国の金融政策を一元的に行うために設立された中央銀行であり、金利の上げ下げなどは、ドイツのような比較的インフレ率の低い国を含む、ユーロ圏全体の経済動向をみて判断することになる。そのためＥＣＢの政策金利は、成長率とインフレ率の高いアイルランドにとっては非常に低い水準となった。しかし、これによって低い金利の資金を借りて不動産に投資する動きが広がり、経済のバブル化が進んだ。金融業の発展に力を入れてきたことが裏目となり、このようなかたちで経済危機を深刻化させた、という面は否定できない。

銀行の貸出が膨れ上がり不良債権化したため、２０１０年９月、アイルランド政府は主力銀行の一つアングロアイリッシュ銀行を一時国有化する措置を採った。さらにそのため国の財政収支が逼迫《ひっぱく》したことから、アイルランドはＥＵおよびＩＭＦから総額８５０億ユーロの緊急融資を受けるに至った。そのため、アイルランドはギリシャに次いで「ユーロ危機」に陥った国ということになる。しかし、これらの救済措置を早期に行ったことによって、経済の回復も早く、２０１３年12月にはＥＵとＩＭＦによる救済を終え、アイルランドは「ユーロ危機」から最初に立ち直った国となったのである。

一方、産業面でみると、アイルランドは先述のような賃金の安さを活用する業種から、２０００年代以降、イノベーションや研究開発（Ｒ＆Ｄ）の能力を重視し、付加価値の高いＩＴ・ハイテク産業に重点を移すようになった。

この背景として第一に、ＥＵ・ユーロ圏を市場として高い経済成長を続けてきたことにより、賃金が次第に上昇してきたことがある。

また２００４年５月には、中東欧および地中海の10か国がＥＵに加盟し、加盟国は25か国となった。

ここで新加盟国の大部分は旧共産圏に属しており、経済発展が遅れた国だった。そのため、アイルランドは経済発展の進んだ国として、ＥＵ内で相対的な地位が浮上したという面がある。

第二に、ＥＵ全体としてＩＴ・ハイテク産業の育成により生産性を高めることを目標とした「リスボン戦略」を策定したことがある。「リスボン戦略」は、１９９０年代に米国が産業のＩＴ化を進め「ニューエコノミー」と呼ばれる経済の活況を実現したことを受け、これに追いつこうという発想に立っている。

さらに２０１０年には、「リスボン戦略」を引き継ぐ10年計画として「欧州２０２０」が策定された。「欧州２０２０」では、研究開発を重視する「知識とイノベーション」に加え、環境への取り組みを示す「より持続可能な経済」、雇用の増加と格差の是正をめざす「高雇用・社会的包括」という三本柱を立てている。２００９年秋に表面化したユーロ危機の痛手から立ち直るために、これらの政策目標に基づいて、各国ごとに数値目標が課され、達成度合いが測られることになった。これを受けてアイルランドでも、知識経済・スマートエコノミーへの重点的な取り組みが行われた。

しかし第三に、このようなアイルランドの新たな産業への積極的な取り組みは現在、ＥＵとの関係で摩擦も生んでいる。２０１８年４月、欧州委員会はアイルランド政府に対し、米国のアップル社から最大１３０億ユーロ（約1兆7千億円）の追加徴税を行うよう指示した。この背景には、もともとアイルランドの法人税は12・5％の低さであるうえ、アイルランド政府が有力ＩＴ企業であるアップル社を自国に誘致するため、法人税の優遇減免を行ってきたことがある。アイルランドとしては今後、自国の経済産業政策と、ＥＵ全体の利害との調和を、いっそう進めることが必要になってくるだろう。

北海道ＥＵ協会設立式典
中央がメイヴ・コリンズ氏。（2014年7月、札幌にて、著者撮影）

最後に、ＥＵとアイルランドという本章のテーマに関連して、日本とも関わりのあるエピソードを紹介したい。２０１４年７月、北海道の有力企業・地方公共団体・大学などが主体となり、駐日欧州連合代表部（各国の大使館に相当）との協力によって、「北海道ＥＵ協会」が設立された。設立時、同代表部側の実質的な責任者が、アイルランド外務省から出向し同代表部で大使に次ぐ公使の立場にあったメイヴ・コリンズ氏（現駐ドイツ大使）だった（写真）。筆者は当時、協会設立の活動に携わっていたが、コリンズ氏はＥＵの一員として信望も厚かったと記憶している。アイルランドが小国ながらＥＵの一翼を担い、世界で活躍していることの好例といえるだろう。

（林　秀毅）

22

ブレグジットとアイルランド国境問題

★対立か協調か★

2016年6月23日、筆者はアン・バリントン駐日アイルランド大使（当時）とともに、都内の桜蔭高等学校にいた。バリントン大使にはかねてから、日本の高校生に、女性外交官からみた欧州と世界について語っていただくようお願いしていた。大使は、学生時代に英国に属する北アイルランドのベルファストで学んだ経験などを紹介しながら、英国とアイルランド共和国がともに欧州連合（EU）に属することによって、両国間の人やモノが自由に流通していることの意義を語った（写真）。

じつは、講演会の直前に、大使から「用事ができるかもしれないため、日程を変更できないか」という打診があった。結局、予定通り実施することで快諾をいただいたのだが、同日の日本時間夕刻、英国でEUからの離脱（ブレグジット）を問う国民投票が実施され、離脱への賛成が多数を占めたことが明らかになったのである。

英国とアイルランドの長い歴史、とくに12世紀以降の英国によるアイルランドの支配による確執抜きに、現代の両国関係を語ることは難しいだろう。しかし本章の目的は、ブレグジットの影響を中心にした、英国とアイルランドの関係の現状と展望

桜蔭高等学校で講演するアン・バリントン駐日アイルランド大使（当時）
（2016年6月23日、筆者撮影）

を述べることにある。そこで必要最小限の範囲で歴史的にさかのぼり、ここでは１９９８年４月、ブレア英首相の主導により英国と北アイルランドの各政党、アイルランド共和国の間で合意された「聖金曜日協定」（ベルファスト合意）から始めよう。この合意により、北アイルランドに地方自治政府を設立するとともに、アイルランド共和国は北アイルランドの領有権を主張しないことなどが定められ、英国とアイルランドのそれぞれで行われた国民投票で承認された。

一方、経済面では、１９９２年末に完成された欧州単一市場によって、冒頭で述べたように、英国の北アイルランドとアイルランド共和国との国境は自由に通行できるようになっている。

以上のように、政治と経済の両面で北アイルランドとアイルランド共和国の緊密化が進み、現在に至っている。

このような状況のなか、英国の国民投票に

より離脱派が勝利すると、キャメロン首相は辞任し、2016年7月、テレサ・メイ首相が誕生した。メイ首相はEUから完全なかたちで離脱し、義務やコストを負わない「ハードブレグジット」と呼ばれる強硬路線をとり、2017年3月29日、EUに対し正式な離脱通告を行った。これにより、EUの基本条約であるリスボン条約の定めるところにより、2年後の2019年3月29日をもって、英国はEUから離脱することが決まった。しかしその後、英国内では離脱のあり方をめぐって混乱が続いた。与党・保守党と野党・労働党との間だけでなく、保守党内の意見対立、EUとの交渉に臨む体制の不備などが目立った。

そこで2017年6月、メイ首相は国内の意思統一を図り、そのうえでEUとの離脱交渉に臨むため、下院の総選挙を実施した。しかし、選挙結果によってメイ首相率いる保守党はかえって過半数を失うことになった。そのため、北アイルランドの保守的な地域政党である民主統一党（DUP）の域外協力を仰いだ。これにより保守党の318議席にDUPの10議席を加えると328議席となり、議会の過半数である326議席をかろうじて上回ることになった。しかしアイルランド共和国に対する北アイルランドの独立性を強く主張するDUPが英国の保守党政権との関係を強めることにより、「ベルファスト合意」で取り決めた英国・アイルランド共和国・北アイルランド政治勢力の間のバランスに影響を与えるのではないかという懸念が生じた。

その後、EUと英国の間で開始された離脱をめぐる交渉は難航した。英国が離脱によりEU予算への資金拠出などの義務を免れる一方、離脱後もEUの単一市場へのアクセスを維持するという「いいところ取り」をめざしているとして、EU側が強く反発したことがその背景にある。

第22章
ブレグジットとアイルランド国境問題

また、EU離脱後も英国に住むEU市民の権利が離脱交渉の焦点の一つとなったことに関連して、英国は、北アイルランド市民は「ベルファスト合意」にもとづき英国とアイルランド双方の市民権をもつことができるため、英国のEU離脱後もEU市民の資格をもつべきだと主張した。

さらに、2018年春にかけて、そもそも北アイルランドとアイルランド共和国の間の国境をどのように設定するかという点が、交渉全体の最重要課題として浮上してきた。英国のEU離脱後も現在のような自由通行を維持すれば、この経路を経由して、英国とEU市場の間で自由な取引が可能となる。この点もまた、英国の「いいところ取り」になってしまうためである。

これに対しEU側からは、北アイルランドとアイルランド共和国の自由な通行を維持するため、北アイルランドを「共通規制地域」として英国とEUが共同で管理することを提案した。一方、英国は、もしこのような管理がなされれば、英国内で北アイルランドとそれ以外の地域が分断され、国家としての一体性が失われてしまうと反論した。

しかし英国全体としてEUから離脱する一方で、英国の一部である北アイルランドとEU加盟国であるアイルランド共和国との間に自由通行を認めるのであれば、英国内の北アイルランドとそれ以外の地域について、関税などの取り扱いを分けなくてはならないことになる。

2018年7月、英国は政府は104ページに及ぶ「ブレグジット白書」を公表した。そのなかで、北アイルランド問題については、「ベルファスト合意」に示された和平合意を尊重しつつ、英国の国家としての統一性・一体性を重視する姿勢が示された。その一方で、国境問題にどう取り組むかについては、具体的な言及はみられなかった。

英国現地の専門家によれば、ＥＵ非加盟国のスイスとＥＵとの国境管理の例にならい、税関など物理的な障壁を設けず管理を行う案などが検討されたようだ。２０１８年８月末にＥＵ・英国間で行われた主席交渉官会議では、ＥＵ側のバルニエ主席交渉官もアイルランド国境問題の解決がないかぎり、離脱交渉の合意はないと述べた、と伝えられている。

ただし、本章を執筆している２０１９年2月末の時点で、具体的な解決案は依然、示されていない。この点、筆者は、そもそも北アイルランドとアイルランド共和国に住む人びとの自由な通行は守られる、ということを議論の出発点とすべきであると考えている。これは英国が主張するように、北アイルランドの和平プロセスや英国の一体性のためだけではない。双方の人びとの生活は密接不可分になっており、これをいまさら切り離すことは実質的に不可能であるためである。たとえば両者とも農業が盛んだが、得意とする産物は異なっており、これらを自由に取引しあうことにより、人びとの生活が成り立っている。この意味で、アイルランド国境の現状維持は、英国だけでなく、アイルランド共和国を含むＥＵ側の利害に合致する。

一方、今後、国境を新たな障壁とすることにはコストがかかるだけでなく、経済的にも極めて不合理であると思われる。そのように考えれば、ブレグジット交渉のもっとも困難な課題とされてきたアイルランド国境問題の解決は、「どう現状を変えるか」ではなく、「変えられない現状に合わせ、英国とＥＵとの間でどのような妥協点を見いだすか」にかかっているといえるだろう。

（林　秀毅）

Ⅳ

社会

23

女性の地位向上のための戦い

★女性の社会進出★

ケルト神話のなかには、勝ち気で、武術にも優れた、強い女性が多く登場する。女王メーヴもその一人だ。彼女はアリールと結婚したことによって、夫に劣る立場になりたくない。そこでお互いの所有財産をひとつひとつ数え上げていく。しかし、夫のもっている雄牛分だけ負けていることがわかると、その雄牛と同格の「褐色の雄牛」をアルスター王から争奪する戦いに出る。これは物語中のエピソードであるが、古代ケルト社会において、女性がときとして主導的な役割を果たしていたことは事実のようである。当時のブレホン法では、正当な理由があれば離婚が認められていたし、夫婦間の財産権が女性にも保証されていた。しかし、キリスト教の布教とともに、当時のヨーロッパ社会のジェンダー観、つまり男性優位の価値観も浸透していった。

英国による長い植民地支配による抑圧の苦しみを経験した後、1922年にアイルランド国家が成立した後も、女性は男性と同等の権利を与えられることはなかった。独立によりカトリック教会の権力が増し、社会生活のあらゆる面に保守的な価値観が浸透し、女性は教会の倫理観や道徳観によって抑圧され続けた。1937年に制定されたアイルランド共和国憲法では、女性の従属的な役割が決定づけられた。家族を社会の主要な基本最小単位の集団と定義し、国はそれを保護することで、女性を家庭内に位置づけ、結婚の解消、すなわち離婚を認めるどんな法律も立法化されないとしたのである。女性は陪審員を務めることを許されなかったし、既婚女性は公務員に採用されることもなかった。法曹界のみならず行政機関や産業界でも、女性は男性と対等な扱いを受ける権利が制限された。このように新国家は、差別的な法によって女性を従属的な地位へと押しやり、男性支配の体制をますます強固なものにした。当時の女性は、わずかながら限られた職業をもつほかは、結婚して大家族の世話をするか、他国へ移住するか、修道女になるか、独身で高齢の親族の介護をするかというのが人生の主な選択肢だった。アイルランドの劇作家ブライアン・フリールの『ルナサの祭りの日に』という劇では、独身5人姉妹が、カトリック教会の影響を強く受けた偏狭な1930年代の社会のなかで、抑圧されながら悶々と生きていく様子が描かれている。

女性の立場が変化し始めたのは、1960年代に入ってからのことである。政府は、新国家誕生から40年間の経済・社会政策上の失策の反省から、新たな改革を推進していった。まず中等教育を無償化する政策を導入した。これにより教育レベルの高い労働力が増し、のちの経済発展のもととなった。教育を受けた女性のなかには、女性解放運動を主導し、女性の地位向上のために貢献した人びともいた。また、経済改革の一つとして、海外からの資本投資を促進するため、国内に進出する外国企業に対して税制優遇措置をとった。その結果、工業生産は増大しアイルランド経済が活性化するとともに、外国企業は男性だけでなく高い教育を受け英語も堪能な女性を多く雇用した。さらに、1973年に欧州経済共同体（ＥＥＣ、後のＥＵ）に加盟したことも、アイルランドに大きな変化をもたらした。政府は、経済社会の基盤をＥＥＣの基準まで高めることをめざして、さまざまな改革に乗り出した。新しい労働政策としては、男女平等に関するさまざまな法律を作ったことが挙げられる。公的機関で既婚女性が働くことを禁じる法律を撤廃したことを皮切りに、賃金や昇進で女性を差別する法律の改変が次々に行われた。

１９６０年代以降、女性の地位が飛躍的に向上したのは、政府による政策変革のみによるものではない。文学、音楽、絵画、映画などの文化面からの影響、メディアの影響、カトリック教会の役割の変化などに起因する変革であったことも明記しなければならない。テレビの普及により、海外の大衆文化が入ってきて、今までタブー視されてきたテーマも論じられるようになったし、女性ジャーナリストがさまざまな社会問題を調査し報道した。カトリック教会は１９７０年代以降、公的な支配力を失い、さらに１９９０年代になって司祭の性的スキャンダルが次々と明るみに出ると、影響力も急激に低下した。英米の女性解放運動の波がアイルランドにも達し、エドナ・オブライエン、イヴァン・ボーランド、ヌーラ・ニゴーノル（第54章参照）らの女性作家たちは、抑圧され、沈黙を余儀なくされていた女性たちの声を、小説や詩という表現形式によって代弁して、アイルランド女性の意識変化に大きな影響を及ぼした。

こうして、20世紀後半に女性の社会生活は大きな変化を遂げた。１９７０年代はじめ頃から、女性、とくに既婚女性や子持ちの女性が大量に労働力に加わった。職業分野においても、伝統的な女性の職業であった看護師、教師、低い地位の事務職員から、近年はいわゆる「高度」な職業と呼ばれる分野

アイルランド大統領メアリー・マッカリース
2005年に来日し、東京（原宿・表参道）でのセント・パトリックス・デイ・パレードを観覧した。（提供：Áras an Uachtaráin）

（医学、法学など）でも女性は優勢になってきた。

世界経済フォーラムは、政策、経営への参加度や経済力の指標をもとに男女間の格差を算出し、毎年ジェンダー・ギャップ指数（ＧＧＩ）を公表しているが、２０１７年度は世界１４４か国中、日本が１１４位だったのに比し、アイルランドは8位だった。その調査データによると、経済参画の分野で、同種業務での給与格差については女性は男性の7割程度だが、特筆すべき点は、専門、技術職に従事している女性の数が男性の数を上回り、世界第1位になっていることだ。これには初等、中等、高等教育の就学率が、男性を上回っていることが背景として考えられる。政治参画の分野では、国会議員、閣僚の男女比は3対1程度に留まっているものの、アイルランド国家の象徴である大統領に、１９９０年以降メアリー・ロビンソンとメアリー・マッカリースの２名の女性が選任されたことが、女性たちにとって大きな励みとなっていることは間違いない。

以上のように、法制度が整い、女性にとって社会生活がしやすくなったものの、心理的な性差別や無意識の偏見は完全になくなっているわけではない。そして、女性が社会進出し活躍していくなかで、職場での社会的役割と家庭との両立が次なる問題となる。子育て世代には特に育児や保育、介護世代には介護に関する国の支援と地域の取り組みが、アイルランド社会の今後の課題といえよう。

（河口和子）

24

カトリックのモラルと女性

★離婚、中絶、避妊、婚外子★

ローマ・カトリック教会の信者が国民の78％を占め、保守的色彩が強いとされていたアイルランドが、ここ数年で大きく変化した。人工妊娠中絶を原則禁止している憲法修正条項を廃止するか否かをめぐり、2018年5月25日に国民投票が行われた結果、容認派66・4％、反対派33・6％（投票率64・1％）で、中絶容認派が圧勝した。バラッカー首相はこの結果を「静かな革命」と歓迎し、中絶合法化に向け準備を進める考えを示した。また2015年5月22日には、同性婚を合法とする憲法改正の是非を問う世界初の国民投票も実施された。結果は同性婚賛成票が6割を超える圧勝で、改正憲法には「結婚は当事者の性別を問わない」と明記された。2017年の就任前に、バラッカー首相も自らを同性愛者と公表していたし、アイルランド中央統計局（CSO）によれば、同年には759組の同性婚カップル（うち男性424組、女性335組）が誕生している。

しかし、現在に至るまでの道のりは平坦ではなかった。1922年アイルランド自由国が成立した当時は、特別な地位を認められたカトリック教会が、あらゆる社会的な場面や市

中絶に関する国民投票のパンフレット
（写真：小舘尚文）

民生活に発言権を行使していた。とくに女性に対しては、非常に保守的な価値観を強要した。教会は性に関して異常なほどの嫌悪感を示し、避妊は禁止され、婚外子を産むことは重大な社会犯罪として厳しく罰せられた。そのため、女性たちが多くの苦難を経験したことは想像に難くない。強姦、近親相姦、カトリック聖職者による性的虐待の犠牲者が多かったにもかかわらず、婚外子を産んだ女性がいれば家族全体の恥になり、家族も社会から疎外された。「罪」を犯した女性たちは、子どもを養子縁組に出して海外に渡ったり、教会が運営する母子寮に収容されたりした。J・ゴールディングの回想録に基づくP・マラン監督の映画『マグダレンの祈り』には、子どもと引き離され、教会施設の洗濯所で過酷な労働を強いられた女性たちの苦難が描かれている。

　1937年には共和国憲法によって、女性の保守的で従属的な地位が法的に定められた。家族に関する条項において、家族の基盤となる結婚制度を保護し、女性の居場所を家庭内に限定し、離婚を可能にするような法律の制定はできないとしたのである。

しかし、転機は1960年代から70年代に訪れた。世界規模のリベラルな変化の影響を受けて、アイルランドにおいても女性の権利を求める社会的な動きが増したのだ。人権派の弁護士で1990年から7年間大統領を務めたメアリー・ロビンソンは、早くから離婚と避妊の合法化、同性愛者の人権擁護のために奮闘した一人で、1971年に初めて避妊合法化の法案を国会に提出した。そのときは否決されたものの、これがその後の世論に影響を与え、避妊合法化へ向かうきっかけとなった。1974年に、これ以上の出産は身体に危険を及ぼすと医師から通告を受けた女性が、避妊具の輸入や

国民投票を呼びかけるポスター
(写真：小舘尚文)

販売の禁止に異議を唱える裁判（マギー訴訟）で勝訴した。避妊は合法化され、さまざまな避妊手段による女性の受胎調節が可能になった。他方、1987年の児童権利法により、父親の遺産を相続することができなかった婚外子にも嫡出子とほぼ同等の権利が与えられ、婚外子に対する差別が法的に撤廃された。

また、憲法から離婚禁止の項を撤廃する活動も徐々に高まり、1986年には離婚を合法化する憲法修正のための国民投票が実施された。結果は、反対派6割の圧倒的多数で法案が否決されたが、この国民投票を機に、結婚の破綻という一般的な現実に背を向けることはできなくなり、「合法的別居」を認める法案が制定されることになる。これにより、生活費の支払いや家族資産の分配、子どもの保護養育などの問題を調整することが可能になった。その後、離婚の合法化に向けた運動が着実にくり広げられ、1995年の第2回国民投票では、賛成50・28％、反対49・72％の僅差ではあったが離婚を認める側が勝利を収め、1996年にようやく「家族法」（離婚法）が可決された。2016年度の国勢調査によると、離婚者数は10万3895人、再婚数は6万1729人に上る。

中絶に関しては、1970年代以降アイルランドがリベラルな風潮へ変化していく一方で、保守的な勢力も伝統的な価値観を覆されまいと必死にこの動きを食い止めようとした。1973年に米国で女性の堕胎の権利を認める判決（ロウ対ウェイド事件）が下ったことで、アイルランドでもプロチョイス（女性の堕胎選択権を尊重する）派の台頭を懸念し、保守派はプロライフ（胎児の生存権を尊重する）運動を盛んに行った。その結果、1983年の国民投票を経て、憲法修正第8条に、出生前の胎児の生命を妊婦と同等の権利として扱うことを認める条項（第40条3項3）が追加されることになった。これは母体の生命の危険があるときのみ母体を優先するが、事実上中絶の禁止を強固にするものだった。一方、これにより毎年数千人ものアイルランド人女性が中絶手術を受けに英国などに渡るのが実状だった。

しかし、カトリック教会の失墜に加え、後に述べる二つの事件がきっかけで、世論は中絶容認へと大きく動いていった。１９９０年代に入ってカトリック聖職者の性的スキャンダルが相次いで暴露されたことにより、教会の信頼や権力は失墜し、教会の価値観を疑問視する声が上がっていった。１９９２年にはいわゆるX事件が起こった。強姦された14歳の少女が中絶手術をするため英国に出国した際、警察当局から知らせを受けた検事総長は、出国および中絶の仮差し止め令を執行した。大きな論争や抗議デモが沸き起こり、その後、他国に行って中絶をすること、および中絶に関する情報を収集することが合法になる。しかし、自殺のおそれが中絶の合法的な理由になるかを問う２００２年の国民投票では、これは否決された。その後２０１２年に、妊婦のサビタ・ハラパナバールさんが死産の可能性の高い胎児の中絶を依頼したところ、病院側は胎児の心臓がまだ動いていることを理由に中絶手術を拒否し、その結果母子ともに死亡するという痛ましい事件が起きた。このときも数千人規模の抗議デモがあり、これがきっかけとなってようやく２０１８年に、アイルランドでも中絶が認められることになった。

このように離婚、避妊、中絶、婚外子をめぐってさまざまな苦難を乗り越え、大きな変貌を遂げるに至ったアイルランドは、今日では多様な価値観が容認される社会になったといえるだろう。

（河口和子）

コラム1

教会の影響力と宗教の遺産

千葉優子、小舘尚文

『あなたを抱きしめる日まで』という、1990年代のアイルランドが舞台の実話にもとづいた映画がある（2013年公開）。フィロミーナという名の60代後半の主人公は、10代の婚前交渉により妊娠し、男の子を出産したが、教会関係者によって里子に出され、わが子の消息をまったく知らされないまま50年近くが経過する。そして明らかになる真実……。映画では長年にわたるカトリック教会の組織的な人権侵害、虐待、隠蔽の様子などが描かれ、1990年代からメディアにあふれ出た聖職者のスキャンダルを再び印象づけるものとなった。

アイルランド島において宗教は歴史上、極めて重要な意味をもってきた。数百年に及んだ植民地支配への抵抗は、カトリック教徒によるプロテスタント教徒への抵抗であったし、1920年代の自由国成立から戦後に至っては、カトリック教会が牽引するかたちで、アイルランド社会は発展した。経済的復興に難渋する政府に代わって、カトリック教会や修道会に所有された多くの学校や病院が、キリスト教理念にもとづいたサービスを提供すると同時に、厳格な倫理観や道徳的規範を示し、教会中心の家父長的コミュニティを各地で形成した。フィロミーナの身に起こったこと（未婚女性の妊娠と出産）も、当時の保守的な社会では許されない「罪」であり、彼女は修道院でひっそりと出産した後、過酷な労働を強いられた。

1961年の国勢調査によると、国民の約95%がカトリック信者で、その9割以上が最低でも週1回は教会へ通っていた。同じカトリック国でもベルギーでは2人に1人、フランスでは4人に1人の割合だったことから、当時のアイルランド人の信仰心の高さは群を抜いていたと

わが子の墓を訪れたフィロミーナ
（提供：Irish Post）

いえる。ところが1970年代後半になると、教育を受けた若い世代が台頭し、教会の道徳的規範に盲目に従うことに疑問を持ち始めた。そして1990年代半の急激な経済成長のなか、世俗化や個人主義化といった社会変容が進んで、教会離れに拍車をかけた。そこに、聖職者による虐待の事実が次々と明らかになった。多くのメディアや報告書で詳細が伝えられて、社会に大きな衝撃を与えた。たとえば2005年のフェルンズ報告書では、1962年からの40年間に南東部において聖職者による百件を超える性的児童虐待があったことが確認されている。同時に暴かれた教会の隠蔽体質が嫌悪感を助長し、カトリック教会は決定的に権威を失うかたちとなった。

近年のアイルランド共和国では、伝統的なカトリックの教えに逆行した選択がなされている。2015年には同性婚が、2018年には人工中絶（第24章参照）が国民投票で合法化された。興味深いことに、この国民投票の結果を受けて議論が再燃したのが北アイルランドである。宗派対立が硬直化・政治化し、英国・アイルランドのなかでもっとも保守的といわれる同地では、同性婚と中絶はともに違法であり続け、政党間で意見が真っ向から対立してきた。DUPをはじめとするプロテスタント系政党は保守的見解が強く、逆に社会政策の面で急進的なカトリック系政党（シン・フェイン、SDLP）は同性婚と中絶を支持する立場だ。そのため、敬虔なカトリック信者がプロテスタント系政党を支持する現象や、リベラルな若者と紛争経験世代との世代間ギャップもみられてきた。この状況が変化したのは2019年で、停止していた自治政府に代わり英国議会が立法を行い、人工中絶と同性婚がついに合法化された。

中央統計局（CSO）によれば、現在でも共和国民の7割程度がカトリック教徒だと自認している。また、洗礼や聖餐式を受ける国民の割合は近年微増している。しかし、その背景にあるのは、日本の七五三のような宗教儀式の家族イベント化であったり、カトリック系の学校に子どもを通わせたい保護者の意図であったりする（事実、後者は問題視されていて、小学校を教会の管轄外に出すための議論が始まっている）。また、全国でもっとも教会離れの進んでいるダブリンにおいては、週に一度ミサに出席している市民は2割程度にまで減った。プロテスタント系のアイルランド国教会でも、教会に通う信仰者はわずか15％程度であり、若者の足は今後さらに教会から遠のくだろうと予想されている（信仰者と聖職者の高齢化はかなり深刻な問題）。代わりに今カトリック教会に通っているのは、ポーランド人、リトアニア人、フィリピン人などの移民である。

北アイルランドでも宗教離れの傾向はみられるが、それ以上に注目されているのが、人口動態変化の宗派バランスへの影響だ。これまでずっと多数派を占めてきたプロテスタント人口が、出生率の高いカトリック人口よりも少なくなることが確実視されてきた。これは、プロテスタント宗派に属する人びとにとって大きな脅威となってきた。実際に、2021年の国勢調査では人口バランスの逆転が現実のものとなった。この状況下、プロテスタント住民が募らせる危機感は、直接的に政治的緊張を高めているばかりでなく、宗教と複雑にからみ合った文化的領域にも表出している（たとえばアルスター・スコッツという言語の普及運動など）。こうして、宗派ライバルの存在が、教会の勢力維持・拡大を後押しし、その結果としてキリスト教の影響が色濃く残った社会が、国境の北側には残されている。

かつて西欧における「最後のカトリック国」といわれたアイルランドだが、経済発展に伴って市民社会の近代化が進んだところに、聖職者のスキャンダルが露呈して、教会の権威は失墜した。一方、同じ島の北東部では、政治に絡んだ宗派間のせめぎ合いが今なお続き、保守的な風土は崩れていない。しかし、西欧全体でみられる信仰離れや多宗教化は、南北アイルランドにおいても確実に起こっている。キリスト教会とともに歴史を刻んできたアイルランド島の人びとが、今後どのような道を歩んでいくのかは、たいへん興味深いところである。

25

貧困との戦い

★格差は減っているのか★

アイルランドには王室もなく貴族もいない。しかし社会構造として階級が存在する。階級の定義はさまざまだが、職業によって分類すると大資産家、小資産家、中流階級、労働者階級、失業者に分けられる。なかでも「中流階級（ミドルクラス）」と「労働者階級（ワーキングクラス）」という言葉が日常的に頻繁に使われる。中流階級は一般的にホワイトカラー労働者だが、医師、弁護士などの専門職は中の上と考える傾向がある。労働者階級というと肉体労働者を連想させる。いずれにしても収入だけでなく、学歴、ライフスタイル、価値観などに階級ごとの共通点がよくみられる。スポーツを例にとると、ラグビーは名門私立校が取り入れている中流階級のスポーツ、サッカーやボクシングは労働者階級のスポーツといわれることがある（第41、42章参照）。中流階級はワインをたしなみ、労働者階級はビールで酔う。行きつけの店も好みや趣味も別世界。かなりステレオタイプだが、そのようにいわれることが少なくない。実際に暮らしてみると、とくにダブリンのような都会では、お互いの接点がない階級の人たちの分断された世界に驚くことがある。ただしアイルランドにおける階級は、英国ほど世襲的ではない。

表1　格差に関する指標

	2012	2013	2014	2015	2016
貧困リスク率（%）	17.3	16.5	17.2	16.9	16.5
一貫性貧困率（%）	8.5	9.1	8.8	8.7	8.3
ジニ係数（%）	31.8	32.0	32.0	30.8	30.6
所得格差	5.1	5.0	5.1	4.7	4.7

出所：中央統計局（Central Statistics Office Ireland）、SILC調査より、2016年

労働者階級と中流階級の垣根は、景気の浮き沈みによってかなり流動的だ。とはいえ昔から階級の存在が持続的な貧困格差の一因だといわれてきて、住居提供や雇用創造などさまざまな対策が実施されてきた。

アイルランドでは１９８６年の貧困対策庁法に基づいて貧困対策庁が設けられたのだが、２００９年には社会家庭省の社会的包括室に統合された。社会的包括室は、現在では雇用問題・社会保護省に属している。専門委員会の助言のもとで貧困モニタリングを行い、貧困削減目標を設定する機関だ。

データ収集のための指標として用いられているのが、欧州連合（ＥＵ）のＳＩＬＣ（所得と生活状況に関する調査）という基準だ。表1に格差に関するいくつかの指標を記載した。貧困リスク率（at risk of poverty rate）とは所得中央値に対する相対的貧困率（貧困率は中央値の60％）を示す。所得が低いことで、当たり前と考えられる生活が享受できず、貧困の連鎖につながるとされている。さらに相対的貧困と相対的剥奪の両方を加味したのが一貫性貧困率だ。「外食できない」、「新しい服を買えない」といった11の「剥奪」項目のうち、最低二つが当てはまるかどうかで測られる。２０１０年に６・４％だった数値は、ケルティック・タイガー後の不況下で増加を続け、２０１３年には９％を超えた。その後わずかに減っているが、目標である２％にはほど遠い。

ジニ係数は世界的に使われている所得分配の不平等さを測る指数で、数が大

きいほど格差が大きいことを示す。アイルランドのジニ係数は、ヨーロッパではベルギーやオランダよりは高いが、だいたい平均値だ。2015年のOECDのデータでは、日本のジニ係数を下回っている。所得格差とは、等価可処分所得の第1五分位（もっとも所得が低い層）と第5五分位（もっとも所得が高い層）の比率である所得五分位率で示されるものである。いずれも経済の回復がみられた2014年ごろから数値が改善している。

格差是正のための政策が実を結ぶ一方、貧困問題の根絶にはまだ時間がかかりそうだ。一貫性貧困率は子どもや若年層、一人親家庭でより高い。また、働いていても貧困状況に陥るワーキングプアの問題も深刻だ。アイルランドも先進国として、日本と似た問題を抱えているといえるだろう。

最後に、「特別な層」と語られる人たちについてふれておこう。トラベラーと呼ばれる非定住者たちだ。かつては金物修理をしながら移動したことからティンカー（修繕屋）と呼ばれた。定職をもたず物乞いなどをしながら、主に移動が可能なキャンピングカーを家族の住まいとする。全国に3万人以上のトラベラーが住んでいるといわれる。独自の言語や文化を有しているが、彼らの起源はわかっていない。ヨーロッパ大陸で移動しながら暮らすロマ（ジプシー）との関連性も不明で、自分たちがジプシーと呼ばれるのを好まない。空き地に不法滞在する、非衛生的な環境で生活する、子ども（子だくさんが多い）に教育を受けさせないといった状況から、差別の対象となってきた。経済が飛躍的に発展したケルティック・タイガーの恩恵もさほど受けなかった、格差社会の底辺部といえる。貧困層、差別を受けている層、そして昨今では増大する移民も包括した、平等な社会への取り組みが格差の是正にもつながるのだと思われる。

（山下理恵子）

26

7000万人のアイルランド人

★アイリッシュ・ディアスポラ★

ディアスポラとは本来、パレスチナからほかの地域に離散したユダヤ人、またはその共同体のことをいう。最近では自分が属していた共同体から離散を余儀なくさせられた人びとや、その末裔を意味することがある。このためアイルランドを離れ、他国に移住した人のことを、アイリッシュ・ディアスポラと呼ぶことがある。多くの場合、貧困、差別、追放などの理由で、アイルランドからの移住を余儀なくさせられたからだ。

英国支配のもとで迫害されたカトリック系アイルランド人が移住するという傾向は、かなり昔からみられた。権力をもつ地主から追放された農民の多くが、アイルランドを離れて新天地へ向かった。しかしアイルランド人の移住を加速させたのは、何といってもジャガイモ飢饉である（第12章参照）。１８５０年以降の移民たちには、故郷と決別することが唯一の生き残る手段となった。とくに西部や南西部から数多くの貧しい農民が出国を試みた。この地域で出発前夜に行われる習慣があった催しがウェイクだ。米国に移住する場合はアメリカン・ウェイクと呼ばれる。親戚や近所の人びとがなじみ深いアイルランド音楽とダンスで、移住者に別れを告げる集まりだ。ウェイクとは本来お通夜のこと。残された人びとは国を去る人と、二度と生きて会えない覚悟をしていたのだろう。実際に多くの移民が目的地に到着する前に病気や事故で命を落とし、やっとたどり着いた新たな大地も天国とはいいがたく、多くが貧しい生活に苦しんだ。大飢饉の時期が過ぎても農業が商業化し、アイルランド手工業が衰退したことから、人口流失が続いたのだった。

1851年から1921年までのアイルランドからの移住者数は約450万人といわれる。移住先は米国の約380万人が圧倒的に多く、オーストラリア、ニュージーランド、英国などを大きく引き離している。当時のヨーロッパから米国への移住者はプロテスタント系の白人が多く、カトリック系のアイルランド人は差別からも逃れられなかった。大半のアイルランド人にとって、都市部での低賃金の職人や鉄道や運河などの建設業がおもな仕事であった。しかし子どもたちへの教育に投資し、カトリック教会や民主党を基盤に結束しながら、政治的権力も増していった。こうして次第に社会的地位を向上させて、ボストンなどの北東部の都市ではアイルランド系の市長が相次いで誕生するようになった。1961年には、ボストンに移住したケネディ一家から、アイルランド系米国人初の大統領、J・F・ケネディを輩出するまでに至る。

アイルランド系移民コミュニティが米国社会で発言力を有するようになると、アイルランドのナショナリズム運動にも関わるようになる。1867年にアイルランドに渡った米国人将校たちが指揮したフィーニアン蜂起がその一例だ。その後も米国を含む世界各地のアイリッシュ・ディアスポラたちが、独立運動への財政援助のために団結した。またアイルランド人が多く移住した国では、アイルランド語、伝統スポーツ、伝統音楽などを振興する団体の支部が設立され、故郷の文化を継承しよう

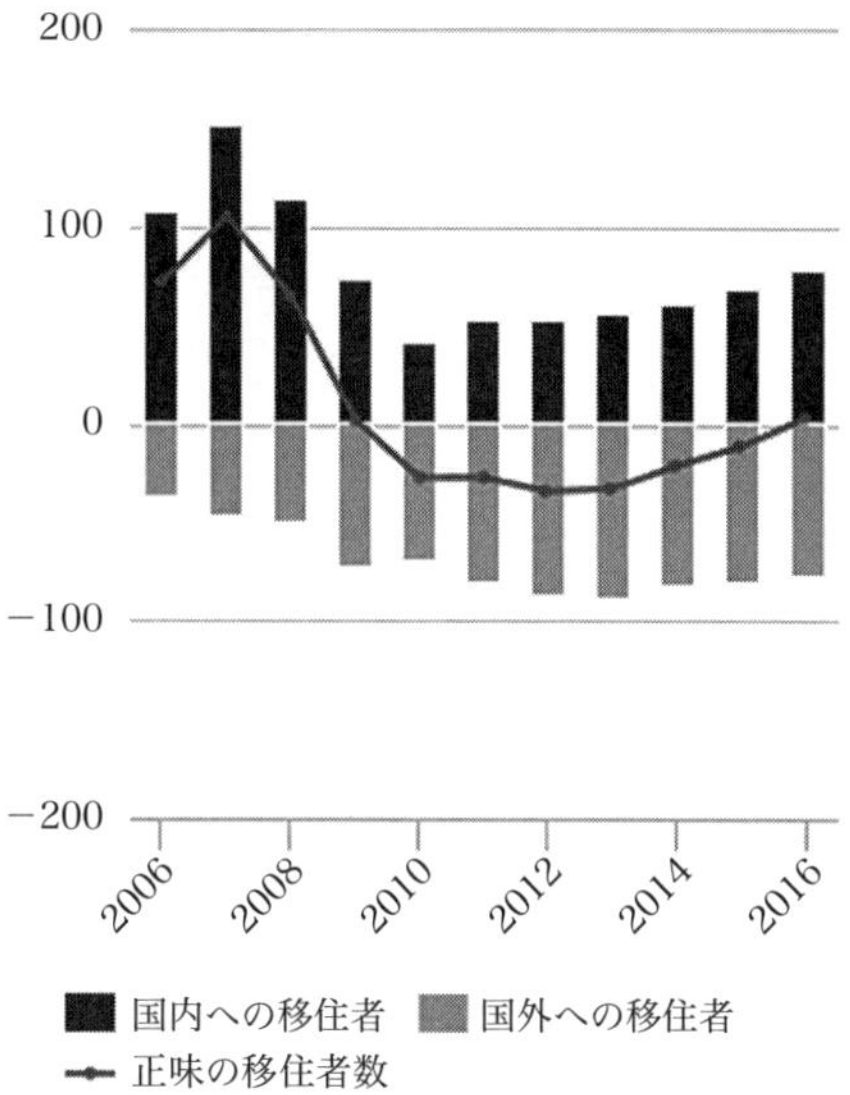

アイルランド国内への移住者数と国外への移住者数
出所：中央統計局（Central Statistics Office Ireland）*statistical release*、2016 年、Population and Migration Estimates より

とした。文化を共有することで同胞の結束を高め、自らのアイデンティティを再認識したのだろう。同時に移住先におけるアイルランドの宣伝にもつながったといわれる。セント・パトリックス・デイ・パレード発祥の地がアイルランド国内ではなくニューヨークであるというのは有名な話で、現在でも本国よりも華やかといわれるパレードがくり広げられる。

アイルランド独立後も移民の流れは途絶えない。国内の失業率が高いことから、多くの若者が国を離れた。ジャガイモ飢饉の時代のように二度と会えないということは滅多にないにしても、家族が離散する状況は変わらなかった。その様相が変化するのが１９９０年代。好景気によって、国を離れたアイルランド人が戻り始めたのだ。アイルランドへの移住者数がアイルランドからの移住者数を上回るという逆転現象が起こった。しかし不況に陥った２００８年頃からは、再びアイルランドからの移住者数が増えていった。この現象はしばらく続いたが、図のように２０１６年には再びアイルランド国内への移住者数が、国外への移住者数よりも多くなった。

国外への移住が経済状況に左右されることは明らかだが、移住先には変化がみられる。２０１１年のアイルランドからの移住者が多かった国は英国で、全体の４分の1を占めた。２位はその他の世界（EU、北米、豪州を除く）、３位はEU旧加盟国15か国、４位はオーストラリアの順だった。２０１６年のデータによれば1位、２位は変わらなかったが、３位のEU旧加盟国15か国への移住者が増え、EU新規加盟国13か国が続いた。欧州連合とのつながりが強化されてきたことは明白だ。２０１７年度のアイルランドからの暫定移住者数は６万４８００人。うち半数近くがアイルランド人で、残りはアイルランドに滞在していた外国人が出国したことになっている。

アイルランドと移住先の両方の国籍を維持している人も少なくない。さらに自身の祖先がアイルランドの血を引く移民となると、莫大な数になる。米国のように混血した移民が多い国ではアイルランド系移民を定義することはむずかしいが、２０１４年の米国国勢調査によれば３３００万人程度がアイルランド系と名乗ったという。アイルランド共和国の人口の約7倍が住んでいることになる。世界中に散るアイリッシュ・ディアスポラの推定総数は７０００万人という説もある。英国やフランスに住む人口よりも多い。アイルランドは地理的、経済的に小国だが、ディアスポラによって大国のような存在感を放っているのかもしれない。

（山下理恵子）

27

移民の国の新たなかたち

★アイルランドをめざす外国人★

19世紀末から20世紀にかけて、大勢のアイルランド人が仕事や安定した生活を求めて海を渡り、アメリカ大陸やオーストラリアといった新天地をめざした。そして21世紀になると、外国人が同じ理由でアイルランドへと向かうようになった。第26章で示した移動率のグラフが示すように、2000年代にはケルティック・タイガーの影響で、アイルランドから移住する人よりも、アイルランドに移住する人のほうが増えた。海外に住んでいたアイルランド人が母国に戻ってきた場合もあるが、外国人の移民も少なくなかった。

2016年の国勢調査によれば、非アイルランド人が人口に占める割合は11・6％。2011年の同調査と比べると微減しているのだが、外国人の全体的な割合が減ったわけではなく、外国人としてアイルランドに移住した人のうちアイルランド国籍を取得した人が増加して、彼らを「アイルランド人」の分類に入れたことが原因だと分析されている。アイルランドでは重国籍を持つことが認められているため、アイルランドで生まれたり、両親や祖父母がアイルランド人であったりする場合は、市民権を得てパスポートが申請できる。実

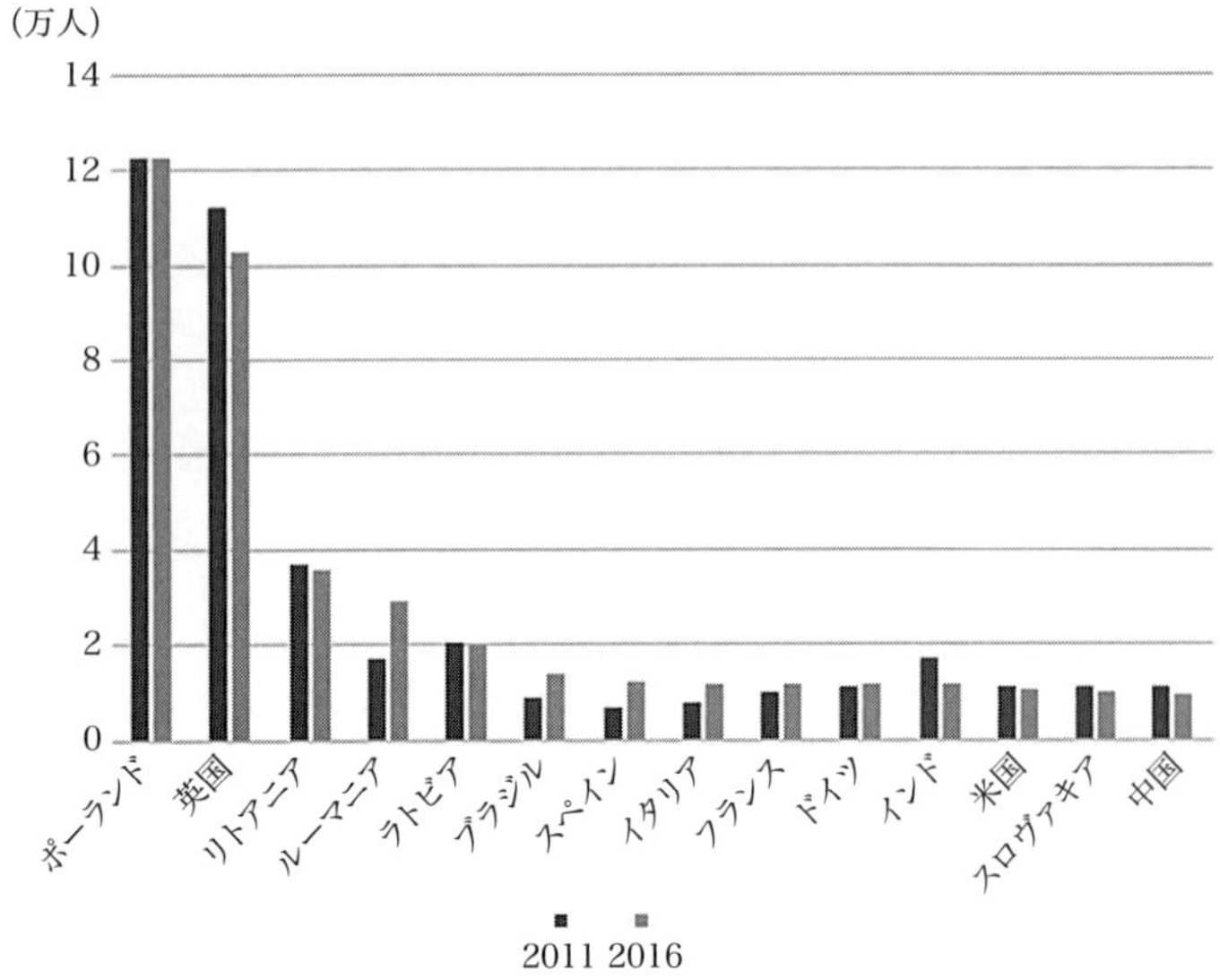

2011年と2016年の国籍別アイルランド在住者の内訳
出所：中央統計局（Central Statistics Office Ireland）、2016年、Census 2016 Result Summary Part 1, Chapter 5 Diversityより抜粋

際、２０１６年のアイルランドにおける重国籍者の数は５年前と比べて倍増していて、10万人ほどが新たに国籍を取得したことになる。もっとも多いのが米国籍を持ったアイルランド人で、英国、ポーランドがそれに続く。外国人が多いのはダブリン、コークなどの都市部だが、比率でみるとゴールウェイでの非アイルランド人の割合が高い。多様化は確実に進んでいるようだ。

２０１７年に海外からアイルランドに移住した人の数は約８万５０００人。うち68％がアイルランド国籍を持たない外国人だった。国籍のカテゴリー別にみると、「その他の国々」がもっとも多くて27％。次に「英国」の22％、「２００４年５月１日以前に欧州連合に加盟した15か国（ＥＵ15）」の18％、「それ以降に欧州連合に新規加盟した13か国（ＥＵ13）」の14％、オーストラリア８％、米国６％、カナダ４％である。

なかでも歴史的にアイルランドに在住してきた英

国人を上回り、現在アイルランドでもっとも大きな外国人コミュニティを有しているのがポーランド人で、12万人を超えている（グラフ参照）。２００４年に新規加盟したＥＵ13の国々の人たちが就労許可証を取得せずにアイルランドで働けるようになったため、この頃から主に東欧から大勢の人たちがアイルランドへと移住したのだが、とくにポーランド人が多かった。アイルランドの所得の中央値はポーランドの数倍にもなるため、職を求めて海を渡ったのだ。２００７年頃までは国内の景気が良好で、外国人が仕事を得ることもむずかしくなかった。ダブリンではポーランドの食料品店が並び、新聞にはポーランド語の欄が設けられた。その後、国内の経済状況が悪化したため、ポーランド人を含む東欧出身者の全体数は減ったものの、家族ですでに定住してアイルランドで子どもが生まれたりした場合、先述のようにアイルランド国籍を取得したポーランド人も少なくない。やがてポーランド語で教える学校も設立され、自らのアイデンティティを維持しながらもアイルランドに定住する人びとが増えているようだ。リトアニア、ラトビア、ルーマニアといった国の出身者にも、同じような傾向がみられる。

では、「その他の国々」にはどういった国が含まれるのだろうか？　ブラジルやインドからの移住者は、ともに1万人を超えている。しかし、どちらかというと語学留学や就労など一時的な滞在が多く、定住に至るケースは多くはない。一方、アフリカからの移民や難民の存在が大きくなっている。日本と同様に介護施設など大きな労力が必要な職場では、アフリカ系やアジア系の労働者をよくみかけるようになった。

２００７年からのグリーンカードの導入によって、高い専門的技能を有する外国人が就労許可書で滞在する機会が増大した。雇用調整に利用される可能性があるものの、アイルランドが外国人にチャンスを与えられるほど豊かな国になったともいえる。また手厚い社会保障や教育の機会を求めて、アイルランドで子どもを育てたいと移住してくる人もいる。

アイルランドにおいて外国人は他のヨーロッパ諸国と比べるとまだまだ少数派であり、外国人に接することに慣れていないことがある。カウンティ・メイヨーのバリハウニスという人口2000人強の小さな町は、アイルランドでもっとも「国際的な」町とされる。町民の4割が外国人なのだ。もっとも多いのはポーランド人だが、パキスタン人、シリア人などの難民も暮らしている。最初は戸惑いや差別もあったようだが、地元の学校やGAAが融合プログラムを進めながら、彼らを受け入れようとしている。

かつては海外へと移民し、差別されながらもその国で移民コミュニティを形成し、その存在感を高めてきたアイルランド人。最近では新たな可能性を求めて外国人が移り住み、移民コミュニティが作られる逆の立場になるまで成長したともいえるのかもしれない。

（山下理恵子）

28

将来に対する大きな投資

★教育重視の政策★

アイルランドでは1960年代後半から、初等・中等教育レベルでの学費が無償となった。国家財政が厳しいなかでも国民に教育を普及させようという、政府の方針からだ。この政策は功を奏して、それまでは初等教育卒が多かった貧困層の子どもたちでも学校に行けるようになって、国民の教育熱が高まった。アイルランドでは初等教育にあたる小学校のことをプライマリー・スクール、中等教育にあたる中・高等学校のことをセカンダリー・スクールと呼ぶ。

プライマリー・スクールは、法律上は6歳からの6年間なのだが、実際には4歳から8年間通う子どもが少なくない。大半は市町村ごとに最低一つはある、地元の学校に通う。先生と生徒の比率は平均で1対25と、日本の平均的な学校と比べて少人数のクラス編成といえる。たいていの場合、6歳までは午前9時半から午後2時まで学校に通う。それ以降の学年では、午後3時まで授業がある。週1回は課外授業活動のため、授業は午前中までということが多い。学校の種類はさまざまで、男女共学も別学もあるし、たとえばカトリックでもそのなかの特定の宗派に基づく教育が行われていることもある。公立学校は基本的には学費が無償だが、有償の私立学校も存在する。また、英語で教える学校以外に、アイルランド語で全教科を教える学校がある。母国語への意識が高まりつつある近年、アイルランド語の学校への関心が高まっている。後述するセカンダリー・スクールの修了試験では、英語よりもアイルランド語で受験したほうが有利な点数となるため、アイルランド語の学校を希望する親もいる。アイルランド語使用地区（ゲールタクト）以外では日常語は英語なので、アイルランド語の学校に通う子どもたちはほぼバイリンガルとなる。アイルランドの公用語であるアイルランド語は、英語で教える学校でも必修教科だ。しかし、最近は外国人の増加により、ある程度の例外があるという。

一方、セカンダリー・スクールは、3年間の前期課程（ジュニア・サイクル）と2年間の後期課程（シニア・サイクル）に分かれる。ジュニア・サイクルまでが義務教育で、修了後に全生徒がジュニア・サーティフィケートと呼ばれる国の試験を受けなければならない。得意・不得意科目をみきわめて将来の進路の指針とするため、その後の大学進学に必要な中等学校修了時に受験するリービング・サーティフィケート（修了試験）の目安ともなる試験だ。セカンダリー・スクールでも、学費が無償の公立校と有償の私立校があって、男女共学、別学ともに存在する。最近では共学校の人気が高まっているという。

ジュニア・サイクルとシニア・サイクルの間に、トランジション・イヤーと呼ばれる移行学年が設けられていることが多い。この期間に生徒は、「メディア研究」、「ビジネス研究」、「生涯学習」といった、教室では学ぶことができないさまざまなプロジェクトに取り組むことになる。たとえば、福祉施設で働いたり、企業で社会経験を積んだり、コミュニティ・サービスをしたりといった実務を体験するのだ。派遣先は学校が紹介してくれる場合も、自分でみつける場合もある。その後シニア・サイクルを経て、リービング・サーティフィケートを受けて、セカンダリー・レベルの教育を修了する。

アイルランドでは、階級格差の教育レベルに対する影響、また宗教による格差など、さまざまな問題点が長年議論されているが、教育水準の国際比較を示す指標は常に高い。たとえばOECDの15歳の習熟度レベルの比較調査（PISA）においては、2015年の調査で読解力ではアイルランドは5位（70か国中）、科学リテラシーでは19位になっている。特に読解力においては、3年ごとに行われる同調査において、ほとんど上位10以内に入っている。

こうした好成績が、改革への舵切りを遅らせていると指摘する専門家も多い。社会階級による格差是正に関しては、名門私立学校において、卒業生の師弟の入学する割合を25％以下にする案が政府で検討されている。こうした名門私立学校においては、児童が入学する10年以上も前より、卒業生の子弟を中心とする長大なウェイティング・リストが形成されるのが常である。このリストによる入学制度も廃止しないと格差はなくならないと指摘されているが、これらの学校の校長たちや卒業生からの抵抗は非常に根強い。よくも悪くも、卒業生たちからの寄付や支援で支えられている部分が大きいからである。また多くの名門校はカトリックの学校であり、洗礼を受けていないと入学することが難しいという障壁もある。これも多文化社会の様相がより色濃くなっている現状に合わせて見直されつつある。さまざまな社会変化に伴う教育改革が功を奏しないと、教育による階級文化の再生産が根強いアイルランド社会に、新しい発展はみえてこないのではなかろうか。

（海老島均）

29

学校と地域が共存する活動の場

★学校とスポーツ★

「学校では陸上とラグビーの代表選手、地域のクラブではテニスもしていて14歳以下の地区代表候補にもなった。土曜にはラグビーとテニスの試合をかけもちすることもある。疲れるけどとても楽しいよ」と自慢げに語るのは、ダブリンにある名門中等学校の1年生A君（13歳）。単種目の部活動に集中しがちな日本のスポーツ環境からは考えられない。子どもたちのスポーツの場が主に地域クラブであるドイツやフランスと違って、アイルランドでは日本と同様に、学校での体育系クラブ活動も盛んだ。ただしシーズン制を採用しているため、複数のスポーツを経験する。A君の学校では、秋から冬にかけてはラグビー、バドミントン、卓球、春から夏にかけてはクリケット、陸上、テニスが全校規模でクラブ活動として行われている。このため最低2種目は経験するのである。同時に地域のスポーツクラブでも、さまざまなスポーツを楽しめる。A君のように複数種目で才能を発揮する子どもも少なくない。ロンドン・オリンピックで女子ボクシングのライト級で金メダルをとったケイティー・テイラーが、女子サッカーのアイルランドA代表でも司令塔として活躍したのは顕著な

ハーリング（女子の場合はカモーギという名称で呼ばれる）を練習する子どもたち（写真：筆者）

例である。

経済社会研究所（ＥＳＲＩ）がアイリッシュ・スポーツ・カウンシル（当時、現スポーツ・アイルランド）と共同で行った２０１３年の調査によると、小学校において約6割以上の生徒が課外活動でスポーツを経験し、さらに地域のクラブでも7割から8割の生徒がスポーツ活動を行っているという。学校と地域のクラブ両方の活動をかけもちしている児童も多いため、この段階から複数種目を経験するのが通常である。同調査では児童がセカンダリー・スクールに進学したあとも、同様の傾向が続くことを指摘している。

学校のクラブでは、日本のように国内のナンバーワンを決めるためのトーナメントをあまり重視せず、地区でのリーグ戦の充実が図られている。そこでは、さまざまなレベルで全員が試合に出場できるよう努力がなされている。また学校のクラブは、多くの外部ボランティアコーチによって支えられている。ＧＡＡ競技種目、ラグビー、テニスなどに関しては、国代表や地区代表などのトップ選手が各競技団体から学校に派遣されることもある。また学校の先生を対象としたコーチングコースも頻繁に開催される。学校でのスポーツ体験がその種目の入り口であり、トップ選手への第一歩であるというのが競技団体の思惑のようだ。スポーツ・アイルランド（アイルランド共和国の体育協会）のモットーは「初心者にこそトップのスポーツ環境を」――この方針のもとで、学校スポーツはスポーツライフへの重要な入り口として位置づけられている。

ただしスポーツ施設の格差は、有力な私立校と公立の学校の間で大きい。ダブリンなどの都市部においては、その差が顕著である。私立学校では芝生のグラウンドを何面も所有していて、なかには10面以上ある学校も存在する。一方、公立学校では、バスケットボールコート程度のアスファルトのグラウンドしかない学校も珍しくない。前述のＥＳＲＩの報告書によると、スポーツクラブへの参加率は収入ときわめて高い相関関係がある。もちろん金銭的、時間的余裕という要素が関係しているのだろうが、より大きく影響しているのが子ども時代の学校でのスポーツ体験と家族のバックアップ体制だ。この時期にスポーツを体験する機会があるほど、成人後のスポーツクラブ加入率が高くなる。

学校ではレベルにかかわらず全員が試合に出場することが強調されるのだが、このことが「スポーツ＝社交」という理念をもつクラブ運営につながる。子どもたちは誰もが試合を楽しみ、たくさんの仲間を作るスポーツの醍醐味を、生涯スポーツの第一歩として学校で経験していく。このため卒業後も、地域のスポーツクラブで同様に楽しめるのだ。

学校と地域によって支えられる子どもたちの豊かなスポーツライフが、大人たちのスポーツを通しての充実した余暇生活の基盤を形成しているといっても過言ではない。

（海老島均）

コラム2

千葉優子、小舘尚文

北アイルランドの教育事情

北アイルランドの学校教育は自治政府の教育省の管轄であるが、基本的な制度はイングランドにならっている。4～5歳で始まる初等教育は7年間で、その後5年間の中等教育とともに義務教育を構成している。学区という概念はなく、小学校から選ぶことができるが（ただし定員超過の場合は希望が通らないことも）、多くの場合、各家庭の宗派や信条と対立しない近隣学校が好まれる。中等学校はおもにグラマー・スクールとセカンダリー・スクールに分類されるが、前者は小学校の最終年次（10～11歳）に受ける学力テストでよい成績を収めた児童が選択することができ、大学進学への扉が大きく開かれることを意味する。全児童の約45％がグラマー・スクールに進んでいる。この学力選抜制度は、家庭学習環境を整えられる富裕層に有利である、人生が決まってしまうのが早すぎる、という批判が後を絶たなかったことから、2011年に当時の教育大臣によって廃止が宣言されたのだが、保護者からの厚い支持に根差して現在も継続実施されている。

高等教育をめざす場合は、義務教育を終えた後さらに2年間勉強してAレベルといわれる共通試験を受験し、志望大学に出願することになる。北アイルランドには二つの総合大学（クイーンズ大学ベルファストとアルスター大学）と二つの教員養成機関、そしてオープンユニバーシティ（日本の放送大学に近似）があり、地元出身の学生が多く学んでいる。ダブリンなどの国境の南側や、スコットランドやイングランドの高等教育機関へ進学する若者は、全体の3割弱である。英国のなかで最貧の北アイルランドだが、大学進学率はもっとも高く約43％である（ただし貧困家庭からの進学率は15％程度）。そのほか、職業訓練学校や就職といった進路もあり、働きながら社会人学生となる若者も日本よりずっと多い。

北アイルランドの学校はかなり複雑に区分されているが、ほぼすべての学校についてみると、運営費の全部（または大部分）が政府予算でまかなわれているという共通点があることがわかる。この意味で学校は公立であり、学習指導要領に沿ったカリキュラムの実施が課されている。また、すべての学校がキリスト教の理念に基づいているという大きな特徴がある。宗教的要素がいっさい排除されている日本の公立学校とは大きく異なり、「宗教教育」という科目が必修になっていたり、集団礼拝が行われたりしている。（南の共和国でもそうだが）学校の理事会に聖職者が名を連ねていることも珍しくなく、教会の影響は大きい。ちなみに「宗教教育」の授業は、世界のさまざまな宗教について の知識を得る場であるよりも、キリスト教の教義が吹きこまれる場であることのほうが多く、多様化が進む今日には適さないとの批判も多い。さらに、近年増加している無神論者や無信仰者、他宗教の信者の存在は、こうした宗教教育に疑問を投げかけている。

宗教そのものが存在感をもっていることに加えて、宗派も重要である。概して、北アイルランドの学校はカトリックとプロテスタントに二分される。そしてこの「宗派」の違いは、純粋な宗教的意味合いを越えて、北アイルランドの政治的帰属をめぐる二つの主張を反映している。慣習的に、カトリックの学校に通う児童はゲーリック・スポーツやアイリッシュ・ダンスに親しみ（さらに教授言語がアイルランド語の学校もある）アイルランド人として育っていく一方で、プロテスタントの学校の子どもたちは英国で盛んなスポーツ（サッカーやラグビーなど）に夢中になり、英国人としてのアイデンティティを形成する。近年の北アイルランド人口はカ

1849年に設立されたクイーンズ大学ベルファスト
（写真：小舘尚文）

トリックが約46%、プロテスタントが約44%を占めるが、教育制度が深く分断されていることで、北アイルランドに住む「もう半分の人びと」と接する機会がないまま成長していく子どもたちが今でもいる。また社会において、自分の出身校を述べることは自らのナショナル・アイデンティティや帰属集団を明かすのと同義である。学校教育が紛争を再生産しているという指摘は以前よりなされているが、この二分された教育制度を変えるのは、そう簡単なことではない。

しかし、さまざまな打開策も講じられてきた。まず１９８０年代に始まった統合学校では、両コミュニティの児童が一つの教室で学んでいる（全体の約7%が統合学校に在籍）。最初から統合学校として設立された学校に加えて、もともとはプロテスタント学校だったのが、児童人口の宗派バランスの自然変化により統合学校の認定を受けるようなケースもある。統合学校であるためには、校内で少数派にあたる教員および児童の割合が一定以上（たいてい3〜4割）であることが求められる。統合学校の運営は保護者の多大な負担を要し、宗派バランスの確認は児童を宗派によって分類することも意味するので、これらの学校には課題も多いのだが、統合教育は分断社会の解決に向けた取り組みの一つという象徴的な意義をもっている。

また、宗派の異なる学校間の交流に焦点を置いた共有教育の取り組みも各地でみられている。各学校がイニシアチブをとり、相手校を訪問し合って合同授業を行ったり、生徒の親睦イベントを開催したりする。中・短期的な助成金に頼るので、長期的な見通しが立ちにくいことや、バス代などの移動費の負担が大きいといったハードルもあるが、異なるコミュニティの子どもたちが交わる貴重な機会であることは確かだ。さらに、学習指導要領のなかにも小学校低学年から、身近なテーマを通じて平和や民主的価値について学ぶ要素が盛り込まれている。

このように北の教育制度は宗派に沿って深く分断されていて、それを乗り越えるための試行錯誤も行われてきた。統合学校の卒業生は、自分とは異なる宗派の相手と結婚する確率が高いといった報告もあり、そうした努力は少しずつ結実しているともいえるが、そもそも統合・共有教育に積極的なのは中流階級層であることが多い。こうした社会階級ともつながった教育格差の是正や、宗教・エスニシティといった多様性を受け入れる土壌作りが今後の課題となろう。学校教育の場は、険しい民主化の道を歩む北アイルランド社会の葛藤をじかに反映しているといえるものの、明るくて人懐っこい現地の若者たちをみていると、不思議と希望を感じる。

30

優秀な人材を育てる

★質の高い大学教育★

アイルランドでは、小学校をプライマリー・レベル、中・高等学校をセカンダリー・レベルの教育と呼ぶのに対して、セカンダリー・レベル以降の教育機関はサード・レベルと称される。サード・レベルには、総合大学（ユニバーシティ）、アイルランド国立大学認定カレッジ、職業や専門的な知識や技術を学ぶための技術系インスティテュート、教師を養成するための専門カレッジ、さらに私立のカレッジなどが含まれる。機関によって異なるが、サーティフィケートやディプロマと呼ばれる高等教育の卒業資格や、学士、修士、博士といった学位が取得できる。日本のように「専門学校」と「大学」の区別がないため、本章ではこれらの総称として「大学」という言葉を使う。

もっとも権威があるとされる総合大学は、アイルランド共和国内に七つある。国の規模から考えて、けっして数が多いとはいえない。最初に設立されたのは、日本で「ダブリン大学」として親しまれているトリニティ・カレッジ・ダブリン（ＴＣＤ）で、１５９２年にまでさかのぼる。英国のオックスフォード大学やケンブリッジ大学をモデルとして、アング

アイルランド国立大学コーク校（UCC）
（写真：小舘尚文）

ロ・アイリッシュのエリートたちの教育を担ってきたため、プロテスタント（英国国教徒が中心）の大学という認識があった。開校当時はカトリック教徒の子弟は入学が認められなかったが、現在ではそのような制約はない。その後、１９０８年にアイルランド国立大学のダブリン校（ＵＣＤ）、コーク校（ＵＣＣ）、ゴールウェイ校（旧ＵＣＧ、現在はＮＵＩＧ）が設立される。１９１０年にはメイヌース校が加わり、国立大学は4校となった。国立大学はカトリック教徒に教育への門戸を開いた。１９８０年代にはダブリン・シティ・ユニバーシティ（ダブリン市立大学、ＤＣＵ）、ユニバーシティ・オブ・リムリック（ＵＬ）ができ、総合大学が七つとなった。そして、増加する若年人口の受け皿や理工系人材の育成を目的に、２０１９年にはダブリン工科大学（Dublin Institute of Technology, DIT）ほか三つの工科系の学校が合併し、テクノロジカル・ユニバーシティ・ダブリン（Technological University Dublin, TU Dublin）が誕生した。学生数ではＵＣＤに次いで、二番目に大きな大学である。

　セカンダリー・スクール修了試験であるリービング・サーティフィケートの成績がよければ、大学への進学が可能になる。

大学や学部によって要求される成績が異なるため、人気のある大学の学部に入るためには、かなりよい成績をとらなければならない。優秀な大学へ入るための競争も厳しいが、卒業するときにも成績が重要となる。有利な就職や大学院進学を希望する者の将来は、大学時代の成績で決まる。つまり入学試験と比べて卒業が容易であるといわれてきた日本の大学と違って、アイルランドの大学では入学も卒業もむずかしいということだ。

２０１７年の経済協力開発機構（ＯＥＣＤ）の調査によると、アイルランドでは25歳から35歳の人の52％がサード・レベルの教育を受けており、これは42か国中6位で、セカンダリー・レベルへの進学率は約98％と、調査国中1位の記録である。相対的に教育水準が高い国であることがわかる。

２０１５年のサード・レベルの修了者のうち、約4分の1がビジネス、経営学、法律を専攻している。リベラル・アーツに代表されるような教養系の分野より、実践的な学問分野に人気が集まっていることが近年の傾向である。アイルランドはまた、大学卒業資格を持っている人とそうでない人の収入の格差が大きいことでも知られている。教育に対しての政府の支出は、ＯＥＣＤ平均の11・3％をわずかに上回る12・3％であり、２０１０〜１２年にかけての伸び率でみるとＯＥＣＤの調査国中、下から2番目の数字である。進学率、教育水準の高さでは定評のあるアイルランドであるが、格差是正に対する公的取り組みは、大学無償化などの試みにもかかわらず、成果はまだみえていないのが現状である。

（海老島均）

31

めざすは「医療・介護統合」モデルの充実

★南北の医療制度★

福祉国家の代表例として知られる北欧諸国と比べると、アイルランド共和国（以下、南）と北アイルランド（以下、北）はともに、社会サービスにおける国のサポートがあまりないという点で似通っている。その根底にあるのは、福祉サービス全般において、公的セクターによるサービス提供や公費負担はセーフティネットとして貧困削減の手段であるべきで、基本的には最低限に留めるべきだという考えである。そのため、誰もが利用できるような普遍的サービスは限られており、資力調査が条件となっていることが多い。雇用主や企業による福利厚生もなく、「低福祉・低負担」といえるだろう。ただし、英国には医療サービス（ＮＨＳ）が確立されているため、北の医療は原則として税金でまかなわれている。

南北アイルランドの社会福祉制度の基礎は、全土が英国の植民地であった19世紀から20世紀初頭にかけて、救貧法（１８３８年）や老齢年金法の創設（１９０８年）によって築かれた。医療においても同様だ。公衆衛生に関しては、１８５１年の貧困救済法によって各地に診療所が設置されていったほか、１８７８年の公衆衛生法によって、伝染病対策や浄水設備の

現在のロイヤル・ヴィクトリア・ホスピタル
（提供：Patrick Brogan）

設置が進んだ。病院は、ダブリンやコーク、ベルファストといった都市を中心に、慈善修道女会や個人の篤志家によって創設されていった。たとえば産業革命の象徴といわれる北の都市ベルファストで現在も基幹病院となっているロイヤル・ヴィクトリア・ホスピタルは、20世紀初頭としては先駆的な建築デザインを用いていた。また、クイーンズ大学付近にあるシティ・ホスピタルは、もともと救貧院があった場所において、医療を受けることがむずかしい貧者のために1841年に設立された病院である。

ホスピスの原型ともいわれるアワ・レイディース・ホスピスは、1879年にアイルランド慈善修道女会のメアリー・エイケンヘッドがダブリンのハロルズ・クロスに建立したものである。とりわけ、貧困が原因となって飢餓や結核が蔓延するなか、路上生活者を含む住民たちに安らぎのときを与えることを目的としていた。ホスピスの考え方は、戦後、英国のセシリー・ソンダースによって展開され、世界に広がっていったが、元をたどる

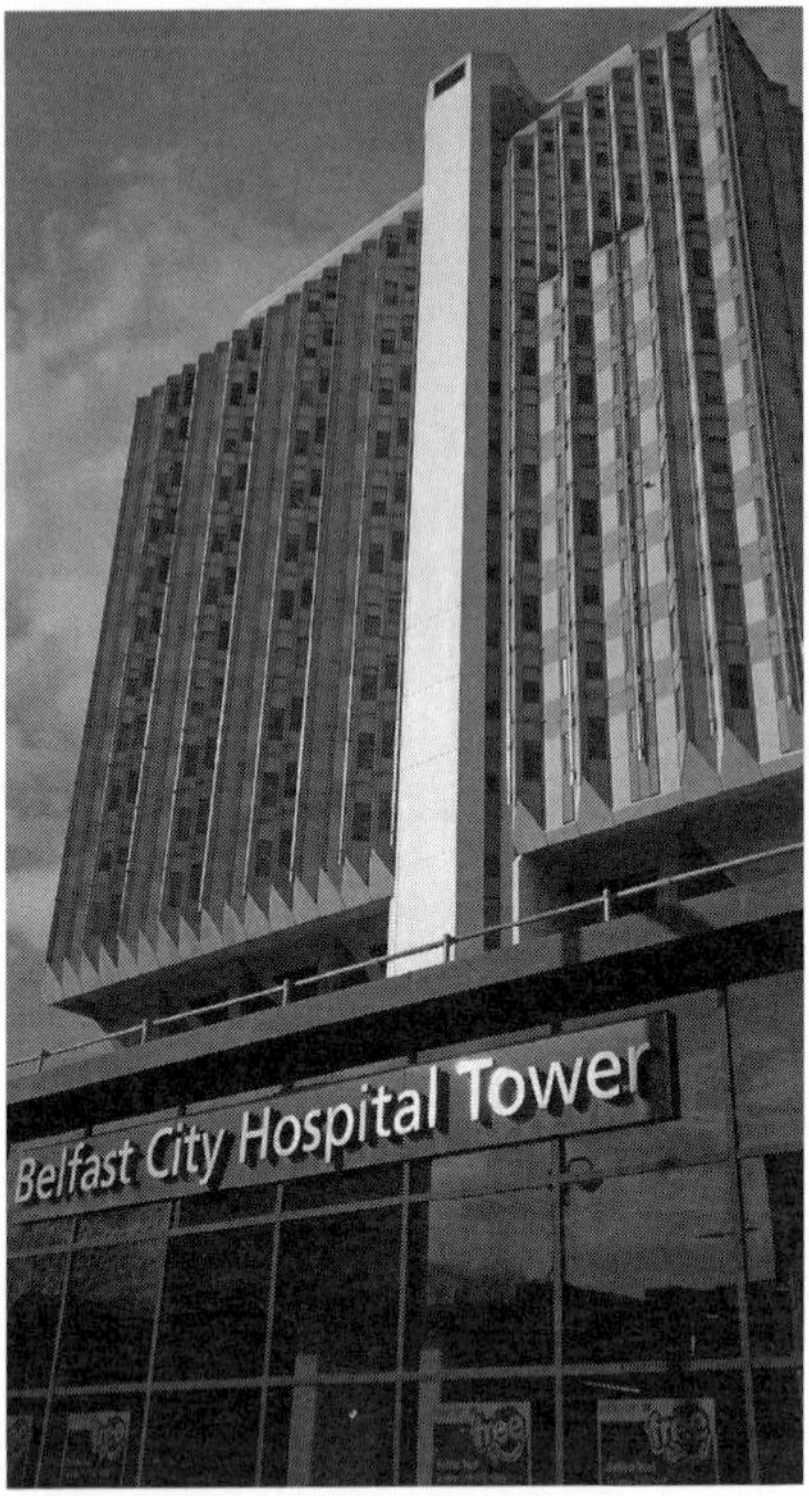

ベルファスト・シティ・ホスピタル
（提供：Patrick Brogan）

とアイルランドということもできる。現在も、南の緩和ケアや終末期医療はアイルランドホスピス財団などボランタリー（第三）セクターの活動によって支えられており、英国とともに世界でもモデルとされている。

アイルランド自由国が誕生した1920年代以降は、南北間で徐々に制度に違いが生まれていったが、もっとも大きな分岐点は戦後直後の1948年に、英国でNHSという租税方式の皆保険制度が成立したことだ。対照的に南では、16歳未満の子どもと母親に対して国が医療を無償提供するという提案が、カトリック教会と医師団体の両方から反対されて実現できなかった。その後、南では1

ダブリンのハロルズ・クロスにあるアワ・レイディース・ホスピス（写真：小舘尚文）

９５３年に可決された医療法により、周産期の医療が無償となり、２０１５年からは、70歳以上の高齢者および６歳未満の子どもは無償で家庭医（General Practitioner、ＧＰ）の診療を受けられるという制度が導入された。現在は、所得が一定額以下の市民（年齢や国籍にかかわらない）に与えられるメディカルカード（カテゴリー１）の保持者は無償で、家庭医問診カード（カテゴリー２）の保持者は一部無償で、医療サービスを受けることができる。しかし、規定を満たさない（つまり一定額を超える所得のある）市民や家族は、近所の家庭医に診てもらうさいに、その受診内容にかかわらず50～60ユーロを支払わなくてはならない。すなわち、南では基本的医療サービスの大半が有償であり、医療が原則無料（処方箋薬や歯科サービスは一部自己負担がありうる）の北とは状況が大きく異なる。

医療費の個人負担では差があるものの、医療サービスの提供方法をみると、プライマリーケア（一次医療）とセカンダリーケア（二次医療）の二段階制になっている点で南北は共通している。紹介状があれば大学病院や専門医の診

表1　南北アイルランドの基本データと医療サービスの比較

	アイルランド共和国（南）	北アイルランド（北）	英国全体
人口	535万人	191万人	6760万人
65歳以上の人口比	15.5%	18.0%	18.6%
平均寿命	男性80.8歳／女性84.4歳（2022年）	男性78.4歳／女性82.3歳（2020〜22年）	男性79.3歳／女性83.1歳（2022年）
出生率	1.8	2.0	1.8
医師の数（千人当たり）	4.1（2021年）	3.8（2023年）	4.4（2022年）
看護師の数（千人当たり）	11.6（2017年）	8.0（2017年）	7.9（2017年）
病床数（千人当たり）	2.9（2022年）	3.0（2020年）	2.4（2022年）

出所：Department of Health, ROI, Northern Ireland Statistics and Research Agency, OECD Data, BMJ, Office for National Statistics, UK, Department of Health NI をもとに筆者作成。

断を直接受けられる日本とは違って、アイルランドでは急患の場合を除き、まず家庭医の診察を受ける。そこで必要と判断されれば、家庭医の紹介状を手に病院を予約し、数か月待ってようやく専門医に診てもらうことができる。ただしこれは公的な医療サービスの話で、有償の民間サービスでは素早く良質なサービスが受けられる。ちなみに民間保険加入率は、南がほぼ半数にのぼるのに対して、英国は1割程度（2015年の全国データ）にすぎない。実際、南では公営・民営の医療提供団体が並存しているが、北ではあまり私立病院を見かけない。医療サービスのデータを表1にまとめた。

もう一つの南北の共通点（そして英国本土との違い）を挙げると、医療サービスと介護サービスが統合されていることだ。これはうまく機能すれば、英国が着手している福祉改革がめざすような効果的なサービスが提供できる。だが、医療と介護のアンバランスなど、現行制度には課題も少なくなく、南北の両方で見直しが図られている。南では前述の通り、英国のような皆保険制度をめざす動きがあり、家庭医による診療の無償化を、段階的に全国民に広げていく政策がとられている。シンクタンクの報告によれば、国（公的セクター）のサポートが少なく、制度改革による効率改善（退院を早めるなど）が望まれていることが指摘されている。ちなみに２０１６年の政府予算内訳によれば、国民総生産（ＧＤＰ）のうち７・８％が医療に使われているが、介護への割り当ては少ない。２０１６年からはホーム・ケア・パッケージとよばれる税金でまかなわれる介護・ケアサービスが始まった。要介護の度合いによって受けられるケアが決められ、なるべく自宅で療養できるよう設計されたのだが、地域の資源力に影響されるので、運用には困難も伴う。

北でも施設ケアからコミュニティ・ケアへのシフトをめざす抜本的な改革が進められ、英国のなか

シェアサイクル
西欧でよく見かけるシェアサイクルが、ダブリンやベルファストにも登場。健康とエコの両側面から自転車通勤が推奨されていて、補助金制度もある（第39章参照）。（写真：千葉優子）

では率先して統合モデルを用いてきた。たとえばサービスの効率性と一貫性を追求するため、保健省とサービス利用者、医療従事者とソーシャルワーカーを含む福祉関係者、病院と民間セクターなど、各主体間のコミュニケーションや情報交換をスムーズにするため、諸機関の連帯が図られている。さらに従来の個別の社会保障（失業保険、生活保護、就労支援、家賃補助、児童手当など）が一本化されて、16歳～64歳を対象にユニバーサル・クレジットという新制度も導入されつつある。ただし医療に大きな比重が置かれ、介護や自宅療養に資源が回らないという批判もある。２０１７年のデータでは、政府予算のうち47％が保健省に割り当てられているが、病院の予算が半分以上で介護は2割、家庭医による診療は5％程度にとどまる。また新制度は運用上でも、利用者登録の不具合などが生じており、前途多難な様子ではある。今後の成り行きが気になるところだ。

南北アイルランドは基本的に独自の医療福祉制度を有するが、同じ島国で明確な国境がないことから、歴史をさかのぼると深い相互依存の関係がみえてくる。１９２２年の自由国成立後にも、医療従事者の交流が続いていた。北を含む英国で教育を受け、戦地で英国軍を支えたアイルランド人看護師は少なくなかった。現代においても、医療は南北の境界線をまたいでいる。英国のＥＵ離脱後、そしてコロナ禍を経た後も、南（ドネゴール）・北（デリー／ロンドンデリー）の国境隣接地域で、小児科、心臓疾患、がんセンターの領域において研究や医療サービス提供を促進するヨーロッパ連合（ＥＵ）補助金支援事業が継続されている。現在、制度的差異を残しつつ全島をあげて医療・公衆衛生の改善をめざしており、今後の医療の進展に注目していかなくてはならない。

（小舘尚文、千葉優子）

32

共感から対立へ

★戦前の日愛関係★

日本とアイルランドは地理的に遠く離れており、両者の関係も密接とはいいがたい。そのため、「日本とアイルランドの関係」といわれても、ぴんとこない人も多いのではないだろうか。アイルランドでは、最近でこそ日本料理や抹茶など、食文化を中心に日本への関心が高まりつつあるが、いまだに多くの人びとにとって、日本は「行ってみたいけれど遠い国」であるようだ。だが、それは日本でも同様であり、一部の人を除けば、アイルランドは名前を聞いたことはあるけれどよく知らない国というのが現状ではないだろうか。隣接した国どうしの場合、両国の関係やお互いに対するイメージは、国益や安全保障上の問題に強く左右されたり、過去の不幸な歴史の影響を直接受けたりする。それでは、遠く離れている日本とアイルランドの関係は、いったいどのようなものであったのだろうか。

日本とアイルランドの間に外交関係が樹立したのは1957年だが、両者の本格的な交流は明治時代にまでさかのぼることができる。当時日本は、国際舞台に登場したばかりの国であり、他方アイルランドは「大国」大英帝国の一部であった。それゆえ両者の関係は、大英帝国の一員として来日したアイルランド人が、文化や技術を日本人に伝えるというものであった。たとえば1864年に来日したトーマス・ウォートルスは、建築技術者として大阪の泉布観や銀座の建築に携わり、ジョン・フェルトンは、1868年に英国軍楽団の楽長として来日し、薩摩バンドに吹奏楽を指導したり、「初代」君が代の作曲をしたりした。また、1890年に来日したラフカディオ・ハーンも、英語や英文学教育に多大な貢献をしたのは広く知られているところである。そして、ウィリアム・トーマス・グレイ牧師は、1906年から現在の慶應義塾大学で教鞭をとり、ホッケーとスポーツマンシップを学生たちに伝えた。ただし、このような技術や文化の伝達に携わった「アイルランド人」の多くが、アングロ・アイリッシュであったという点は留意しておきたい。

他方、日本側も一方的な情報の受け手ではなく、自らに必要なものをアイルランドから学び取ろうとしていた。当時日本においては、欧米からの脅威にどのように対応し、国際社会の仲間入りをしていくかが大きな関心事になっていた。そのため、研究者たちを中心に、英国に支配されるアイルランドの「弱者」としての側面に焦点が当てられた。たとえば、開国後に展開された日本の経済政策をめぐる議論において、保護貿易主義を支持する研究者のなかには、アイルランドを自由主義経済の「犠牲者」として紹介し、日本はそうならないように保護主義をとるべきとの主張をする者もいた。

また、文学者たちにとっては、アイルランド文学は重要な「先輩」であった。アイルランド文学は当初、英国や米国の文壇で脚光を浴びていた「英文学」の一つとして日本に輸入されたが、次第にその「非近代的」な側面に惹かれる者も出てきた。野口米次郎や菊池寛がその一例である。なかでも菊池は、まだ駆け出しの文学者の頃、アイルランド文学に描かれる「非文明的」で「素朴」なアイルランド人像に日本人との共通点を見いだし、強い親近感を感じていた。加えて、彼はアイルランド文学を「中心」に対抗するものと捉え、地域の文芸復興のモデルとした。菊池は、アイルランド文学をモデルに、大阪や京都で東京に対抗する新しい文学を興そうとさえ考えたこともあった。

このように、明治初期の日本にとってのアイルランドは「日本より進んだ大英帝国の一部」であり、技術や文化、情報の輸入先であったが、次第にその「周辺」としての特徴に注目が集まるようになった。もちろん、ラフカディオ・ハーンのように日本の文学や習俗を海外に向けて発信する者もあったが、それはきわめて限られた例であった。このような関係の背景には、開国後、日本人が自国を「弱小国」と捉え、技術や文化を積極的に国外から取り入れようと考えていたことがあるといえよう。とくに、周辺国を次々と植民地化し対外膨張していくなかでも、文化面でアイルランドを自国に重ね合わせ続ける者がいたのは、「欧米」に対する当時の日本の文化的なコンプレックスを表しているようで興味深い。

その後、アイルランドと日本の国際社会における立ち位置の変化に伴い、両者の関係もまた変化していった。第一次世界大戦後、日本は「五大国」の一つと認められるに至ったのに対し、アイルランドは1916年のイースター蜂起、そして1919年1月の共和国樹立宣言を経て、英国との独立戦争に突入していった。ここにきて両者は、植民地を保有する「大国」と、植民地支配から抜け出そうとする「新興独立国」として、国際社会において明確に対照的な関係となったのである。そして、これが両者の関係にも影響を及ぼした。日本はそのようなアイルランドを、当時同じく独立運動が活発であった朝鮮に重ね合わせ、他方自らを英国と同等のものとし、英国のアイルランド統治から学ぼうとした。たとえば、朝鮮総督府は米国や英国、アイルランドに官僚を派遣し、アイルランドの独立運動と、それに対する国際社会の反応を調査させている。彼らは、表向きは朝鮮とアイルランドの類似点を否定しつつも、英国のアイルランド統治と日本の朝鮮統治を比較し、前者を「失敗」とみなし、そこから学ぼうとした。一方で、矢内原忠雄のように日本の朝鮮統治に批判的な人物は、積極的にアイルランドと朝鮮を重ね合わせ、日本の朝鮮統治の改革を訴えた。

それでは、アイルランド側は、同時期に日本をどのように捉えていただろうか。アイルランドは1919年の共和国宣言直後には、日本を「大国」と捉え、自国の独立への支持を訴えたものの、相手にされず失望を味わった。その後、両国の間には国交樹立の計画も持ち上がったが、結局実現に至らないまま、1930年代を迎えた。アイルランドは、自由国として成立後、自国の独立性をより確固としたものにするため、また「小国」として国際社会の秩序維持を必須のものと考えていたため、国際連盟の働きを重視した。そのため、満州事変をめぐって国際連盟を軽視する行動をとる日本を、アイルランドは厳しく批判した。第二次世界大戦が勃発すると、アイルランドは自国の中立性を示すために在英日本領事館を受け入れたものの、基本的には日本に対しては批判的な論調が大勢を占めていた。このように、第一次世界大戦後のアイルランドと日本の立場の変化に伴い、両者の関係も帝国主義国とこれを批判する側に変化していった。

このように、第二次世界大戦以前の日本とアイルランドの関係は、当時の国際関係の構造や自己認識を反映したものであった。

（山田朋美）

33

新たな関係の構築

★戦後の日愛関係★

第二次世界大戦後、日本とアイルランド双方の国際社会における地位の変化に伴い、両国の関係も大きく変化した。日本は第二次世界大戦に敗北して植民地を全て手放し、平和国家の道を模索していくことになった。アイルランドも1949年に英連邦を脱退し、アイルランド共和国として中立国の道を歩んでいく。第二次世界大戦後まもなく始まった冷戦において、同じ西側陣営に属することになったのも、第二次世界大戦以前の関係との大きな違いである。加えて、交通手段や情報技術の進歩により、日本とアイルランドの間でも直接的な交流が著しく増加したのも特徴である。

第二次世界大戦後の日本とアイルランドの関係は、当初民間人がきわめて重要な役割を果たした。第二次世界大戦終結後まもなく、戦争で荒廃した日本の復興を物質的にも精神的にも支えるため、欧米各国から多くの宣教団が来日した。アイルランドからもカトリックの宣教会である聖コロンバン会のメンバーが来日し、布教活動と同時に数々の支援を行った。1957年に、日本とアイルランドの外交関係が再開したが、その背景には、第二次世界大戦中に在アイルランド領事館副領事だった市橋和雄と、聖コロンバン会があった。波多野祐造によれば、市橋は1952年に起案書を提出し、アイルランドとの速やかな外交関係再開を主張した。その理由として、日本の輸出市場として重要な農業国である点、カトリック国として影響力がある点、日本と同じく反共国である点などが挙げられた。その後、日本とアイルランドの間で交渉が重ねられ、1957年に外交関係を樹立することとなった。アイルランドにとっては、日本は東アジアで最初に外交関係を結んだ国になった。日本側からは大江晃在オランダ日本大使がアイルランド全権大使を兼任し、アイルランド側はその2年後に、聖コロンバン会の紹介で、海外勤務経験が豊富であった民間人の本田勇男を名誉領事に任命した。

1957年の外交関係樹立以降、まずは経済的な関係が深まりをみせた。英国の隣国であるアイルランドは、当時、現地で生産した製品を英国や英連邦加盟国へ供給するのに最適な地として、日本企業の注目を集め始めていた。またアイルランド政府が積極的に産業誘致を行っていたこと、アイルランドの欧州経済共同体への加盟が見込まれていたことが、日本企業のアイルランド進出を促した。まず、1958年にブラザー工業がダブリンにタイプライター工場を建設し、1959年にはソニーの現地法人であるソニー・シャノン社が設立され、翌5月にはトランジスターラジオの生産が始まっている。NHK朝の連続テレビ小説『ひよっこ』で、主人公たちがアイルランドを思い浮かべながらラジオを製造するシーンを覚えている方もいらっしゃるだろう。こうしたアイルランドに進出した企業の社員たちは、その後日本とアイルランドの草の根の交流を支えることになる。

1960年代になると、日本とアイルランドの友好関係のために、さまざまな団体が組織された。その代表的なものの一つが日本アイルランド協会であろう。1964年の東京オリンピックを迎えるにあたり、アイルランド選手団を迎え入れるために親善組織をたちあげる必要性を感じていた本田名誉領事は、各方面に協力を呼びかけた。その結果、聖職者、研究者、アイルランドと取引のあるビジネスマンや、アイルランドに関心を持つ学生など、何らかのかたちでアイルランド人と交流があったさまざまなメンバーが集まり、日本アイルランド協会が設立された。同協会は、日本とアイルランドの親善と相互理解を深めるさまざまな活動を行ったほか、外交上も重要な役割を果たした。1968年8月のアイルランド首相リンチ夫妻来日のさいは、同協会は歓迎会を開催している。また、1968年に始まったアイルランド政府奨学金（現在は募集停止中）の選考も行っていた。こうした日本における活動を受け、1968年にはダブリンでもアイルランド日本協会が結成された。これは、双方の関係がようやく相互交流に入ったことを意味した。

1970年代以降は、国際社会における価値観の共有を確認しながら、政府レベルでの交流も本格化していく。1972年には、アイルランドへの直接投資を誘致するための政府産業開発庁（IDA）東京事務所が開設し、翌1973年には駐日大使館が設立した。これらにより、アイルランドに関する情報の入手やアクセスが以前よりも容易になった。加えて1980年代以降は、官民双方で人的交流が本格化した。1983年には両国の貿易拡大に伴い、さらなる投資を促進する目的でパトリック・ヒラリー大統領が来日し、1995年にはメアリー・ロビンソン大統領が、2005年にはメアリー・マッカリース大統領が来日した。最近では、2013年にケニー首相が来日し、安倍首相との間で「イノベーションと成長のためのパートナーシップ」に合意している。日本側からは、1985年に皇太子夫妻、2005年には天皇皇后両陛下が、2013年には日本の現職総理大臣として初めて安倍総理がアイルランドを訪問している。また、1987年から始まった「語学指導等を行う外国青年招致事業」(JET、アイルランドの参加は1988年から)や、2007年に開始したワーキングホリデービザ制度を通じて、民間レベルでの直接的な人的交流も着実に増加している。

このように、第二次世界大戦後の日本とアイルランドの関係を概観すると、以前とは異なり、民主主義や人権、法の支配などの価値観を共有し、政府レベルと民間レベルの双方で幅広い直接的な交流が行われていることがわかる。現在日本にはアイルランド関連の文化団体が多数存在し、アイルランド文化を紹介し、セント・パトリックス・デイ・パレードなどのイベントを開催している。日本において、遠く離れた「小国」であるアイルランドに対する注目度はいまだ高いとはいえないが、今後は政府間のみならず、草の根の交流がさらに進展して、アイルランドに目を向ける人が増加することを期待する。

(山田朋美)

V

日常生活

34

働くためだけに生きているわけじゃない

★データでみる仕事観★

「愛する者がいて、何か仕事があり、わずかの陽だまりと元気をもち、守護天使が傍で見守ってくれますように」というような意味のアイルランドの祈りの言葉がある。確かに１９９０年代のケルティック・タイガーと呼ばれた経済発展前は長期的な経済低迷時代が続いていたこの国では、仕事があることだけでも幸福だという気持ちが強かったといえる。

その後金融危機に巻き込まれたアイルランドでは、２０１２年には2桁の失業率を記録したのだが、２０１６年には７％台まで減少し、景気回復が顕著になってきた。ここ20年間の長いスパンでみると、とくに女性の労働者数が飛躍的に伸び、アイルランド社会ではあらゆる人にとって働くことが当たり前になりつつある。それでも、「生きるために働くけれど、働くために生きているわけではない」という仕事に対する考え方が一般的だといえるだろう。国際労働機関の調べによれば、２０１６年の平均週労働時間は日本が39時間、アイルランドが36時間だ。アイルランドで48時間以上働いたという労働者の割合は５・6％。48時間というのは政府が定めた4～12か月の平均（職種によって期間が異なる）で超えてはいけない週あたりの最長労働時間で、それ以上働くと健康を害するとされる。一方、総務省の「労働力調査」によると、日本では2割程度の就労者が49時間以上の長時間労働を行っている。最近は改善されてきたとはいえ、アイルランドと比べると圧倒的に働きすぎだ。

実際にアイルランドで働いてみると、もちろん業種にもよるだろうが、残業がいかに特別な出来事かを実感する。定時で帰宅は当たり前。残業はたいてい必要がある場合のみ上司から事前に打診されて、相互の承諾のうえで決められた時間内に行う。残業分の労働に対しては残業代として支払われる以外に、時間計算によって休暇をもらう選択もできる。どちらかというと休暇日数を増やすほうが喜ばれる。残業代未払などの問題が皆無とはいえないが、もともと残業が少ないのだから、それほど大きな問題とはなっていないようだ。

ダブリンの通勤風景
（写真：山下理恵子）

欧州連合（EU）の一員であるアイルランドでは、職場の労働条件も悪くない。たいていの場合、一定の労働基準を満たせば4週間程度の有給休暇が取得できる。そして休暇の消化率が高い。それ以外にも、産休、8歳までの育休、養子縁組休暇、介護休暇、診断書があれば病気やけがによる有給休暇などの取得も可能だ。家族や友人、恋人と過ごす時間を大切にする多くのアイルランド人は、こういった休暇を十分に活用しながら仕事以外のつながりを大切にする。家族旅行を優先したとか、我が子のスポーツの試合があるから休むなんてことは、日常茶飯事なのだ。

中央統計局（CSO）の調査によれば、勤続年数が1年未満という15歳以上の就労者が1割以上いる。転職はめずらしいことではない。アイルランド人が仕事選びで重視するのは、企業ブランドよりも仕事の内容。さらなるキャリアアップをめざせる仕事ならば、会社への忠誠心などはあっという間に脱ぎ捨てられる。じつにドライな仕事観なのだ。ステップアップのために働きながら学校に通って、資格や学位を取得する上昇志向の勤勉家も少なくない。

ここ20年ほど、経済状況のアップダウンに翻弄されてきたアイルランドだが、英語が母国語であり、英国、米国など海外で昔から移民コミュニティが確立されているのが強みだといえるだろう。不景気になると就職先を国内に限定せず、身につけたスキルをいかせる国外の仕事に就くことができる。EU圏内であれば就労許可証も必要ない。そして好景気になると自国に戻って、新たな職を探す。そんなフレキシブルな働き方も可能なのだ。働くために生きているわけじゃない。たくましく生き抜くノウハウを持つアイルランド人がうらやましく思える。

（山下理恵子）

35

教会の鐘は鳴らない

★晩婚化する社会の実情★

「結婚とは知性に対する想像力の勝利」とは、オスカー・ワイルドの言葉だ。アイルランド出身の作家ワイルドは数々の名言を残したが、結婚を皮肉ったものが少なくない。

現代社会では知性の力が強くなりつつあるらしい。2016年に中央統計局（CSO）が発表した国勢調査では、平均的な異性間の結婚年齢は男性で35・7歳、女性で33・8歳。1996年には男性30・2歳、女性28・4歳であった事実を考えると、他の先進国と同様に晩婚化が進んでいることがわかる。同性婚・異性婚を含めた人口1000人当たりの婚姻率は5％以下。欧州連合（EU）28か国のなかで真ん中ぐらいだ。

アイルランドでは、昔から婚姻率が高いとはいえなかった。1900年頃のアイルランドでは、男性の30％、女性の25％が生涯を通して未婚だったという。日本のお見合いに相当するマッチメーキングというシステムがあって、顔を知らないまま紹介されて結婚したなんて話も聞く。なかでも農地を所有しない男性の婚姻率が低く、20世紀前半には農場に勤める男性の4割が生涯独身だったというデータもある。扶養能力がないために結婚をためらったのだろう。しかし昨今では事情は異なる。

独身者は農村部より都市部に多いのだ。5歳以上の独身者の割合をみると、農村部（地方）で35％なのに対して、都市部では45％。たとえ収入が十分にあっても、結婚を先延ばししているようだ。

晩婚化といっても、ただ婚期が遅れているというのではなく、結婚という形態にこだわらないカップルが増えている可能性もある。経済協力開発機構（ＯＥＣＤ）の家族データベースによれば、夫婦を含むパートナーがいる20歳以上のアイルランド男女の、結婚はせずに同棲をしている割合は約8・8％、20歳から34歳では16・4％にのぼる（２０１１年調査）。同データに記載された北欧やフランスと比べると少ないが、ＯＥＣＤの平均値と大差はない。通常、同棲カップルはお互いのことを妻、夫ではなく「パートナー」と呼び合って、男女対等な関係を築いている。同棲カップルの4割程度が子どもをもつ。法的に婚姻を交わした夫婦と同等の社会保障を受けられ、社会的な立場も変わらないことが、同棲カップルの増加に影響している。

結婚するカップルのウエディング事情にも変化がみられる。伝統的なアイルランドの結婚式といえばカトリック教会。その後、近くのレストランやホテルの会場を借り切って披露宴を挙げる。生演奏のバンドを入れて、一晩中盛大に踊りまくるなんてこともある。ところが最近では、こういった伝統的な挙式が減っているという。１９９６年には9割の新郎新婦が教会で式を挙げていた。しかし２０16年には、シヴィル・ウエディングが全体の3割近くに達している。シヴィル・ウエディングとは宗教施設ではなく、役所への婚姻届提出によって結婚が成立することだが、結婚式を質素にしたいという理由だけではなさそうだ。近年、ホテルや古城など教会以外の式場形態が普及したこと、移民を含むカトリック教徒以外の結婚が増えていること、離婚経験者は離婚を認めないカトリック教会では

教会での結婚式
（提供：Bernard Voortman）

式を挙げにくいことなど、さまざまな背景が見え隠れする。神の祝福を受ける結婚には欠かせないはずの、教会という存在自体も揺らいでいるようだ。

離婚者と同様、カトリック教会での挙式がむずかしいのが、宗教的に認められていないゲイやレズビアンの同性カップル。2010年にはシヴィル・パートナーシップ法が通過し、同性愛者のカップルに対しても結婚によって受けられる社会保障や年金などを給付し、最近親者として扱うことが可能となった。アイルランドは結婚という既存の社会制度にこだわらずに、快適に暮らせる社会になりつつあるといえるのではないだろうか。同性カップルのうち8割以上がシヴィル・ウエディングを選んでいる。

ただし、結婚生活が一生続くとは限らない。離婚禁止法が改正されて1997年に最初の離婚が成立して以来、国内で離婚率が増える傾向にある。２０１６年の離婚件数は10万件を超えた。別居件数は微減したのだが、これは離婚の要件に一定期間の別居が含まれるため、別居から離婚へと移行した件数が反映していると思われる。離婚が禁止されていた時代には長年にわたって別居しつつ、新しいパートナーと暮らすといった複雑な状況が生じていたが、最近では離婚によって新しいスタートが切れるようになった。ただし離婚や別居をしたカップルの6割ほどが、子どもを持たない家庭だった。同時に再婚も増えて、２０１６年の再婚件数は２００２年の倍以上。２０１６年の異性婚のうち9割近く、同性婚では6割弱が初婚だった。ところで冒頭のワイルドの名言には続きがある。「2度目の結婚とは経験に対する希望の勝利」。希望があるかぎり、結婚という制度にこだわり続ける人はいなくならないのかもしれない。

（山下理恵子）

36

子どもの笑う声が響く国づくり

★少子化でも楽しく子育て★

「家を作るのは煉瓦とモルタル、家庭を作るのは子どもが笑う声」というのはアイルランドのことわざだ。昔から子だくさんで知られるお国柄。かつては兄弟姉妹の数が2桁以上の大家族も少なくなかった。農家では労働力として多くの子どもが必要だったのだろうが、跡継ぎは一人だけ。ほかの子どもたちは仕事を求めて海外に移住するという状況も生まれていた。出産可能な女性全体の子ども数から一人の女性が生涯に産む平均数を計算した、いわゆる合計特殊出生率は、日本ではおおむね減少傾向にあり、厚生労働省によれば2017年には1・44。対するアイルランドの場合、1960年代なかごろには4を超えていたが、次第に減少して、中央統計局（CSO）によれば、2016年は1・82だった。

2016年の出産平均年齢は32・7歳（初産年齢は30・9歳）で、5年前より1歳ほど上がっている。全体的に20代後半から30代前半で出産する女性が減り、30代後半で出産する女性が増えたようだ。また4割弱が婚姻やシヴィル・マリッジという形態をとらずに婚外出産しており、その平均年齢は初産だと28・6歳、全体で30・1歳。30歳未満で出産した女性の内訳をみると、既婚者よりも未婚者のほうが多い。とくにティーンエイジと呼ばれる20歳未満だと婚外出産が9割近くで、多くがいわゆるシングルマザーとなっている。これは同年の出産全体の1・5%ほどに相当する。法的に中絶が禁止されてきたアイルランドにおいて、10代の妊娠は大きな社会問題。出産するために若い女性が学校を中退してしまうと、低賃金の仕事にしか就けず、子どもを育てることは容易ではなくなるケースが少なくないのだ。

子どもをもつ家族の4世帯のうち1世帯は一人親家族だというデータもある。そのうち8割以上がシングルマザーだ。50年以上前には多くのシングルマザーが社会的に差別を受け、出産後に子どもを強制的に養子縁組させられていたこともあった。現在では一人親に対する手当などもあり、サポート体制も整ってきた。とはいえ、2015年には手当の対象となる子どもの年齢が引き下げられるなど、国内の経済悪化によってシングルマザーやその子どもの生活が貧窮する可能性があることも否めない。

ほかの先進国と同様に、アイルランドでも確実に少子化や非婚化が進んでいる。しかし2008年から2012年にはベビーブームも到来したし、最近でも欧州連合（EU）のなかでは出生率がもっとも高水準なことから、少子化による危機感のようなものはあまり感じられない。また、子どもをもつことで恵まれた社会保障も受けられる。子どもが16歳に達するまで、基本的に一人につき月140ユーロの子ども手当が支給される（条件によっては18歳まで手当を受けられる）。私立の保育施設やベビーシッターの費用は安くないが、原則的にアイルランド人であれば6歳で入学する小学校から大学までは学費が無償のため、日本ほど教育費がかからない。補習塾や進学塾のような場所もほとんどなく、習い事といってもそれほど選択肢がない。大学受験がない代わりに、進学先を左右するリービン

第36章
子どもの笑う声が響く国づくり

子どもは社会の宝
（提供：佐野咲）

グ・サーティフィケート（修了試験）の結果にヤキモキする親も少なくない。とはいえ日本と比べると、比較的プレッシャーなく子育てができる環境だといえる。

では、親は子どもの何にお金をかけるのだろうか。交際費や娯楽費にはかなり出費しているという印象を受ける。何度か目撃したのが、高校を卒業する子どもたちの派手なパーティー。お酒が飲めるようになる年齢の18歳に達することもあり、社交界デビュー（Ｄｅｂｓと呼ばれる）と卒業記念を兼ねて、同級生を集めて大掛かりなダンスパーティーが開かれる。ロングドレスにタキシード。送迎は贅沢にも貸し切りリムジン。クラス全員で海外旅行してナイトクラブで大騒ぎなんて話も聞いた。もちろん費用は親もちだろう。ちなみに若者の飲酒問題は社会問題となっていて、世界保健機関（ＷＨＯ）の２０１４年調査では15歳以上の４割近くが重度の飲酒をかなりの頻度で行っていて、オーストリアに次ぐ世界ワースト2位だ。子どもが幼いときは、公園に置かれるような大型遊具をレンタルして、盛大なバースデイパーティーを催すこともある。親たちはわが子が喜ぶことにはお財布のヒモをゆるめがちだ。

最後に、経済的に恵まれた子どもだけでないことを付け加えておきたい。18歳以下の子どものうち、「貧困の危機にある」と判断された割合は約3割。とくに一人親の家庭に多い。なかには親に見捨てられた子どももいる。子どもを国の資源と位置づけるアイルランド政府は、さまざまな支援によってこの問題に対処しようとしている。

（山下理恵子）

37

加速する高齢化社会

★豊かな老後を送るために★

「歳をとることは孤独になることではない」というアイルランドのことわざどおり、同世代ならば一緒に老いていくものだ。でも孤独でなくても、老後の生活に不安を抱くのは万国共通。アイルランドの平均年齢は男性36・7歳、女性38歳。ここ20年間で3歳以上、平均年齢が上昇した。40歳代後半の日本と比べると低いが、1980年代から人口の高齢化が止まらない。1986年には約46％だった25歳未満の年齢層が2016年には約33％まで減少する一方、45歳以上の年齢の割合は約28％から約37％へと増大。アイルランド全体の人口は増加傾向だが、15歳から64歳の人口とそれ以上の人口の増加率は5年間で倍以上違う。65歳以上の人口は約19％も増えているのだ。ほかの年齢層と比べると急伸していることが老年層の特徴だ。

こうした結果、15歳から64歳の年齢層に対する65歳以上の割合を示す老年従属人口指数にも変移がみられる。2016年には該当指数が20％を超え、5人の生産年齢人口が1人の老年人口を支えることになった。欧州連合（EU）の平均よりは低く、また0歳から14歳を支える年少従属人口指数は高いため、アイルランドはほかの先進国よりも年配者より若者が多い国だと思

地域社会で守られて
（提供：佐野咲）

われがちだ。しかし、２０５０年にはおよそ2対1の割合で生産年齢人口が老年人口を支えることになるという予測もあり、高齢化の波は確実に押し寄せている。

最近の平均寿命は女性が80代前半、男性が70代後半。余生は短くない。かつて生涯独身で暮らす人が多かった時代には、兄弟姉妹や親戚に世話してもらったりして、家族の絆が強いアイルランドらしいケースが少なくなかった。２０１６年のデータでは、65歳以上で一人暮らしの割合は27％。男性よりも女性の一人暮らしが多い。実は一人暮らしの割合は近年において増えておらず、むしろ夫婦など二人暮らしのほうが上昇傾向だ。とくに地方の場合、働き盛りの年齢層が都会に出ていく傾向が強く、田舎に残った夫婦だけで生活を営むことが多い。定年のない自営業や農業従事者の場合、かなり高齢でも朝早くから羊や牛の世話をしながら仕事を続ける人を見かけることがあるが、実際には65歳以上で仕事に従事しているのは全体の1割弱。多くが年金生活に入っている。

老後の安定した生活を左右するのが年金。公的年金の受給は現在のところ基本的に66歳からだ。アイルランドでは１９０８年から公的年金制度が始まり、さまざまな改革が加えられてきた。現在、公的年金には一定期間働いて社会保険料（ＰＲＳＩ）を支払った人が受け取るタイプと、それ以外の条件を満たした人が受け取れるタイプがある。だが公的年金だけで生活していくことは容易ではない。そこで勤務先で任意加入する年金積立などで老後の資金を貯める人が少なくない。所得と生活状況に関する調査（ＥＵ－ＳＩＬＣ）によれば、２００４年と２０１１年を比べると65歳以上の人の総所得は４割ほど増えている。とくに公的年金を含む社会的移転制度と企業年金の増加が著しい。さまざまな条件で十分な年金が受給できない人がいないわけではないが、貧困の危機にある高齢者の割合は全体的に減っている。

とはいえ老後の生活はお金があるだけでは十分ではない。孤独にならないために欠かせないのが人との絆だ。とくに、交通機関が充実していない辺ぴな土地となると、家族や近隣住民の助けなしにはとても暮らせない。老化に関する縦断調査（ＴＩＬＤＡ）によれば、高齢者の９割程度が週１回以上は家族や友人を訪れている。また65歳から74歳までの５人に１人の高齢者が、週１回以上ボランティア活動に従事している。一方、地域社会も高齢者をとり込む努力をしていて、地域イベントに高齢者を招待したり、定期的に訪問して声をかけたりと、周囲の人たちが暖かく見守ろうとしている光景をよく目にする。アイルランド人が社交上手だからというだけでなく、コミュニティが機能している証拠だといえるだろう。ある程度の所得を確保しつつ、社会の絆を保ち続ければ、歳をとることが孤独ではなくなるはずだ。

（山下理恵子）

38

家族と過ごす休暇

★伝統的な祝いごと★

「夏のホリデイでアイルランドにきた」とアイルランド人にいうと、「それはジョークか」と真顔で返された日本人がいる。夏のホリデイといえば太陽、ビーチ、日光浴。アイルランドにない非日常の光景に憧れる人が多い。中央統計局（CSO）の調査によれば、好景気の時代には伸び続けた海外渡航者数だが、その後2011年ごろまで減少していたものの、最近はまた増加している。ホリデイのダントツ人気は、太陽、ビーチ、日光浴がある南国スペインだ。海外での平均滞在期間は1週間ほど。有給休暇を利用して夏休みをとる人が多い。

自分でとる休暇以外に、もちろん国民の休日がある。たとえば5月第1週、6月第1週、8月第1週、10月最終週の各月曜日はバンクホリデーだ。銀行がお休みなのでこの名前がついたようで、多少味気ないネーミングだが、日本のハッピーマンデーと同じく週末を入れると連休になるため、ちょっとした旅行も楽しめる。

祝いごととして宗教的な意味があるうえ、少し長めにとれる休日として「イースター（復活祭）」や「クリスマス」があるが、アイルランド人のための祝いごとといえば「セント・パトリッ

大家族だとバカンスもにぎやか
(提供:佐野咲)

クス・デイ」。アイルランド守護聖人の命日の3月17日は国民の祝日で、華やかなパレードやお祭りが開催される(コラム6参照)。

イエス・キリストが復活したことを祝うイースターは、キリスト教徒にとって非常に重要な祝日だ。復活をしたのは日曜日だが、その翌日のイースターマンデーが国民の祝日となっている。ややこしい話だが、イースターは春分の日以降に訪れる最初の満月直後の日曜日と決まっているので、3月か4月のいずれかの日曜日。毎年日付が変わる。イースターに至る前の日々にも意味がある。毎年イースター前日から日曜日を除外した40日前を、アッシュ・ウエンズデイ(灰の水曜日)と呼ぶ。この日に教会で額に灰をつけてもらい告解する。灰の水曜日からイースターまでの期間がレント(四旬節)で、肉、卵、乳製品、油脂などを基本的に口にしてはいけない。信者がキリストの受難を顧みて、断食や告解をする期間だからだ。ただし最近では、完全に実行する人は少数派かもしれない。灰の水曜日の前日である火曜日はパンケーキ・チューズデイと呼ばれ、かつて贅沢品だったパンケーキ（薄いホットケーキ）を断食前に食べる習慣がある。こちらはお手軽にできるせいか、けっこう実行している人がいる。

さてレントが終わって待ちに待ったキリストの復活日、イースターだ。冬から春へと移りゆく季節の変わり目でもある。キリストはイースター前の金曜日にゴルゴダの丘で処刑された。この日はグッドフライデーと呼ばれ、魚を食べる習慣がある。そして、キリストが復活したイースターサンデー、イースターマンデーと続く。クリスマスと同様に伝統的に家族で祝う日であり、教会では美しく色づけしたイースターエッグが配られ、店頭には生命の象徴である卵や多産のウサギのかたちをしたチョコレートが売り出される。ローストラム（子羊肉）などの料理が祝いのディナーの定番だ。最近では、学校が休みで気候のよい春先のイースター・ホリデーに休暇をとって海外旅行を計画する人もいる。

そして12月には最大のイベント、待望のクリスマスがある。アイルランドでは12月25日と翌26日のセント・スティーヴンズ・デイが祝日だ。通常は帰省して家族と過ごすので、12月24日から1月1日まで連休をとることが多い。ちなみに1月1日はニューイヤーで祝日だが、新年のお休みはこの日だけ。翌日から仕事の人が多い。

クリスマスが近づくと誰もがワクワクするものだ。最近では1、2か月前からクリスマス商戦が始まる。家族や友人へのプレゼントを買い、遠方に住む知り合いにはカードを送る。街はイルミネーション、家のなかはクリスマスツリーで飾られる。クリスマスイブには家族が集まり、教会のクリスマスミサに行くのが慣習だ。翌日にはプレゼントを開けて、昼食か夕食にはクリスマスディナー。伝統的なご馳走といえば、ローストターキー（七面鳥）とハム。事前に肉屋で予約した丸ごとの七面鳥に、パン粉、タマネギ、ハーブなどを混ぜたスタッフィングを詰めてオーブンでじっくり焼く。一方、ハムは豚肉の塊で表面に甘いソースをまぶして焼く。つけ合わせは肉と一緒に焼いたポテトや芽キャベツ、ニンジンなど。デザートにはドライフルーツや牛の脂肪を混ぜ合わせて熟成させてから蒸し、さらに数か月寝かせた、こってりと甘いクリスマス・プディング。ブランデーバターをかけて食べる。もう少しさっぱりしたデザートとしては、カスタードクリーム、フルーツ、ケーキ生地を洋酒やジュースに浸しながら重ねて、ゼリーやクリームで飾るトライフルがある。丸ごとの七面鳥が余ると、翌日にはターキーサンドイッチやスープに変身。家族団らんが大切なクリスマスに持ちのよい料理を作っておくという、昔の人の知恵のようだ。

今でもときどき見かける懐かしいクリスマスの風景といえば、レンボーイズやママーズ。奇抜な変装をした楽団が家々を訪問して、音楽を演奏したり芝居をしたりする。また、クリスマスキャロルと呼ばれる祝歌を歌って回る子どもたちに遭遇することもある。

さて、クリスマスを楽しく過ごし、新しい年を迎えるわけだが、じつはクリスマスが終わるのは年明けの1月6日。「リトル・クリスマス」と呼ばれる日なのだが、別名アイルランド語で「ノレグ・ナ・マン」、訳すと「女性のクリスマス」。この日にクリスマスの飾りが外され、そしてクリスマスの間は家族のためにたくさん料理を作り、家事をしてきた女性たちがお休みをする日なのだ。こうして愛する人たちとともにゆったりと祝いごとを楽しみながら、1年が過ぎていく。

（山下理恵子）

ハロウィンはケルトが起源？

コラム3　山下理恵子

最近ではすっかり仮装をする日として日本で知られるようになったハロウィン。その起源は一説にはケルトの暦だといわれる。現在のハロウィンはヨーロッパのさまざまな慣習が組み合わさったようなものだが、ケルト文化の色が濃いといえる。11月1日はケルトにおける冬の初日または暦上の新しい年の開始で、その前日の10月31日は、新年が始まる前の夏の最終日。夏と冬の境目は死者との境界が開くときともいわれ、死者の魂が戻ってくる日でもあった。つまり、日本のお盆みたいなものだ。古代の人びとはちょうど収穫を終えた作物や動物を炎にくべて、捧げた。このため収穫祭のような意味合いも与えられている。これがサウィン祭と呼ばれる、2000年以上前に祝われていたケルトの祭りだ。ちなみにケルト人が信仰していたのはキリスト教ではないので、サウィン祭はキリスト教徒には異教徒の祝いごとだった。

8世紀に入ると教皇グレゴリウス3世が、11月1日を諸聖人の祝日（オール・ハロウズ・デイ、またはオール・セインツ・デイ）と定め、この祝いの日をキリスト教に取り入れた。ハロウズ（Hallows）とは聖人のことだ。この諸聖人の祝日の前の日は、ハロウズ・イブ（「イブ」は前夜祭の意味）と呼ばれた。ここから「ハロウィン」という単語が生まれた。

キリスト教と融合しつつも、多くのケルトの習慣が現在のハロウィンの起源となっている。10月31日には死者がこの世を訪れるため、ケルト人たちは死者の霊をなだめようと家の戸口にお供え物のような食べ物を置いたり、死者や幽霊に間違えられないよう自ら仮装をしたりしていた。食後のデザートのバームブラックと呼ばれるパンのようなドライフルーツ入りのケーキのなかに指輪や硬貨を入れて、自分が食べるケーキに何が入っていたかで運命を占うという伝統もある。ちなみに指輪なら「結婚」、硬貨なら「お金」を意味する。また9世紀のヨーロッパには「ソウリング」という儀式があった。これは死者の魂（ソウル）を供養するために、人びとが「ソウルケーキ」と呼ばれるお菓子をもらいながら家々を回った風習で、「トリック・オア・トリート（いたずらか、ごほうびか）」と言いながらお菓子をもらうために歩き回る現在のハロウィンの習慣の由来だとされる。カボチャに顔を彫るジャック・オ・ランタンの起源もケルトといわれるが、あのようなカボチャはアイルランドにはなかった。もともとターニップと呼ばれるシチューの材料によく使われる西洋カブに顔を彫って戸口に置くことで、幽霊が家に入らないようにしたらしい。「アップル・ボビング」という水に浮かんだリンゴを口でくわえるゲームも、ケルトというよりも、ローマのリンゴを象徴する女神ポーモーナに豊穣を祈願する「ポーモーナ祭」という行事が結びついたといわれる。

昨今流行りのハロウィンのお祝いが広まったのは19世紀後半の米国で、上記のような伝統を持っていたアイルランドやスコットランドからの移民たちの影響が大きい。やがて移民コミュニティだけでなく、多くの人がハロウィンを祝うようになり、子どもたちがお菓子を求めて家々を回ったり、お化けに仮装してパーティーをしたりするお祝いになった。ケルトのお祭りから始まったとされるハロウィンだが、現在ではこの米国生まれの風習がアイルランドでも広く実践されている。

39

スポーツで健康増進

★余暇の身体活動★

スポーツ・アイルランドの２０１７年の報告によると、成人の半数近くが定期的にスポーツを実践していると回答した。特徴的なのが、調査の始まった２００７年の段階では約16％だった参加率の男女差が、約５％と大幅に縮まった点だ。とくに45歳以上の女性のスポーツ参加率が大幅に上昇し、同年齢の男性より多くなっている。女性の健康志向の表れであろうか。

人気種目の上位４種目は２０１５年から３年間変化がなく、1位エクササイズ、２位水泳、３位ランニング、４位サイクリング。世界的な傾向なのだが、団体種目でなく個人種目が実践されるスポーツの上位に入っている。チームスポーツではサッカーが最上位で全体の５位。さらに６位にダンス、７位にゲーリック・フットボールと続く。

8位のゴルフも昔からの人気スポーツだ。国内に４０８の加盟クラブがあり、メンバー数は35万人。日本のように商業化されたゴルフクラブではなく、多くの場合は会員自らが運営している地域型スポーツクラブだ。ジュニアメンバーも多数所属していて、アイルランドから優秀なゴルファーが誕生する背景にもなっている。ダブリン中心部から少し離れた近郊にもクラブ

リング・オブ・ケリーを1周するイベントに参加するサイクリストたち
（写真：筆者）

があり、仕事帰りにゴルフバックを担いでゴルフ場に向かう会社員の姿をよく見かける。

近年注目されているのが、５位のサイクリングである。２０１７年の時点で、自転車競技やレジャーとしてのサイクリングを統括するサイクリング・アイルランド（Cycling Ireland）に登録している選手数は２万９３３３人。１万５３３１人であった２０１５年からほぼ倍増した。１９８０年にはわずか２０００人だったことを考えると、急激な伸びをみせるスポーツ種目だといえる。２００９年には「サイクル・トゥー・ワーク」という自転車通勤奨励策が導入された。これは自転車通勤の目的で自転車やヘルメットなどの装備を購入した場合、最大１０００ユーロの出費に対して政府と雇用主が半額を負担する制度である。この制度のおかげで自転車通勤者が増え、交通渋滞解消や地球温暖化の原因となる二酸化炭素の排出量削減にも大いに貢献したと評価されている。さらにこれがスポーツ人口拡大へとつながり、よいことずくめのように思える。

ただ、サイクリングは新しいかたちのゴルフだと揶揄されることもある。ゴルフといえば、お金持ちのスポーツというイメージが伴う。最近では日曜日になると、おしゃれなサイクルジャージを身につけて高価なカーボン製の自転車にまたがる中年男性で、ダブリンの郊外は溢れかえる。かつては労働者階級のスポーツとされていたこの種目が、高度プロフェッショナルな仕事に就くエリート層の間で人気急上昇となっているので、新しいかたちのゴルフと表現されるようだ。

じつはサイクリングだけでなく、スポーツを実践する社会階層には偏りがみられることが多い。都市部在住、大学などサード・レベル教育の修了者で高収入の人たちのスポーツ参加率は、それ以外の層より顕著に高い。逆にそうではない人たちの運動不足傾向は、社会問題の一つとなっている。このような社会階層間の格差を解消するため、スポーツ・アイルランドは農村部で比較的孤立している人々、また収入的に恵まれていない人たちに向けたさまざまなコミュニティ・スポーツ活動の推進に力を入れている。

（海老島均）

40

独立運動のなかで役割を果たしたGAA

★国民的な伝統スポーツ★

収容観客数8万人以上の国内最大の競技場、ダブリン北部にそびえ立つクローク・パーク。アイルランドの伝統スポーツ、GAA競技種目（主な種目は後述するハーリングとゲーリック・フットボール）の聖地でもある。規模からするとヨーロッパで4番目に大きなスタジアムとなる。GAA競技種目を統括するゲーリック・アスレティック・アソシエーション（Gaelic Athletic Association, GAA）の本部でもあり、アマチュアスポーツの競技団体が所有する競技場としては世界最大の競技場だ。

GAAに所属するクラブは国内で2518もあり、8歳から18歳までのメンバー数は20万1818人。48％の小学校でGAAクラブがあったり、クラブと連携したりしている（2014年のデータ）。オール・アイルランドと呼ばれる全32カウンティのナンバーワンを決めるゲーリック・フットボールとハーリングの全国大会は夏の風物詩で、2017年の大会では両種目合わせてのべ約100万人が観戦した。ここ近年人気が急上昇しているのがレディーズ・フットボールで、2017年の決勝には4万8000人を超える記録的人数の観客が集まった。

これほどまでに国民の関心を惹きつけている理由には、GA

Aのクラブがコミュニティそのものであるという社会的背景があるのだろう。GAAのクラブはその黎明期から、一つのパリッシュ（小教区）につき一つのクラブというかたちで形成されてきた。聖職者がクラブの創設に貢献し、自らもプレーヤーやコーチとしてクラブに関わった事実がいくつものクラブ史に記録されている。今でも日曜日のミサの後に神父さんが、「次週には地元GAAの試合があります」といった告知をする場面に出くわすことも少なくない。アイルランド独立運動にカトリック教会が果たした役割は大きいが、GAAもカトリック教会と結びつき、また伝統文化のシンボルとして大きな役割を果たしてきた。

では、ハーリングやゲーリック・フットボールとはどのようなスポーツなのだろうか。ハーリングは硬式野球ボール大の球をハーリー（カマンとも呼ばれる）というスティックで打ったり足でけったりして、ゴールに入れるゲーム。女性が競技するときにはカモーギと称される。ゲーリック・フットボールはサッカーボール大のボールを投げたり、キックしたり、ドリブルしたりして、やはりゴールに入れる球技。じつはこれらのスポーツの起源は不明な点が多い。ハーリングは伝説の戦士クーフーリンがハーリーで凶暴な番犬の喉に球を打ち込んで名声をはせたという逸話が残っていることから、古くからアイルランド各地でプレーされていたといわれる。ゲーリック・フットボールも各地でさまざまなルールで、場所によってはラグビーと混然としたかたちでプレーされた記録が残っている。英国統治下に英国文化の影響が強まるなか、文化復興の動きが強まり、1884年にマイケル・キューザックがGAAを設立。ハーリング、ゲーリック・フットボールのルール制定に着手した。よってGAA競技種目には、反英国化の旗頭としての使命を帯びた「創られた伝統」という要素が多分にあっ

子どもたちによるハーリングの試合風景
（写真：筆者）

たわけである。

クローク・パークには独立運動の足跡が残されている。1920年の「血の日曜日事件」（1972年に北アイルランドで起こった同名の事件とは異なる）については、映画『マイケル・コリンズ』でも描かれた。ゲーリック・フットボールの試合中に英軍が無差別に発砲し、選手と観客14名が犠牲になった事件だが、GAAがナショナリズムの象徴であったことを表している。その際に亡くなったティペレアリー・チームのキャプテン、ホーガン選手の名前がホーガン・スタンドとして、今もスタジアムに刻まれている。スタジアムの北側のテラスの名称はヒル16。1916年のイースター蜂起のとき、英軍によって破壊されたガレキで造られたことが由来だという。GAAはスポーツ団体でありながら、このような名残からいまだに政治色を強く帯びている。その一例がバン（Ban）と呼ばれる禁止令で、共和国成立後の1970年まで、GAAに所属する選手たちがサッカーやラグビーなど英国型スポーツをすることや、観戦することさえも禁止していた。2000年代に入っても、アメリカン・フットボールの試合は許可されたのに、英国型スポーツの試合にクローク・パークを使わせることはなかった。ラグビーやサッカーの試合場だったダブリンのランズダウンロード競技場が2007年から3年にわたって改修工事されたさい、期間限定であるがこれらのスポーツに門戸を開放したときには、国全体を巻き込んだ大論争がくり広げられた。

現在では、GAA競技種目と英国型スポーツとの垣根はなくなりつつある。ハーリングやゲーリック・フットボールでカウンティ代表になり、ラグビーで国代表になる選手も何人も存在する。

急速にグローバル化している社会、そしてスポーツの世界において、GAAも曲がり角に来ているといえる。アイルランド人のサッカー選手の海外での活躍、またラグビーの国代表チームの成功が、国民に新しいアイデンティティを与え、多くの子どもたちを惹きつけている。こうしたスポーツに対抗するために、GAAはメディアへの露出、スポンサーマネーの流入、専門的マネジメントシステムの導入など経営努力を重ねてきた。GAA本部には巨額の資金が流れ込むようになり、サッカーやラグビーの協会に勝るとも劣らない体制が確立されている。しかし選手たちは厳然たるアマチュアである。1999年に結成された選手組合は、2011年にようやくGAA本部に存在を認知され、本業を休んで試合に参加する際の休業補償や、肖像権の使用によって派生する金銭問題に関して、ある程度の合意形成がなされた。しかし、アマチュアリズムはいまだに堅持されている。

（海老島均）

41

エリートの象徴としてのスポーツ

★ラグビー、クリケット、テニス★

アイルランドでラグビーというと、「エリートのスポーツ」という印象が強い。多くの子どもたちが初めてラグビーを体験する場が学校なのだが、裕福な家庭の子弟たちが通うダブリンを中心とするレンスターにある私立の名門校（ブラックロック・カレッジやベルビデア・カレッジなどのエリート校）で、冬場の全校スポーツとしてラグビーが採用されていることが多い。これらの学校は芝生のラグビー場を何面も有し、ラグビーを楽しむ環境としてはこのうえもない。また夏のスポーツとして、クリケットやテニスといった英国型スポーツを採用していることが多い。つまり英国型スポーツが、アイルランドのエリート層の文化的たしなみになっているのだと考えられる。地域の名門ラグビー、クリケット、テニスクラブのメンバーたちに、医者、弁護士、会計士といった高度な専門的知識などを有する人が多いのは、こういった社会的背景が関係している。一方、レンスターとは違ってマンスターやコナクトでは、普通の公立学校でもラグビーがプレーされているため、ラグビーは庶民のスポーツとみなされている。

とはいえ1995年にラグビーのプロ化が認められてから、

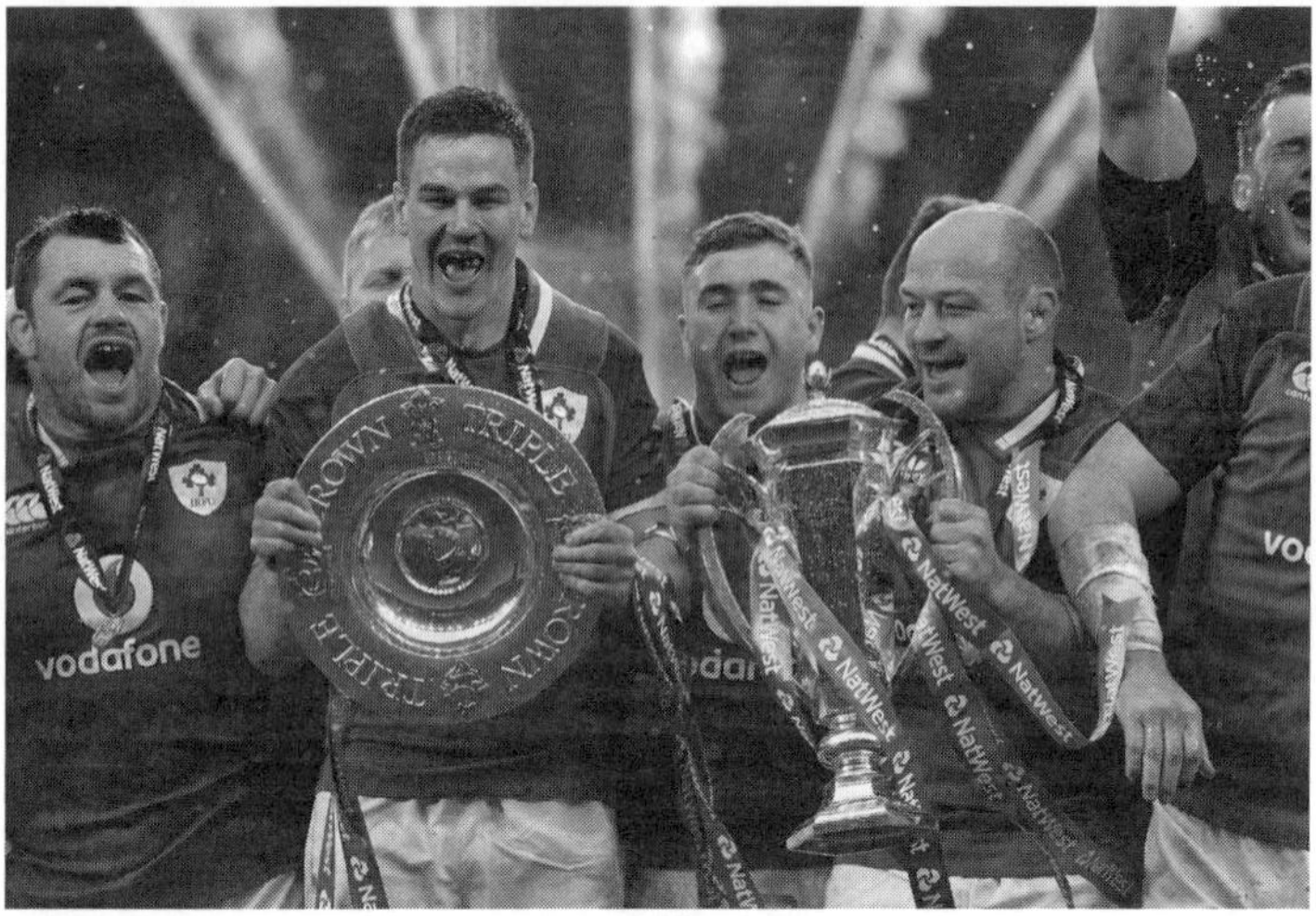

2018年のシックス・ネーションズで優勝したアイルランド代表
©AFP ＝時事 / Glyn KIRK

アイルランドのラグビー事情も大きく様変わりした。協会の普及策によって、今までラグビーとは無縁だったコミュニティの子どもたちもラグビーを経験するようになり、裾野が広がったのだ。トップ選手になるとプロサッカー選手と同様に高額の報酬をもらえるようになったことから、ラグビーに魅力を感じる子どもたちが増えている。

一方、北アイルランドに目を向けてみると、ラグビーはプロテスタント系の学校のみでプレーされているので、「ラグビー＝プロテスタントのスポーツ」という明確な色分けがある。エリート色が強いのはレンスターと同様だ。ラグビーのアイルランド代表チームは、サッカーと違って政治的境界線を越えた南北統一チームを形成してきた。じつはアイルランドにラグビー協会が設立された1874年には、北と南それぞれの協会が存在した。1879年に二つの協会が統一されて以来、いく度かの危機はあったものの政治的分断に影響されず、統一チームを保ってきた。とはいっても苦労がまったくなかったわけではない。前述したように北アイルランドの選手はほぼ全員がプロテスタントであるのに対して、南のアイルランド人選手の多くはカトリック教徒だ。さらに試合前にアイルランド国歌が斉唱されることに違和感を覚える北アイルランドの選手が少なからずいたとの報告もある。そこで１９９５年のラグビーワールドカップから、《アイルランド・コール》という国歌とは無関係の新たな歌が作られ、試合前に演奏されている。

　１９９０年代前後には成績が低迷していたアイルランド代表チームだが、21世紀に入ってから景気の回復に呼応するかのようにスポンサーマネーが流入した。協会やクラブが潤い、レンスター、マンスター、コナクト、アルスターの4協会を主体としたさまざまな強化策が功を奏した。6か国対抗戦（アイルランド、イングランド、ウェールズ、スコットランド、フランス、イタリア）のシックス・ネーションズは、アイルランドの冬の風物詩であり、国民的関心事である。最近ではこの大会で常に上位を占め、２００９年には24年ぶりの優勝を全勝で飾った。さらに２０１５年に優勝、２０１８年には再び全勝優勝を成し遂げた。２０１８年6月時点でのワールドランキングは、ニュージーランドに次ぐ歴代最高の第2位。ラグビーと同様にクリケットも南北の統一チームで構成されており、近年のワールドカップでイングランド、パキスタン、ウェスト・インディーズなどの世界ランク上位の国々を破り、大きな話題となった。エリートの象徴であった英国型スポーツが、今や世界に対してアイルランドの存在を示す大きな原動力になり、より広く国民の支持を集めている。

（海老島均）

42

南北の対立を乗り越える希望の光

★人気の高いサッカー★

サッカーがアイルランドでプレーされるようになったのは、19世紀後半のことである。スコットランドとつながりの強かった北アイルランドに最初に伝わったとされている。1880年にアイリッシュ・フットボール・アソシエーション（IFA）が設立され、本拠地はベルファストに置かれた。しかし1922年に南北の政治的分断が確立されたときに、ダブリンを中心としてフットボール・アソシエーション・オブ・アイルランド（FAI）が誕生し、共和国側のサッカー・クラブはこのFAIが統括することになった。IFAは政治的分断後も全アイルランドを対象とした代表チームを編成しようとしたが、FAIとの間に軋轢が生じた。1950年にウェールズと戦った国際試合を最後に統一アイルランド・チームは消滅した。その後、南北それぞれの代表チームでFIFAワールドカップ、UEFAカップなどを戦っている。FIFAワールドカップでは北アイルランドは本選出場3回（1958年にはベスト8）、共和国も本選出場3回（1990年ベスト8、1994年、2002年にはベスト16）と、ともに輝かしい成績を残している。

現在、南北ともに国内には完全なプロリーグはなく、多くの

北アイルランドのサポーター
© Nigel Tilson (Irish Football Association)

才能のある選手がジュニアレベルで海を渡り、イングランドやスコットランドのプロチームの下部組織からスタートするのが常になっている。よって南北の代表チームでプレーする選手のほとんどが、イングランドまたはスコットランドでプレーするプロ選手たちだ。

北アイルランドではサッカーは、カトリックとプロテスタントの両方の住民がプレーするスポーツであり、たびたび宗派対立の舞台となることがあった。対立の激しかった1950年代前後には、安全上の問題から二つのカトリック系のチームが北アイルランドリーグから撤退するというできごともあった。

最近まで、北アイルランドの代表チームを応援する歌にはカトリックの人たちを揶揄するような内容が含まれたものがあったり、代表チームを応援するサポーターたちが赤や青のユニオンジャックをあしらった服で応援したりと、宗派闘争が前面に押し出されていた。しかし、これに敢然として立ち向かったのがIFAである。サポーター代表の人たちと手を組んで応援歌から宗教色を消したり、代表チームのジャージの色である緑の服を着て応援するなど、家族連れでも安心してサッカーを観戦できる雰囲気を作り出した。その効果はてき面に表れ、スタジアムはいつも家族連れで満員となった。ここ数年低迷していた代表チームも、フランスで開催されたユーロ２０１６の本戦出場を果たし、予選リーグを勝ち抜きベスト16まで駒を進めた。さらに２０１８年のワールドカップ予選においてはプレーオフでスイスに惜しくも敗れたが、あと一歩で本選出場というところまでこぎつけた。とくにそびえたつ姿が「要塞」と他国チームから恐れられているベルファストにあるホームスタジアム、ウィンザー・パークでの勝率が、この好成績を後押ししている。

北アイルランドにおいては学校教育においても、カトリック系の学校はGAA競技種目、プロテスタント系の学校はラグビーというように、スポーツと宗派との結びつきが非常に強い。これに対しサッカーは、いずれの宗派の学校でもプレーされるスポーツである。この宗派の垣根を越えるスポーツとしてのサッカーへの期待も大きい。

さらに北でも南でも、サッカーの人気の背景には、階級に関係のない庶民のスポーツという点がある。北の伝説的プレーヤー、ジョージ・ベスト、共和国で闘将と慕われたロイ・キーンはともに労働者階級出身。ジョージ・ベストがベルファストから船と列車でマンチェスターへ渡ったのは、15歳のときであった。今も多くのアイルランドの子どもたちが、将来のスーパースターを夢みて海を渡っていく。アイルランドにおけるサッカーは、こうしたサクセスストーリーにも支えられている。

（海老島均）

43

お酒を飲む人も、飲まない人も

★社交の場としてのパブ★

「お酒を飲むのは1日2回だけさ。喉が渇いたときと、渇いてないとき」。大酒飲みで知られる劇作家ブレンダン・ビーアンの名台詞は、「年中酔っ払っている」というアイルランド人のステレオタイプともいえるイメージを裏づけているように思える。キリンビール株式会社が運営する「キリンビール大学」の2016年の調査では、人口一人当たりのビール消費量は世界7位だった。しかしアルコール全体の消費量は、他国と比べて断トツというわけではない。理由のその一は、飲まない人もけっこういるということ。ティートータリストと呼ばれる禁酒主義を守る人もいれば、体質的に受けつけない人もいる。理由その二は、家であまり飲まないこと。フランス人のようなワイン片手に家族でディナーという日常風景は、滅多にお目にかからない。理由その三は、お酒の値段があんがい高いこと。ミネラルウォーターよりワインが安い一部のヨーロッパの国とは、事情がちょっと違う。もっともインフレ気味のアイルランドでは、ミネラルウォーターも高い。では世界トップテンにランクインした大量のビールは、いったいどこで消費されるのだろうか。その答えの一つがパブ、正式名称パブリック・ハウスだ。

もともとは英国発祥のパブ。パブを経営するにはライセンスが必要だ。このライセンスの取得がけっこう大変で、誰でもすぐに新規開店できるわけではない。だから昔ながらの伝統的なパブが多いのだ。そもそもパブの経営者（パブリカン）には権力者が多く、政治的発言力も強いといわれる。一方、レストランに与えられるのは別のライセンス。食事をしながらビールを飲まれるとパブ経営の痛手となるため、特別許可をもたないレストランではビールは出せない。ワインのライセンス取得は比較的簡単なので、お酒はワインだけという店もある。ビールは食後にパブでどうぞ、というわけだ。現在、国内のパブライセンス数は7000程度。20世紀初頭と比べると、ほぼ半減している。最近はオフライセンス（酒屋）での消費も増えていて、パブに行かなければお酒が飲めないわけではない。

とはいえパブはアイルランドの象徴。味わいのある古い建物が多いパブだが、なかにはいまだに入口が「バー」と「ラウンジ」に分かれているところがある。バーはひたすらお酒を飲むところ、ラウンジはくつろぎながらお酒と会話を楽しむところというのがだいたいのすみ分け。どちらかというとバーは男の世界、それも酒豪が多い労働者の世界だった。ラウンジのなかに「スナッグ」と呼ばれる仕切られた小部屋をみかけることもある。お酒を飲んでいる姿をみられたくないお得意さんが入ったらしい。かつてはパブといえば、女性が足を踏み入れられる場所ではなかった。だからスナッグでは男性の目につくことなく、女性たちが飲んだともいわれる。もちろん昨今のパブでは、男性の目を気にしない元気な女性たちが目立つ。

パブでは圧倒的にビールを飲む人が多い。種類も豊富だ。黒いスタウト、苦味があるビター、マイ

パブは仲間の溜まり場
（提供：佐野咲）

ルドなエール、日本でも人気のラガー、ビールとジュースを混ぜたシャンディなど。注文はパイント（約570ミリリットル）単位。パイントグラス1杯では多過ぎる人のために半分量のハーフパイントグラスもある。ビール以外には各種ソフトドリンクやミネラルウォーター、甘みのあるサイダー（リンゴ酒）、カクテルドリンク、ワイン、そしてウィスキーなど。蒸留をくり返すことでまろやかな味を出したアイリッシュウィスキーは、英語のつづりがWHISKEYで、スコッチウィスキーのWHISKYと区別しているというのは有名な話。ただし語源は同じ「命の水」という意味だ。こちらはショットグラスでストレートのままグイと飲む。

レストランが併設されているパブも少なくない。とくに昼時のパブランチは、伝統的な肉料理や野菜料理につけ合わせの野菜が添えられ、ボリューム満点だ。サンドイッチやスープなど軽食も食べられる。こういうパブでは、日中は親子連れが多い。一方、飲み物オンリーのパブでも、小袋入りのポテトチップス（クリスプ）やローストナッツぐらいは売られている。

アイルランドの田舎には、雑貨や野菜を販売している昔ながらのパブも残っている。パブの機能は飲食だけでない。コミュニティの中心であり、人びとが集まる公共（パブリック）の場所なのだ。パブで待ち合わせをして、友人や家族とくつろぐ。ときには見知らぬ人との出会いもある。そのほかにもさまざまな社交的役割を果たしてきた。たとえば音楽。ミュージシャンが集まるとセッションが始まり徐々に盛り上がる、という話はよく聞く。ただし最近の都会のパブは、伝統文化を売り物にしようとミュージシャンを雇っていることもある。多くの観光客が集まるようなパブでは、自発的な名人芸の演奏なんてことはほぼないと思ったほうがよい。音楽以外にも伝統的な歌（シャン・ノース）やダンスに興じるために人びとが集まるパブも存在する。スポーツ愛好家にもパブは欠かせない。スポーツクラブのグラウンド横にパブが併設されていることもある。一汗かいた後のビールと仲間との楽しい会話。パブの原点の姿だといえる。最近では大型テレビを設置してスポーツ観戦をアトラクションとするスポーツパブや、ダンスフロアがあるナイトクラブを併設したパブも増えている。

アイルランドの生活に溶け込むパブ文化。国内だけでなく、アイルランド移民の多い米国、オーストラリアなどを中心に広がっている。日本でも東京を中心に展開されている。海外でアイリッシュ・パブを経営するためのノウハウを教える会社もあるらしい。そんなパブだが前述のように、国内では最近は経営難だといわれている。２００４年から店内での全面禁煙が導入されたのが、理由の一つかもしれない。家で飲んだほうが安上がりということで、パブに通う回数が減っているともいわれる。パブが重要な社交の場として機能してきたアイルランドでも、個人化が進んでいるということだろうか。ちょっぴり寂しい気がしないでもない。

（山下理恵子）

44

家庭的なおもてなし

★B&B滞在でアイルランドを知る★

B&Bはベッド&ブレックファストの略。ベッドは寝床、ブレックファストは朝食。つまり一晩泊まる部屋（ベッド）と、次の日の朝食を提供してくれる宿ということだ。基本的にはホテルと違って、建物は普通の家。もともと一般家庭の空き部屋に旅人を泊めたことから始まったといわれる。それだけに家庭的な雰囲気が売り物だ。それぞれの宿泊部屋にバス・トイレなどの設備が整っている場合もある。またときに農場や牧場に隣接していればファームハウス、田舎に立地していればカントリーホームと呼ばれる。さらに部屋数の多いB&Bはゲストハウスという名称で、プチホテルのような雰囲気をもつ。

一般の家のなかに部屋があるのでホテルにありがちな無味乾燥な画一デザインではなく、泊まる部屋によって壁紙や調度品、ベッドカバーの模様が違ったりして個性的。オーナーさんの意気込みが感じられる。到着すると紅茶を入れてくれて、オーナーやほかの宿泊客とおしゃべりに花が咲くこともある。家庭の空気を肌で感じたい人にはうれしい体験だ。アイルランド政府観光庁が認定したB&Bの玄関口には、国を象徴するシャムロックのマークが入った看板が掲げられている。毎年クオリティが検査され、最高五つ星の星つきランクづけも行われている。気に入ったB&Bに「空き部屋はありますか」と飛び込みで聞いてもいいのだが、各地のツーリスト・インフォメーションでこちらの条件に合わせて宿を予約してもらうこともできる。またフェスティバルなどが開催されていると満室のことも多いので、オンラインで事前予約するとよいだろう。

B&Bの楽しみといえば朝食。通常はアイリッシュ・ブレックファストを提供してくれる。ただし「フル・アイリッシュ（・ブレックファスト）」を食べてみたいならば、朝食だからと侮ってはいけない。アイリッシュ・ブレックファストはアイルランドの名物料理といえるほどで、レストランによっては朝から晩までメニューに載っていることもある。典型的なブレックファストの中身を紹介しよう。フルコースなのでまずは生ジュース、シリアル、コーンフレーク、果実などのスターター。次にメインメニュー。皿の上には塩辛めのベーコン（ラシャーと呼ばれる）、小ぶりのソーセージ、ブラックプディング（豚の血を入れたソーセージ）、ホワイトプディング（肉に穀物を入れたソーセージ）、グリルしたトマトやベイクドビーンズ、卵料理。卵料理は目玉焼き、スクランブルエッグ、ゆで卵などから選べる。ブラックプディングやホワイトプディングはアイルランド独特の食材で、いろいろな素材が腸詰めされていてポロポロとした食感。これらのメインディッシュはほぼすべて、フライパンで油を使って炒めて作られていた。現在はグリルで焼くほうが多いようだが、炒めることを英語で「フライ」というため、朝食メニューを「アイリッシュ・フライ」と呼ぶこともある。肉製品に油の組み合わせで、かなりお腹がいっぱいになる。

でもこれで終わりではない。メインディッシュに添えられるのがパン。薄いトーストパンやソーダブレッドと呼ばれる重曹で膨らませるしっとりとした味わいのある茶色いパン、それにポテトケーキが供されるところもある。そしてもちろんミルクたっぷりのアイリッシュ・ティー（紅茶のことだが、一般的にアイルランドで飲むとアイリッシュ・ティーと呼ばれることがある）。全体的に塩味が強く、ボリュームがある。

当然ながら、通常のアイルランド人が毎日このような朝食をとっているわけではない。かつては厳しい農作業前のエネルギー源として食していたようだ。でも旅人としてB&Bに泊まるのであれば、ぜひフル・アイリッシュを試してほしい。もちろん小食な人は、「ベーコンは抜いてね」とか「卵は1個でいいわ」とお好みのリクエストをしてかまわない。フル・アイリッシュよりもさらにボリューム感があるのがアルスター・フライ、北アイルランド式の朝食だ。通常のフル・アイリッシュに加え

宿が掲げているB&B認定マーク
（提供：小林なつみ）

ブティックホテルの室内
（写真：筆者）

て、大ぶりなマッシュルーム、ファールとよばれる重曹やジャガイモで作ったケーキをフライパンで炒める。

家庭的なおもてなしと伝統的な朝食。B&Bはアイルランドを満喫するには最適な滞在先だ。しかし最近ではホテルチェーンの進出などの理由から、だいぶ苦戦を強いられている。アイルランドを訪れる外国人の宿泊数がもっとも多い施設（友人宅などは除く）がホテルで、中央統計局（CSO）の調査では2014年には27%を占めた。最近では、都市部のおしゃれなブティックホテルなども人気が高い。一方B&Bやゲストハウスを選んだのは9%にすぎない。確かにB&Bに泊まると交通アクセスが悪いとか、冷え込んでも暖房がつかないとか、シャワーのお湯が出ないといった苦い経験をすることもある。そういった面も含めてアイルランドらしいB&Bなのだから、やはりこの国には欠かせない存在だ。

（山下理恵子）

45

ジャガイモ王国の変化

★伝統料理と最近の肥満傾向★

成人男子が1日に食べるジャガイモの数が65個（1個90グラムとして換算）。これは1844年の話だ。英国支配下の時代、農村の下層階級では主食がジャガイモで、農民が収穫した小麦などの穀類は輸出用だった。だからこそ1845年後半からのジャガイモの凶作による大飢饉で甚大な被害が出たのだ（第12章参照）。飢饉で得た教訓から、アイルランド政府は疫病に強い品種のジャガイモを数多く開発している。現在でもジャガイモがよく食卓に上るのだが、消費量は減っている。5年ほど前のデータによれば、一人当たりの年間推定消費量は92キログラムで、換算すると1日1個強。それでもレストランでメイン料理を注文すると、たいていの場合はジャガイモが添えられる。ベイクドポテト、ローストポテト、マッシュドポテト、チップス（フライドポテト）と調理法も多彩だ。とくにチップスは好物という人が多いので、電気フライ器をもつ家庭も少なくない。

そのジャガイモがたっぷり入っているのがアイリッシュ・シチュー。もっとも有名なアイルランド料理といっても過言ではない。家庭によってレシピはさまざまだが、基本的には肉とジャガイモ、タマネギ、その他の野菜をコトコトと煮込んだもの。味つけはシンプルに塩とコショウ。家庭によっては牛乳を加えて、クリームシチュー風にする場合もある。肉は伝統的には子ヤギかマトンだが、手に入りにくい場合はラムや牛肉で代用する。ジャガイモに肉のうま味が浸み込んで、からだが芯から温まる。牛肉を使う場合、黒ビールを入れて柔らかく煮込むこともある。またジャガイモとタマネギ、ベーコン、ソーセージなどを煮込むと、ダブリンコドル。ダブリン下町の名物料理だが、『ガリヴァー旅行記』の作者ジョナサン・スイフトのお気に入り料理だったともいわれる。また、鍋を長時間弱火でコンロにかければできあがるので、お葬式に行く前に用意しておく料理としても知られている。

ジャガイモとともに昔から消費量が多いのがキャベツ。代表的な伝統料理がベーコン&キャベジだ。この場合のベーコンとは塩漬けにした豚肉で、燻製されておらず塩味がかなり強い。キャベツはケールを使う。一緒に茹でて、パセリソースで食べるのが正統派。豚肉の代わりに塩漬けにした牛肉をローストしたのがコーンドビーフで、缶詰のコーンビーフの原点といわれる。ただしアイルランドよりも米国で、セント・パトリックス・デイの正餐として広まった。やはりキャベツを使ったコルカノンも伝統料理の一つだ。茹でたジャガイモとケールまたはキャベツを混ぜて、牛乳やクリームとともにフードプロセッサーなどで混ぜてなめらかにする。ハロウィンの伝統料理だともいわれる。

畜産業が盛んなせいか、アイルランド人は肉好きだ。2016年の中央統計局（CSO）の調べによると、消費される肉の種類は鶏肉、豚肉、牛肉の順番で多い。柔らかなアイリッシュ・ビーフが有名な割には、牛肉の割合が低いようだ。マトンやラムといった羊肉をローストした料理はご馳走だといわれる。また、牛乳やバターといった乳製品の消費量も突出している。

海に囲まれた島国だからこそ魚介類も豊富だが、魚の消費量は多くない。魚のなかで最もよく食べられるのが、不思議な力を授かるという言い伝えがあるサケで、スモークサーモンも美味。タラ、トラウト（マス）、アナゴ、ニシン、サバなども捕獲される。白身の魚は衣をつけて、ジャガイモとともに揚げてフィッシュ＆チップスにすることが多い。一方、サケやトラウトはグリルで焼くと絶品だ。

スーパーで販売されている山積みのジャガイモ
（写真：筆者）

スモークサーモンのサンドイッチとチップス
（写真：筆者）

ゴールウェイ湾のカキ、ダブリン湾のエビは観光客に知られている。ゴールウェイのオイスター・フェスティバルは今でこそグルメが集まるお祭りだが、昔から「カキは貧しい人が食べるもの」と考えられていて、地元民にさえ敬遠されていたという。ムール貝（ムラサキイガイ）のバター蒸しは、前菜としてレストランや家庭で出される。ちょっと高級品だがロブスターや蟹の爪も食べる。西海岸では昔から海藻類で土壌を肥やしていた。栄養たっぷりなのだが、日本のような食用はごく一部。カラギン・モスと呼ばれる種類の海藻をスープにしたり、ゼリーにしたりして食していた。最近では健康ブームも相まって、魚介類のステータスが少しずつ上がっているようだ。

素材自体は美味しいけれど、どちらかというと肉料理中心で、野菜の種類も少ない。そんなアイルランドの食生活に新たに加わったのがファストフード、そしてクリスプ（ポテトチップス）のような油脂たっぷりのスナックや、砂糖が入ったお菓子と炭酸飲料だ。好景気の時代には食生活も豊かになった。その結果、肥満が深刻な社会問題となっている。10人中6人の大人、4人中1人の子どもが、BMI25以上の「太りすぎ」またはBMI30以上の「肥満」だというデータもある。北アイルランドでも状況は似ていて、16歳以上の人口のうち、肥満または過体重の人の割合は6割を超えている。危機感を抱いたアイルランド政府は、2016年からの10年計画として、肥満に対するポリシーとアクションプランに取り組み始めた。たとえば学校で食育プログラムを導入したり、甘味料入りのジュースに対して課税したり、食品産業にアプローチしたり、さまざまな対策が立てられている。ジャガイモ65個の時代と比べると贅沢な悩みかもしれないが、肥満大国とならぬよう努力が続いている。

（山下理恵子）

VI

アイルランドの象徴

46

国の花といわれる植物

★シャムロック★

シャムロック（shamrock/seamróg）とは三つ葉のクローバーだとよく説明される。しかしアイルランドで目にするシャムロックは、日本の河原や野原に咲いているものより葉が小さめのように思える。そこで調べてみると、正確には原産地がヨーロッパのトリフォリウム・レペンス（つまりはシロツメクサ）という説がある。ただしアイルランド語では「若い牧草（クローバー）」という意味なので、三つ葉であれば厳密な定義はなさそうだ。

ともかくこのシャムロック、アイルランド政府が商標登録済みのシンボル。花でなく葉であり、正式な国花でもないが、国の象徴といってもいいだろう。ちなみに英国内での北アイルランドの花の紋章もシャムロックだ。アイルランドのフラッグ・キャリア（ただし民営化され、現在はインターナショナル・エアラインズ・グループ傘下）であるエアリンガスの飛行機の尾翼には、大きなシャムロック。ラグビーなどのスポーツのユニフォームにもシャムロック。ベッド・アンド・ブレックファストの看板にもシャムロック。通りの街灯のデザインにもシャムロック。そして3月17日のセント・パトリックス・デイには、町中がシャムロックだらけだ。

シャムロックの葉の数、「3」という数字は古き昔から聖なる数字だったといわれる。神話によればケルトの神々は1人が3人の姿として現れることが多い。たとえば戦いや豊穣の女神とされるモリガンは、一般的にバドブ、マーハ、ネヴァンの三つの姿で登場する。聖ブリギットの場合、詩才、鍛冶、治癒という三つの特徴をもつ女神だとされる。また古代ケルトの神官のドルイドは、3に魔力があると信じていたという。もっとも3を聖なる数字とする風習は世界各地にあったらしい。

町の街灯にあしらわれたシャムロック
（写真：筆者）

2019年に刷新されたエアリンガスのロゴと機体デザイン
© Aer Lingus Group DAC and Aer Lingus Ltd.

土産店で売られているシャムロック入りのしおり（写真：筆者）

アイルランドの守護聖人である聖パトリックとシャムロックは切っても切れない仲。諸説があるものの、聖パトリックは4世紀末にスコットランドに生まれたといわれる。つまりアイルランド人ではない。伝説によれば16歳でアイルランドに連れていかれて、羊飼いとして孤独で過酷な労働を強いられた。その後、故郷に戻ると司祭になる決意をする。修行中に「アイルランドにキリスト教を広めよ」というお告げを聞き、432年（諸説がある）に再びアイルランドへと渡った。当時の古代ケルト人は自然界に存在するよろずの神を崇め、人間と神さまの仲介としてドルイドが権力を握っていた。キリスト教を布教する数々の試みが行われてきたが、最も成功したのが聖パトリックだったと伝えられている。シャムロックを用いて三位一体とは「父なる神と、子なるキリスト、そして聖霊が一体となること」だと説明したという彼の逸話は有名だ。島からヘビを追い出したのも聖パトリックで、その際にシャムロックを生えさせてヘビが戻らないようにしたとも伝えられる。どうやら実際にシャムロックはヘビの毒の治療に使われ、ヘビには好まれないらしい。だが現在は生息しないヘビが古代のアイルランド島に実存していたかどうかはわからない。いずれにしても昨今では、聖パトリックの命日を祝う3月17日には、シャムロックが欠かせないアイテムとなっている。

大昔のシャムロックにかかわる伝説の真偽のほどはわからない。一説には、シャムロックがアイルランドの象徴として有名になったのは、中世の時代に英国でアイルランド人がシャムロックを食べるという噂が流布したためらしい。セント・パトリックス・デイに身につけるようになったのは17世紀から。18世紀後半にジョージ3世が制定した、騎士に与えられる栄誉ある聖パトリック勲章の中央にはシャムロックが飾られている。

シャムロックは徐々に表舞台に登場するようになる。英国に抵抗する義勇軍がシャムロックの紋章を使ったことで、抵抗のシンボルとみなされるようになった。このため19世紀にはヴィクトリア女王が、軍服にシャムロックをつけることを禁止。皮肉にもシャムロックの象徴的な意味合いをより強める結果となった。独立の気運が高まるなかで、シャムロックは英国支配に対抗するアイルランドの象徴として多用されていく。こうして古代ケルト人や聖パトリックとの関連性も「再発見」されていった。なかには意図的な創作もあったことだろう。

クローバーといえばマメ科の雑草。繁殖率が高く、地面を埋め尽くす。シャムロックもアイルランドの大地に根づき、長い年月を経て国の象徴として広まっていった。そのたくましさもどこかアイルランド的のような気がする。

（山下理恵子）

47

正式な国章

★ハープ★

1945年にアイルランドが制定した正式な国章がハープ(harp/cláirseach)だ。硬貨(アイルランドで造られるユーロ硬貨)、政府の捺印や書類、官公庁の入口、パスポートの表紙には必ずハープのデザインがある。楽器が国の象徴ということで、アイルランドで音楽がいかに愛《いつく》しまれてきたかがわかる気がする。

ハープの存在は古い伝説において語り継がれてきた。その一つが、魔法の神ダーダがハープで3種類の音楽を演奏して、敵を泣かせ、笑わせ、最後には眠らせたという言い伝えだ。ハープの奏でる音の神秘性を物語っている。カウンティ・ラウズのモナスターボイスやカウンティ・キルデアのキャッスルダーモットに建つハイクロス(第50章参照)には、ハープを弾くダビデの姿が彫られている。ダビデが竪琴を弾いて悪霊を祓ったと旧約聖書に書かれているからだ。

12世紀頃までは、ハープというと小型の金属弦の竪琴の総称で、かたちは一定していなかった。よく知られる均整のとれた三角形のかたちになったのは12世紀頃だといわれる。アイリッシュ・ハープの特徴は、小型で弦の数が少なく、ペダルがないこと。共鳴胴を1本のアカシヤやヤナギの木をくりぬいて造っ

ハープを弾く女性
（提供：小林なつみ）

た、安定感のある構造だ。現在のハープとの違いは第64章に述べるとおりである。

中世の時代、吟遊詩人がハープで伴奏をつけながら詩曲を歌っていた。やがて王侯や貴族がハーパー（ハープ奏者）を個人的に雇うようになった。16世紀末以降はハープ音楽がかなりもてはやされたようだ。こうして数多くのハーパーが世に認められるようになった。名人ハーパーのなかでも特筆すべき存在がターロック・オキャロラン（1670～1738）だ。18歳で天然痘にかかり失明した後、当時多くの盲人がそうしたようにハーパーとなった。オキャロランの場合、地位の高い領主のためだけに音楽を作ったのではなく、さまざまな人びとのために優れた作品を残している。過去の伝統をふまえながらも、当時の流行の最先端だったイタリアのバロック音楽のイディオムを作品に取り入れたことが、彼の類をみない画期的な業績といわれる。オキャロランの作品は現在でもよく演奏され、国民的な音楽家と考えられている。

ギネスビールのハープ
（写真：筆者）

アイルランド政府ロゴのハープ

その後、アイリッシュ・ハープの音楽は徐々に衰退する。ハーパーは古い伝統音楽のかわりに、クラシックの曲を弾くようになっていった。この状況を憂えたベルファスト・ハープ協会が、1792年にハープフェスティバルを開催。しかし飢饉のせいで、ハープの振興は困難を極めた。19世紀にはアイリッシュ・ハープへの関心が戻るものの、クラシック音楽のスタイルに移行していった。一時はアイリッシュ・ハープの特徴だった金属弦もナイロン弦に替えられたが、最近では金属弦の伝統が復興して、昔ながらの音が蘇ってきたといわれる。

さて、アイルランドの国章であるハープはどこにでもあるアイリッシュ・ハープではない。「ブライアン・ボルーのハープ」と呼ばれる特別なもの。このハープはトリニティ・カレッジ・ダブリン

（ダブリン大学、ＴＣＤ）に展示されている。ブライアン・ボルーとは11世紀の英雄で、ハープを演奏したと伝えられる王。しかし、展示されているのは実際に王の所有したハープではない。王のハープを復元したという説もあるが、最初のハープの持ち主は不明のまま。14世紀末（15世紀とされることもある）に製作された、現存する最古のアイリッシュ・ハープといわれる。

じつはハープを最初にアイルランドの象徴として使ったのは英国だった。ヘンリー8世が硬貨のデザインに使ったという。またジェームズ1世がスコットランドとイングランドを併合したとき、アイルランドを象徴する英国の紋章の一部としてハープが加えられた。現在でも英国内の北アイルランドの紋章はハープとなっている。その後、アイルランド共和国もハープを国章としたため、ハープは南北アイルランドを代表する正式なシンボルとなった。

ハープというと、ギネスビールのラベルを思い起こす人もいるかもしれない。ちょっと気をつけてみると国章のハープとの違いがわかる。ハープの向きが逆なのだ。こちらのモデルはダウンヒル・ハープ。ベルファスト・ハープフェスティバルで伝統にのっとって、指ではなく長い爪でハープを演奏した名人ハーパー、デニス・ヘンプソン（１６９５～１８０７）のハープとされる。国章と同じようなハープが飾られたビールだけに、ギネスそのものもアイルランドの象徴としてもイメージが固定されている。次の章でギネスについてみてみよう。

（山下理恵子）

48

国民的ブランド

★ギネス★

「ギネス（Guiness）はからだによい」（Guinness is good for you）というのは有名な昔のビール宣伝文句。その効能が実証できないため、このフレーズは禁止された。でも鉄分が多く含まれているので妊婦さんに推奨できるとか、滋養強壮に効くとか、心臓病を予防するといったまことしやかに語られてきた効能を、今でも信じている人がいる。ただし鉄分含有率についてはあまり信頼できないらしい。そのギネス、アイルランドのビールの代表格のように思われているが、現在では英国のディアジオ社が所有するブランドだ（日本では合弁会社のキリン・ディアジオ社が販売）。しかし製造は昔から、ダブリンのセント・ジェームズ・ゲートと呼ばれる醸造所で行われている。醸造所の周辺には、ホップを煎るときの香ばしい匂いがつねに漂っている。

この醸造所の歴史は1759年までさかのぼる。カウンティ・キルデア出身のアーサー・ギネスが、当時使われなくなっていた醸造所を9000年契約で、年45ポンドという驚きの賃貸条件で借りた。最初はエールという種類のビールを醸造していたのだが、その後はポーターへと移っていった。ポーターとはエールをブレンドした種類の英国生まれのビール。労働者の間で好まれていた。ギネス社はこのポーターを改良し、スタウト・ポーター（強いポーター）と呼ばれる種類の焦がした麦芽、ホップ、酵母、水が入った黒ビールを作った。これがギネスビールで、現在ではポーターを省略したスタウトと呼ばれるビールの種類に分類されている。ちなみにアイルランドにはギネス以外にも、マーフィーズとビーミッシュというコークで醸造されているスタウトがあり、コーク周辺の人びとはギネスよりこちらのブランドを好むことが多い。ビーミッシュは1792年にコークに設立された醸造所で作られ、一時はギネスよりも売上げが多かった。現在ではかつての醸造所は閉鎖され、オランダのハイネケン社が製造を請け負っている。一方、マーフィーズの醸造開始は1856年。こちらもハイネケン社に買収されてしまった。ギネスを代表とするアイリッシュ・スタウトを作っているのが外国のビール会社だけというのは皮肉なことだ。

「ギネスはからだによい」の看板
（提供：Bernard Voortman）

ギネスがアイルランドを象徴するという考えに納得しない人もいる。アーサー・ギネスはアイルランド生まれだが、英国国教会（アイルランド国教会）の家系で、アイルランドの独立には反対の立場をとっていた。このためギネスのことを（カトリックではなく）プロテスタントの黒ビールと呼ぶこともある。

ギネスブランドへの打撃となっているのが最近のパブの客

足減。また外国産のワインへの嗜好が高まるなど、国内でのアルコール消費傾向に変化がみられる。このため、ギネスの消費量は減少気味。じつは世界でいちばん多くギネスを消費しているのは英国で、2番目はアフリカのナイジェリア。ナイジェリアには醸造所もあって、そこで製造するギネス・フォーリン・エクストラ・スタウトは、ほかの醸造所のギネスよりもアルコール度数が高い。アイルランドは消費量第3位。それでもアイルランド人にとって特別なビールだ。

パイント・オブ・ギネス
(写真：筆者)

ギネスビールは世界各地に増え続けるアイリッシュ・パブで欠かせない存在だ。パブでの消費だけではないものの、世界では毎日約1000万杯が消費されるという。さらにギネス世界記録を認定する会社(現在ではギネス・ワールド・レコード社として独立)としても世界中に知られている。ギネスといえば英国ではなくアイルランド、というのが一般的な認識だろう。セント・ジェームズ・ゲート醸造所内には、ギネスビールの歴史と製造を体験し、試飲もできるギネス・ストアハウスが併設されている。ダブリンに来た外国人観光客がもっとも多く訪れる、お気に入りの観光名所となっているだけに、ギネスはやはりアイルランドを代表するブランドといわざるをえない。

(山下理恵子)

49

広く知られる国の色

★緑 色★

緑色（green/uaine）といえば、セント・パトリックス・デイに必ず身につける色、シャムロックの色、アイルランド代表のサッカーやラグビーチームのユニフォームの色、郵便ポストの色、エアリンガスの飛行機の色。アイルランドはエメラルドの島と呼ばれ、緑豊かな大地が広がる。緑がアイルランドの色ということに異論を唱える人はいないだろう。

ところが実際には、アイルランドを象徴する色が緑になったのはそれほど昔のことではない。かつてはアイルランドの色といえば「聖パトリックの青」と呼ばれる青色だった。神話に登場する高貴な女性たちは、青いローブを身につけていたといわれる。12世紀ごろからアイルランドを象徴する色として、青がさまざまな場面で正式に使われるようになった。16世紀にヘンリー8世がアイルランド王即位を宣言すると、青地に金色のハープがアイルランドの紋章として加えられた。現在でも英国の女王や皇太子の紋章に、同様のデザインが入っている。またシャムロックが飾られた聖パトリック勲章にも青色が使われている。アイルランド国内でも大統領の色は青だ。大統領の旗には青地に金色のハープが描かれている。ブライアン・ボルー

アイルランドの緑色の郵便ポスト
（写真：筆者）

のハープ（第47章参照）が国章だけに、その背景となる青色が、正統な国の色という印象を受ける。ではいったいいつ頃から、緑色が表舞台に躍り出たのだろうか。

じつはこれにはシャムロックの存在が大きく関与している。英国によって軍服にシャムロックをつけることが禁止されたため（第46章参照）、シャムロックの色である緑を身につけることが、カトリック系アイルランド人の抵抗の証だと考えられるようになった。独立運動が活発化するにつれて、アイルランドは徐々に緑色に染まっていく。自治を獲得した後には、英国らしさの象徴であった赤いポストが緑色に塗り替えられた。いまだに英国の王冠や当時の英国王の頭文字が浮き彫りになった「緑色」の郵便ポストが国内に残っているのは興味深い。聖パトリックを描いた古い絵画では、青い着衣を身につけていることが多かった。しかし今ではセント・パトリックス・デイで聖人に仮装する際には緑色の衣装が定番。彼らしい色が緑であることに誰も疑いをもたない。

１９３７年に憲法で制定されたアイルランド共和国の国旗の色は、オレンジ、白、緑のトリコロール（三色旗）。これには深い意味がある。この国旗が共和国のシンボルとなったのは１９１６年のイースター蜂起で、反乱の最中にダブリンの中央郵便局に掲げられた。もともとはフランス革命に感化さ

アイルランドの国旗
色は右からオレンジ、白、緑。（写真：筆者）

れたトーマス・フランシス・マーが、19世紀に青年アイルランド党の紋章として取り入れたものだった。だからフランス国旗と同じトリコロールなのだ。オレンジ色はボイン川の戦いでカトリック王ジェームズ2世を倒したオレンジ公ウィリアム（イングランド王ウィリアム3世）に由来するプロテスタント系住民、緑色はナショナリストのカトリック系住民を象徴する。オレンジ色は現在でも北アイルランドのプロテスタント系住民にとって象徴的な色。そして中間の白色は、両者の和平や調和を意味する。国旗に込められた平和への思いが感じられる。

21世紀の現在、緑は環境保護や平和をイメージさせる、世界的に好感度の高い色だといえるだろう。当時は英国支配への抵抗のなかで生まれた象徴の一つだったとはいえ、自然にあふれた牧歌的なアイルランドと結びついた国の色として、緑色の勢いは止まりそうもない。

（山下理恵子）

50

ケルト的装飾

★ケルトデザインとハイクロス★

ケルトデザイン（celtic design/dearad ceilteach）やケルト十字架とも称されるハイクロス（high cross/cros ard）は、アイルランド的な文様や装飾の代表といわれる。アイルランド的というよりもケルト的装飾という言葉で表されることが多いのだが、そもそもケルトって何だろうか。ケルトについて語られるとき、通常は「大陸のケルト」と「島のケルト」が区別される。大陸のケルトとは、紀元前8世紀頃にヨーロッパで起こったハルシュタット文明、その後に発展した渦巻き文様や動物装飾で知られるラ・テーヌ文化の担い手となった民族といわれてきた。しかし最近では、ケルト人は特定の民族集団ではなく、ギリシャ人やローマ人にとって異民族であった集団の総称にすぎないとの説もある。一方、島のケルトはイングランド、スコットランド、ウェールズ、アイルランドにおいてケルト系言語を話す人びとのことで、大陸のケルト人が移住したものと考えられてきた。ところが最近のDNA解析によれば、大陸のケルトと島のケルトの遺伝子に大きな違いがあるらしく、島のケルトは存在しないという説まで唱えられている。島で発見されたラ・テーヌ文化の装飾品は、単に大陸から持ちこまれただけとさえいわ

第50章

ケルト的装飾

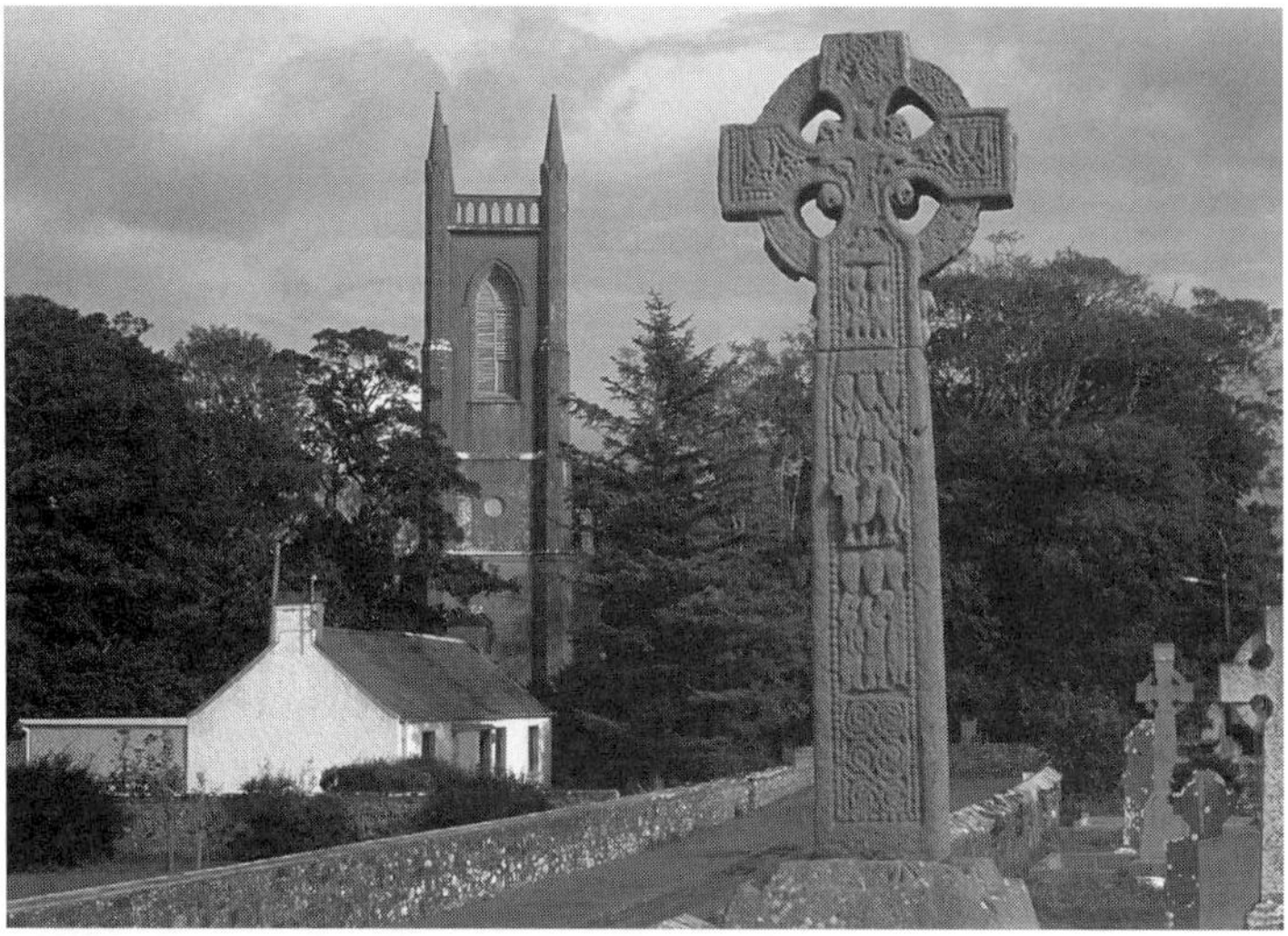

カウンティ・スライゴーにあるドラムクリフのハイクロス
（提供：アイルランド政府観光庁）

れる。ケルトの定義はじつに曖昧なのだが、出所は不明としてもケルト系言語を話すということで、アイルランド人はいちおうケルト人として分類されるのだという。

ところでケルトという言葉は多少ロマンチックな意味合いを含んで使われる。これは18世紀から19世紀にかけて、ケルトがロマン主義や神秘主義の風潮のなかで復興したためだ。忘れ去られた古代ケルトがギリシャ・ローマの古典に対抗するものとして脚光を浴びた。とくにスコットランド人のマクファーソンが古歌を翻訳したと主張した『オシアン』がケルトブームに拍車をかけたのだが、現在ではこの作品は本人によってかなり手を加えられたものとされ、偽作と批判する声さえある。しかしこの創られたケルト人像が、現在のケルトのイメージをかたち作った。

アイルランドにおいてケルトは、英国人と

『ケルズの書』
（提供：アイルランド政府観光庁）

の差別化という意味で大きな役割を果たした。ケルトを英国の支配を受ける前のアイルランドの起源と位置づけて、アイデンティティの回復をめざしたのだ。マクファーソンの作品と同様、アイルランドにおけるケルトにも、創られたアイデンティティという側面があることは否定できない。しかし学術分野での多様な論争にもかかわらず、多くの人びとがアイルランドは疑いなくケルトの国だと認識している。近年において商業的にもケルト文化、ケルト音楽という言葉が重用されて、今やケルトといえばアイルランドというほど世界中で宣伝効果が功を奏しているといえるだろう。

ケルトデザインとしては、渦巻きや組紐の文様や動物の絵柄がとくに有名だ。トリニティ・カレッジ・ダブリン（ダブリン大学、ＴＣＤ）のオールド・ライブラリーに展示されている『ケルズの書』や『ダロウの書』の装飾として描かれている。これらは美しい文字や文様で飾られた福音書の写本で、

7世紀から9世紀の修道院文化の時代に制作された。渦には死と再生、永遠や輪廻という意味が込められているという。組紐で三角形を作る文様はトリニティ。また渦巻きを三つ連結させたトリスケルは太陽を象徴するといわれる。変化しながら無限に続く渦巻きや組紐が、ケルト人の世界観を表現しているようだ。文様には数多くの動物の絵柄も使われている。キリストの復活の象徴のヘビ、神の不朽性を意味するクジャク、神の意志を表すワシなど。動物モチーフ自体はケルト独特のものではなく、さまざまな文化の影響を受けていると思われる。

修道院文化の栄華期に残されたもう一つの功績がケルト十字架。通常はハイクロスと呼ばれる。キリスト教の十字架の真ん中に円環が加えられたユニークなかたちだ。なぜこのような十字架となったかについては諸説があるのだが、聖パトリックが異教を排除せずにキリスト教を広めたという伝説と重なるせいか、キリスト教と太陽を崇拝したケルトの信仰を融合したものという説が好まれて使われる。ハイクロスには聖書の物語に関連したケルト様式の装飾や図像が施されている。もちろん渦巻きや組紐、動物モチーフも使われている。庶民に聖書の教えをわかりやすく伝えるためという実用的な目的もあったのだろうが、その美しい装飾から当時の美術的な完成度の高さがうかがえる。

島のケルトが実存したかどうかは謎のままだが、アイルランドに残されたケルトの遺産に歴史的な意義が加わって、現代風に解釈されたケルト文化を語るには欠かせない要素となったようだ。

（山下理恵子）

51

アイルランド的なアクセサリー

★ターラブローチとクラダリング★

女性が欲しいと思えるアクセサリー。ダイヤモンドのように高価だからというのではなく、個性的なデザインに魅了される――ターラブローチ（Tara brooch/dealgna Teamhrach）とクラダリング（Claddagh ring/fáinne Chladaigh）は、そんなアイルランド的なアクセサリーだ。

ターラ（タラ）ブローチは前章のケルト様式の装飾と同様に、ケルト復興の時代に象徴的な意味合いが強まったものだ。厳密には１８５０年にカウンティ・ミーズで発見された８世紀頃のブローチのことで、現在は国立博物館に展示されている。ターラブローチといっても、カウンティ・ミーズにある古代の聖地ターラの丘（第７章参照）と直接関係があるわけではない。発見者の農民がダブリンの宝石商に売った後、ケルト的な響きがするターラという魅力的な名称が添えられたのだ。この種類のブローチは３世紀頃から、女性ではなく男性がボタンの代わりに着衣を固定するために用いられていたらしい。各地で同様のブローチが発掘されている。ただし、正式にターラブローチと呼べるのは、前述のブローチだけだ。

ターラの丘と関係がないとしても、非常に精巧なケルト様式

クラダリング（左）とターラブローチをデザインした切手
（提供：ボウディッカ）

のデザインが目を引く。環の中央をピン留めが貫通するかたちで、ところどころに宝石がはめられた金の透かし細工が入った銀メッキ。複雑な文様、動物柄が美しく装飾されている。アーダの聖杯と並んで、この時代における金工美術の傑作といわれる。

19世紀末にケルト文化に注目が集まると、ターラブローチも古代ケルトのアイデンティティとして扱われた。当時、いたるところでケルトを彷彿させるアイテムが復興、というか創造されていった。アイリッシュ・ドレスと呼ばれる民族衣装もその一つで、このドレスを模範としてケルト様式のデザインを刺繍したアイリッシュ・ダンスの衣装が生まれた。ダンスのソロ・コスチュームにショールを固定するとき、ターラブローチのような留め具が使われることが多い。本物のターラブローチをモデルとした「ターラ風」ブローチが、ターラブローチという名前でアイルランドの土産品として売られている。もちろんアンティークではない。ロマンチックなネーミングにケルト装飾たっぷりのデザイン。最初にこのブローチを手にした宝石商の狙いは当たったようだ。

一方、クラダリングも土産店の定番。こちらはターラブローチよりも歴史がずっと浅い。広く知られるようになったのは17世紀頃からで、クラダリングという名称で呼ばれ始めたのは19世紀。ただし、似たようなデザインの指輪はもっと昔から存在したらしい。クラダリングは王冠が載ったハートを両手で抱えるという、非常に愛らしいデザインの指輪だ。ケルトの神々を象徴していると語られることもあるが、後づけの説明だと思われる。残念ながら古代ケルトのロマンとは関係なさそうだ。いくつかの誕生秘話があって、真偽のほどは不明だ。多くの場合、ゴールウェイのジョイス一族が関連しているといわれる。スペイン人の富豪と結婚して、遺産で慈悲を施したマーガレット・ジョイスが手にした指輪という説や、17世紀に実在した金細工職人のリチャード・ジョイスにまつわる説がある。海賊にさらわれたリチャードは北アフリカに連れていかれて、彫金の仕事をさせられた。奴隷解放によってゴールウェイに戻ると、金細工の店を開いたといわれる。リチャードがクラダリングを妹の結婚式のために考案したとか、解放してくれた英国王に捧げたという伝説もある。クラダというのはジョイスの出身地、ゴールウェイの村のこと。リチャード・ジョイスのイニシャルが刻まれた指輪も残っているのだが、本当に彼のオリジナルデザインなのかはわからない。王冠は忠誠心、ハートが愛情、両手が友情を示すので、恋人どうしの贈り物に最適……というのが宣伝文句だ。ハートを上下逆にすると「恋人募集中」、正位置だと「恋人または配偶者あり」というおまじないのような習慣も、女性に人気の秘訣だろう。ヨーロッパの王室や芸能人などセレブが愛用しているという噂とともに、評判が高まった。

アイルランド的なアクセサリーという魅力を加えるため、心ときめくストーリーで脚色されたターラブローチとクラダリング。物語的な要素が商品価値を高めているといえるだろう。（山下理恵子）

VII

言語・文学・メディア

52

英語の200年、アイルランド語の1500年

★アイルランド文学史★

アイルランド全土に英語が普及して現在で200年だとすれば、アイルランドにおける英語文学の歴史もほぼ同じ長さである。200年は短いようだが、ここで生み出された文学世界の密度は濃い。

これに対してアイルランド語文学には1500年近い歴史があり、これはヨーロッパではギリシア語文学とラテン語文学に続く長さである。現存するアイルランド語最古の文学作品は、キリスト教の聖人コルム・キレを讃える歌で、6世紀末に成立したとされる。古事記や日本書紀より100年あまり古い。その頃はまだ、英語の文学作品はこの世に存在していない。

7世紀から10世紀に成立した初期アイルランド文学、というと難解で古めかしいもののように聞こえるが、実はその頃の神話・伝説に登場する英雄や女王たちは、現在日本でも知られるゲームやアニメのキャラクターになっている（コラム4参照）。この頃の文学作品のジャンルは「冒険物語」、「航海物語」、「幻想物語」、「聖人伝」、「地誌」と多彩である。優れた自然詩、風刺詩、恋愛詩、哀歌などの詩も残っている。英訳されて広まり、今でもアイルランドの詩のアンソロジーに必ず出てくる

詩もある。なかでも修道士が猫との生活を歌った、のどかな詩が有名である。12世紀の写本として伝わる『侵攻の書』は神話、伝説、古代史の集大成で、アイルランドの神族で後に妖精となったとされるデ・ダナーン族も登場する。「フィリ」と呼ばれた知識階級は、社会的地位の高い詩人かつ予言者であり、物語を口承で伝えた。ストーリーテリングも盛んで、アイルランド文学の黄金時代であった。そしてこの時代の作品は後にアイルランドの英語文学の豊かな土壌となり、バラエティ豊かによみがえることになる。

詩人が王と同等の地位にあって、その存在と発言が重んじられていた時代は終わり、17世紀を通じて詩人の地位は低下の一途をたどる。アイルランド語を話すカトリックのアイルランド人が、土地と政治力をイングランドから来たプロテスタントの入植者に奪われることになったため、詩人を支える社会的政治的基盤が失われたのである。18世紀はアイルランド語文学と英語文学がほとんど交わることのないまま、共存していた時代であるとされる。だがアイルランド語話者の知識人たちが過去のアイルランド語文学の栄光に囚われ、内に閉じこもっていたわけではけっしてない。海外から新しい知見を得ることに積極的で、英語の新聞を読んで米国の独立戦争など海外の政治的な動向から刺激を受け、また国外の文学作品も読んでいた。

18世紀前半に『ガリバー旅行記』を残したジョナサン・スウィフト（1667〜1745）はアイルランド生まれの英国人であり、スウィフトの作品は英文学であるともアイルランド文学であるともいえる。スウィフトのアイルランドへの帰属意識には曖昧なところもあったが、英国の支配下にあって虐げられていたアイルランド人の側に立った著作は、アイルランド人の心を強く掴んだ。『ガリバー旅行記』は日本では子どものための冒険話として知られるが、この作品にも英国のアイルランド支配への皮肉なまなざしが潜んでいる。スウィフトはアイルランドの民衆の間で、英雄としてもてはやされてきた。

18世紀後半にはブライアン・メリマン（1749〜1805）が、1000行あまりのアイルランド語長編詩『真夜中の法廷』を書いた。この詩がアイルランド各地に広まって相当の人気を博していたことを雄弁に物語っているのが、今に残る数多くの手書きの写本である。アイルランド各地でこの作品は読み上げられて、人びとの娯楽の場を盛り立てていたのである。当時は多くの人が貧困のため若いうちに結婚できず、晩婚を余儀なくされがちだった。作品では「婚活」の苦労や「持参金目当ての結婚」をめぐる社会問題にスポットが当てられている。老人と結婚した若い女性による生々しい告白など、今読んでもセンセーショナルな内容である。20世紀に入ってこれが英訳出版されると、内容のあまりの過激さに発禁処分を受けたが、アイルランド語の原作は当局の目に留まらず、処分を免れている。

19世紀にはジャガイモの不作による大飢饉（第12章参照）でアイルランド語話者が激減し、アイルランド語とアイルランド語文学は決定的な打撃を受けた。この頃、アイルランド語による民謡や物語のなかには口承の伝統として歌われ、語り継がれたものもあるが、新しい作品はほとんど生み出されていない。アイルランド語から英語への過渡期を反映して、アイルランド語と英語が入り混じった作品もある。日本のアーティストによってもカバーされたアイルランド民謡《シューラ・ルーン》（行って、愛しい人よ）の歌詞は、英語の歌詞とアイルランド語のリフレインで成り立っている。この歌を貫くのは恋人が兵士としてフランスに渡ることになったことへの深い悲しみだが、アイルランド語の部分には駆け落ちの誘いもほのめかされている。二つの言語の入り混じったこの歌の物悲しい旋律を耳にするとき、多くのアイルランド人にアイルランド語との決別をもたらした英語化の歴史も想起される。

衰退の一途をたどっていたアイルランド土着の言語や文学を復興しようとする動きが、19世紀後半から活発化していく。アイルランド固有の伝統の衰退をもたらしたのはイギリスによる植民地化だったが、その伝統の価値に着目した者には、「アングロ・アイリッシュ」と呼ばれるイギリス系のアイルランド人も少なからずいた。その一人ウィリアム・バトラー・イェイツ（1865〜1939）は、19世紀末以降のケルト文芸復興運動の立役者となる（第53章参照）。

英国人の入植に伴い、アイルランド語やその文学とは別の伝統も築かれた。英国から持ち込んだ文化的な生活を享受したアングロ・アイリッシュは「アセンダンシー」とも呼ばれ、「ビッグ・ハウス」と呼ばれる邸宅に暮らす者もいたが、このビッグ・ハウスを舞台とする小説はアイルランド独特のジャンルとみなされている。この小説の歴史は18世紀のマライア・エッジワース（1768〜1849）『ラックレント城』から20世紀のエリザベス・ボウエン（1899〜1973）を経て、21世紀のウィリアム・トレヴァー（1928〜2016）やジョン・バンヴィル（1945〜）に引き継がれている。ボウエンの小説からもわかるように、独立運動の気運が高まるにつれ、アセンダンシーは没落の道を歩み、屋敷は焼き討ちに遭った。多くの屋敷は廃墟と化してしまったが、現存するビッグ・ハウスは観光資源として注目を集めている。

ダブリンの街に静かにたたずむジェイムズ・ジョイスの像
（写真：山下理恵子）

20世紀最大の小説家、ジェイムズ・ジョイス（1882〜1941）はアングロ・アイリッシュではない。祖先は土着のカトリックだったが、ローマ・カトリック教会に対しては相当の距離感を抱き続けた。シェイクスピアにも比される突出した才能を発揮し、若くしてアイルランドを出てからも故郷の町ダブリンを舞台に小説を書き続けた。ジョイスは祖先の言葉ではない英語の使用へのわだかまりを抱き続け、『フィネガンズ・ウェイク』のように英語らしからぬ英語を駆使した作品を書くことで英語の破壊を試み、英語に復讐しようとしたのだといわれる。同時にジョイスは、アイルランド語を捨てたのはアイルランド人であるといった言い方もしている。ジョイスの言語観からも垣間見られるように、アイルランド語から英語への言語変化に屈折した思いを抱くアイルランド人作家は少なからずいた。

アイルランドには二つの言語的伝統があるというのは言い過ぎであり、目下すっかり少数派言語となったアイルランド語の伝統を、英語の伝統と同等だとみなすアイルランド人などほとんどいない、という説もある。だが1500年の伝統はそう簡単には消えず、多くの英語文学にインスピレーションを与え続けていることもまた確かである。

（池田寛子）

53

アイルランドから世界へ

★ノーベル文学賞詩人イェイツとヒーニー★

詩人であり劇作家としても知られるウィリアム・バトラー・イェイツ（1865〜1939）がアイルランド初のノーベル文学賞を受賞したのは1923年。英国からの部分的独立が達成され、アイルランド自由国が生まれた翌年のことだった。国の誕生とほぼ同時だったこの稀有な受賞に臨んでイェイツは、これは自由国に対して国際社会が賛同を示してくれたということだろう、と述べている。

1995年、アイルランドで4人目のノーベル文学賞受賞者が登場した。北アイルランドのデリー出身の詩人シェイマス・ヒーニー（1939〜2013）である。アイルランドゆかりのノーベル文学賞受賞者には、バーナード・ショー（1856〜1950）とサミュエル・ベケット（1906〜1989）もいる。ヒーニーはおそらく詩人としてのつながりを意識して、受賞講演の後半でおもにイェイツへの自らの思いを語っている。この章では両者の見えない絆をたどるため、今に伝わるイェイツ像を確認しつつ、最後にヒーニーから見たイェイツに焦点を当てたい。

イェイツへの関心は世界的なものである。2017年にもイェイツに関わる貴重な資料がロンドンのオークションにかけられた。すでにそういった資料の多くが米国の大学、そして海外の個人コレクターの手に渡ってしまっているという現状がある。この事態に直面して、アイルランドの「知的で創造的な資源」に貢献したということでイェイツを評価するヒーニーの言葉が、あらためて見直されようとしている。

ヒーニーとイェイツは生まれも育ちも大きく異なっている。接点があるとすれば、イェイツが死んだ1939年にヒーニーが生まれたことだろうか。ヒーニーがカトリックで農家の出身であるのに対し、イェイツはプロテスタントで、アングロ・アイリッシュと呼ばれる英国にルーツを持つ階級に属していた。だが裕福ではなく、「支配階級」と呼べるほどの社会的立場にもなかった。母方の親戚はアイルランド北西部のスライゴーの商人だった。イェイツは母とその地の人びとが語るアイルランド土着の物語を耳にしながら育った。アイルランドの民間信仰や民話は、英国から渡ってきた者たちとその子孫にとって自分たちの伝統ではない。「よそ者」としての自分を意識したからこそ、イェイツはアイルランドのフォークロア、神話、伝説に強く惹かれ、それをアイルランド人として生きようとする自分の心の拠り所にしようとしたのだろう。

小さな田舎町だったスライゴーには、今ではイェイツの聖地として世界中からの訪問客が訪れる。毎年開かれるイェイツ・サマースクールでは、イェイツの詩が朗読され、劇が上演され、イェイツにさまざまな光を当てるセミナーやレクチャーが熱気で包まれる。イェイツの詩のなかで最もアイルランド人に親しまれてきた詩篇「イニスフリーの湖島」の舞台もスライゴーにある。ロンドンの雑踏でイェイツの心に湧き上がってきた故郷の自然を懐かしむ心情が詩の底流にあり、記憶と想像力が織り

イェイツの墓の背後にそびえるベンブルベン山
(写真：筆者)

なす湖の情景は郷愁を誘う。

スライゴーのベンブルベン山のふもとにはイェイツの墓があり、イェイツの晩年の詩から採られた「冷たいまなざしを向けよ／生に、死に。／騎馬の人よ、行け」(Cast a cold eye / on life, on death. / Horseman, pass by) が墓碑銘として刻まれている。「騎馬の人」は妖精のような超自然の者であり、つまり異界からの訪問者である。イェイツはフランスで客死して彼の地で埋葬された。だが生前からイェイツはスライゴーの墓地に眠りたいと願っていた。この希望を叶えるためにアイルランドへと移された遺体が本当にイェイツのものだったのかについては長年議論があったが、2015年に発見された一つの文書がこれにほぼ決着をつけた。1948年の「イェイツ帰還」に先立ち、イェイツの亡骸の場所を確認するために墓地に派遣された役人が、イェイツの墓を特定するのは不可能で、共同墓地の骨を集めて骸骨を組み立てるしかない、と報告していたのだった。戦死者を埋葬するための墓地が不足したため、イェイツが埋められていた場所も掘り返され、多くの骨が1か所に集められていた可能性については、ずいぶん前から指摘があった。その通りだったことの証拠が公になったのである。

アイルランドに帰還した「イェイツ」が複数の人の骨の寄せ集めだったという事実は、どのような意味を持つのだろうか。そこにイェイツの骨が含まれているのかについて、確認はされていない。国外のさまざまな思想、文化、文学がイェイツの血肉を形成したという意味では、イェイツの骨が眠るのは必ずしもアイルランドでなくてよい。アイルランドの土に完全に戻れなかったのは、ロンドンを中心とした海外暮らしの期間も長く、アイルランドでは浮いた存在だったともいえるイェイツの人生を象徴するかのようである。偽物のイェイツが墓のなかにいる、といえばそれまでだが、イェイツは「言葉のみが確実な善」と詩のなかで言い切っている。「言葉」こそがはかなく頼りにならないものだともいえるが、墓碑銘がイェイツの言葉であるかぎり、そこにはイェイツがいるともいえるだろう。

死後、イェイツには批判的な眼が向けられることもあった。もともとイェイツは、お高くとまっているというイメージを持たれ、アイルランドの一般市民、いわゆる大衆とあまり折り合いがよくなかった。イェイツはアイルランド古来の伝統の復興に尽力し、その努力は愛国意識の高揚をめざす独立運動と結びついた。愛国的なイェイツの劇にも感化された革命家たちが、1916年のイースター（復活祭）蜂起で命を落としたが、そのときイェイツは英国にいた。その結果誕生したアイルランド自由国は、北アイルランドを欠いた中途半端な国だった。こう考えていくと、イェイツはかなり無責任に独立の戦いをあおったようにも見え、その生涯を手放しで称えることは難しくなる。

第53章
アイルランドから世界へ

英国領として残った北アイルランドでは、土着のカトリックのアイルランド人がアイルランドの部分的独立の恩恵をまったく得られなかったばかりか、差別を受けて市民権を制限された。差別撤廃を求めた運動は弾圧され、やがて北アイルランド紛争として泥沼化していく。こうした厳しい現実があって、ヒーニーもイェイツに対して屈折した感情を抱いてもよかったのだったが、むしろヒーニーがイェイツを高く評価したのはなぜだろうか。

ヒーニーが自らのノーベル賞受賞講演で、アイルランド人が好きな詩の一つとして紹介したイェイツの詩「内戦時の瞑想」の第6節には、アイルランド人どうしが戦った1921年の試練のときにイェイツの心をつかんだ、一つの光景が描かれている。当時イェイツが住んでいたのは、15世紀にアイルランドに移住してきたノルマン人が建てた塔だった。詩によると、そこではミツバチが石壁の割れ目に巣を作っていた。ムクドリの巣もあって、母鳥が雛のためにエサを運んでいた。空いている鳥の巣に住処をこしらえてはどうかと、詩人はミツバチに呼びかけている。のどかな光景だが、塔の外では残忍な殺し合いがくり返され、アイルランド中が不安に包まれている。ヒーニーは塔のなかに形成された生態系、そこでの生命の営みに対するイェイツの繊細な慈しみの気持ちをこの詩に感じ、深い共感を覚えた。暴力と悲劇はくり返すとしても、どんな状態でも懸命に生きようとするものたちがいて、互いに共生感覚を育み合うことだろう、そう信じられる、この詩からヒーニーはそう感じたということである。

ヒーニーが生まれ育った北アイルランドは、現在も英国領である。それでもヒーニーは、自分は英国の詩人ではないと自負していた。これは、ヒーニーが排他的なナショナリストであったということではない。イェイツと同様にヒーニーがアイルランドの土着の伝統に深い関心を抱き、そこに自分のルーツを求めたことは確かである。だが土地に根差してきた文化が存在するとしても、それは純粋で単一な何かが引き継がれてきたということではない。外国人が建てた塔とそこに住む人間、鳥とミツバチの組み合わせに見られるように、異質な者たちが平和に共存して地に根を下ろすこともできる。アイルランドにさまざまの民族が流入し、争い、和解し、交わり、ともに生活や文化を築いてきた。国内の対立に絶望しかけたとき、ヒーニーもイェイツも共生の具体例を求め、そこに希望を見いだそうとしたのだろう。ヒーニーは「土着性」あるいは「地方性」の尊重と「民族主義」の違いを特筆している。民族的な遺産へ誇りはファシスト的なものに陥ってしまう危険性があり、これには警戒しなければならないが、土着のものに宿る本質的な善を愛し、信じることをやめることはできない、とヒーニーは語る。

イェイツとヒーニーをつなぐ日本人、それが大江健三郎である。大江はノーベル文学賞記念講演「あいまいな日本と私」（1994）で、川端康成よりもアイルランドのイェイツに親近感を覚えると述べている。大江の小説『燃えあがる緑の木』は、イェイツの詩「動揺」からそのイメージと着想を得ている。1997年には日本で大江とヒーニーが対談した。ノーベル賞受賞者を囲むフォーラムの一環として企画されたセッションのタイトルは「文学――周縁から普遍へ」。世界を視野に入れながら土地との結びつきに回帰していく気持ち、ここにイェイツ、ヒーニー、大江の交わるところがある。今自分がいる場所に根差そうとすることと、時代と国境を越えた深い連帯意識を持つことは、矛盾しないのである。

（池田寛子）

54

もう一つの世界へのまなざし

★文学の力★

アイルランド文学の背景を知るうえで欠かせない、二つで一組の言葉を四つ挙げたい。北アイルランドとアイルランド共和国、プロテスタントとカトリック、アイリッシュとアングロ・アイリッシュ、英語とアイルランド語。つまり、アイルランド島を分ける国境があり、その北側でくすぶる紛争の影には宗派的、民族的な溝があり、南側では二つの公用語が不均衡な力関係を保っている。こうした社会状況があって、他者との共生の道を模索する現代アイルランド文学がある。

詩人シェイマス・ヒーニーは、12歳頃から北アイルランドのプロテスタント支配社会で生きるカトリックとして自分を意識するようになった、と語っている。ヒーニーが育った家庭はカトリックの農家で、プロテスタントの人がミルクを買いにくることもあった。そんなとき、自分と目の前にいる人との間にはミルクの売り買いという関係があるだけでなく、宗教的かつ政治的な断絶があることを、子どもの頃からヒーニーは否応なしに認識していたのだった。宗派対立による紛争が激しさを増す北アイルランドを1972年に離れてアイルランド共和国に移住してからも、ヒーニーは紛争と向き合ってきた。北アイルランドのカトリック住民としての30年あまりの間、ヒーニーはプロテスタント住民が社会的に恵まれた立場にあるという不公平を身をもって知っただけではなかった。たとえ社会が分断されていてもその境界を越えて個人と個人の関係を築けるということをヒーニーは胸に刻み、また、教会の司祭と自分とが同じ立場にはないように、違いや格差はカトリックの間にもあるということにも意識を向けたのだった。

宗教や政治的立場の違いは、同じ島に生きる者たちの間に違った歴史認識や文化を育んできた。身近に存在しているのに精神的には遠く、ときに敵対関係にあるかのようにみえる、そんなカトリックにとっての「もう一つの世界」であるプロテスタント社会に肉薄しようとしたのは、カトリックの劇作家フランク・マクギネス（1953〜）である。マクギネスの劇『ソンム川に向かって行進するアルスターの息子たちに照覧あれ』に登場するのは、第一次世界大戦で英国軍の兵士として戦い、犠牲になったアルスター出身の男たちである。アイルランドのカトリックの間で彼らの死が、同情はおろか関心さえ向けにくいものになったのには理由があった。同じ時期にアイルランドは英国からの独立を求める運動で盛り上がっており、カトリックのナショナリストの間には大戦で英国のために戦うことに賛否両論あったが、多くが英国からの徴兵に強い抵抗感を抱かずにはいられないほど英愛関係は悪化に向かったのだった。だが、英国とのつながりを大切にしたいという気持ちから、大戦への協力を肯定する者が少なくなかったのが、アルスターのプロテスタント社会だった。結果的に多くの家族や同郷人が最前線に送られ、命を落としたことは、深いトラウマとなってこの地方のプロテスタントの人びとを苛むことになった。これに一人の人間として向き合おうとするマクギネスの試みは、同じ

第54章
もう一つの世界へのまなざし

アイルランドに住みながらそれぞれ違った歴史を語り伝えてきたカトリックとプロテスタントの間に、相互理解と共感の可能性を示そうとするものでもあった。「もう一つの世界」が抱える痛みを、自らの痛みとして想像する。その困難を思うとき、この劇の視点はアイルランドの人にとってのみならず、誰にとっても重い意味をもつことがわかる。

英語とアイルランド語の関係もまた、微妙で複雑な問題をはらんでいる。英語話者が多数派となったアイルランド社会において、アイルランド語は少数派の言語として「もう一つの世界」を形成し、これがアイルランド文化を根底から支え、その独自性の源となっている。ヌーラ・ニゴーノル（1952〜）は、アイルランドのみならず国際的にも知られた、アイルランド語で詩を書く女性詩人である。アイルランド語の原作は読者が限られてしまうため、ニゴーノルは翻訳に希望を託す。ダイヤモンドの原石がカットによって輝きを増すように、一つの作品はいくつもの翻訳によってさまざまな輝きを発するようになる、と考えているのである。

だが、すぐれた英訳が脚光を浴びるあまり、原作がその影に置き去りになるという事態も指摘され、ニゴーノルもこのことは充分承知している。英国によるアイルランド征服の歴史は、アイルランド語から英語への翻訳のプロセスとして語られることがあり、翻訳の功罪は盛んに議論されてきた。いささか強引な翻訳をこの世の流れとして受け入れ、アイルランドはアイルランド語なしでやっていける社会へと移行した。現在アイルランド語は第一公用語として守られているが、国内には不要論もある。祖先の言葉を失った痛みが国のトラウマとなって、英語話者となった国民を自覚できないほど心の深い部分で苛んでいるようにニゴーノルには思われるらしい。かつての「翻訳」が残した傷は、英語の

ヌーラ・ニゴーノルによる詩の朗読
（写真：筆者）

おかげで得られた繁栄にかき消されたかたちになり、それ自体は悪いことではない。ニゴーノルが英訳に期待するのは、原作、そしてアイルランド語への関心を読者の心に呼び覚ますことである。

アイルランドの英語作家たちの間では、アイルランド語文学の価値は十二分に認識されてきた。ヒーニー、ポール・マルドゥーン（1951～）、キアラン・カーソン（1948～）などアイルランド

第54章

もう一つの世界へのまなざし

の屈指の英語詩人たちがニゴーノルのアイルランド語詩の英訳に取り組み、それぞれ直訳を離れた個性的な訳を編み出し、評判になった。古期や中期のアイルランド語で書かれた文学の翻訳あるいは翻案作品もさかんに出版されてきた。だが、訳者の意図がどうであれ、英語作品の材料としてアイルランド語文学が利用されているだけでアイルランド語の活性化にはなっていない、という見方がされることもある。ヒーニーは、17世紀から20世紀の間に作られたアイルランド語詩とその英訳を左右に並べた訳詩集『選集――奪われし者の詩』について、訳と原詩とを比較しつつ読むおもしろさを語っている。しかしこうした読み方はアイルランド国内でも多数派のものではない。読者のほとんどが英訳の部分しか読まないなら本の半分は何のためにあるのかということにもなるが、アイルランド語の尊重という観点からすれば、バイリンガル版の意義は大きい。

現代アイルランド作家たちの関心はアイルランド国内にはとどまらず、むしろ「もう一つの世界」との出会いへと開かれたまなざしを強く印象づける。ニゴーノルは現代社会が抱える深刻な問題からアラスカでオーロラの声を聞いた神秘的な体験まで、幅広い題材に詩作のインスピレーションを得ている。ヒーニーは英語以外の言語で書かれたロシアや東欧の近現代文学についてのエッセイを多数著しているが、自分を含めた今の英語圏の作家には表現できない、しかし表現できてもよかったであろうものを見極めようとする彼の目は鋭い。アイルランド国内や英語圏内に閉じこもるのでなく、視野を広く持ち、外から内を見つめようという意識を後押ししているのは、陰に陽に亀裂を抱えたアイルランドの現状、そしてそこからの突破口を求める気持ちでもあるようだ。

詩人マイケル・ロングリー（1939〜）は、古代ギリシアの長編叙事詩であるホメロスの『イーリアス』に着想を得て、息子ヘクトールを殺されたプリアモスとヘクトールを殺したアキレウスの和解の場面を14行の詩篇「停戦」に描いた。「わが子を殺した者の手に」口づけしようという老王プリアモスの決意、その奇跡のような赦しの心を、まさに今自分たちが見習わねばならないと暗示することで、ロングリーは血を血で洗う北アイルランド紛争の終結を祈り、訴えている。この詩がＩＲＡの停戦宣言とともに『アイリッシュ・タイムズ』紙に掲載され、社会的にも注目を集め、共感を呼んだのは１９９４年のことである。

「詩は戦車を止められない」というのはヒーニーの言葉であるが、必ずしも紛争の暴力に対する詩人の無力感を伝えるものではない。背後にあるのは、暴力的に戦車を止められないからこそ言葉がもちうる力に寄せる信頼、そして経験に根ざし、深い思慮に裏打ちされた文学作品が、人の心を動かし、何かを変えうることへの信念である。もう一つの世界との融和と共存に向けて、これからもアイルランド文学は現実の先を行くビジョンを追求することだろう。

（池田寛子）

55

物語の秘める真実

★語りの文化としてのフォークロア★

『アイルランドのフォークロアのための手引き書』という、辞書のように分厚い本がある。アイルランドでフォークロアを調査する場合、田舎でどんな質問をすればよいかをまとめた質問集である。この本の目次を眺めるだけで、フォークロア世界の奥行きと幅に目をみはることになる。季節ごとの行事、風の名前、葬式や結婚式に関わるもの、月や太陽の運行に関係した信仰など、ありとあらゆるフォークロアについて知るための質問が事細かに分類してある。質問は一見素朴なのだが、含蓄は深い。動物の項目には「ロバの鳴き声は何を意味しているでしょう」という問いかけもあるが、ロバは何かのお告げを運ぶ使者だと思われていたらしい。「キツネにはどんな呼び名があるでしょうか」という問いからは、日常的に人びととはキツネと接する機会があって、さまざまな交流があったのだろうと想像される。フォークロアの根幹にあるのは、自然界と密接に結びついた人びとの暮らしである。

フォークロア研究は19世紀に英国で組織的に行われるようになり、急速に発展した。「フォークロア」は二つの英単語が合わさってできた言葉で、「フォーク」は民衆、「ロア」は知識、伝承などを意味している。アイルランドでは、アイルランド語で「口承の教え」を意味するベリチャス（Béaloideas）という言葉がフォークロアに相当する学術用語に定められた。アイルランドのフォークロアは「語り」の伝統の根強さを特徴とすると考えられたためである。19世紀アイルランドでフォークロアを聞き集めた研究家によると、伝説の英雄であるフィンやクー・フリンのことを、まるでついこの間近くの丘で馬を走らせていたかのように語る人びとに会うこともめずらしくなかったという。岩や石、丘や湖の形や名前にちなんだ物語もある。各地の旅行案内所で問い合わせ、「考古学ツアー」のようなものに参加すれば、今でも遺跡や地形を目の前にしながらお話を聞くことができる。昔ながらの炉辺での語りというわけにはいかないが、話好きのガイドが語り部のごとく熱弁を振るってくれるはずだ。

アイルランドが英語化される前、すべての物語はアイルランド語で語られていた。その伝統が現在すっかり失われてしまったわけではなく、存続の努力が払われ、次世代への引継ぎの必要が痛感されている。何百もの物語をアイルランド語でそらんじることのできる語り部の一人だったボブ（An Bab Feirítéar）は、ディングル半島のバリーファリチャー村で2005年に88歳の生涯を閉じた。活き活きとお話を語る彼女の声と口調は一度聴くと耳に残る独特のものだったが、豊かな表情をくりだす幾重もの皺、茶目っ気たっぷりの笑顔も心に刻まれた。ボブはテレビやラジオを通じて国中に知られており、その死を悼む人は多かった。

『アイルランドのフォークロアのための手引き書』には、「超自然界の者たち」という項目もある。「超自然界の者」とは異界の住人で、なかでも妖精は民間伝承物語で大活躍する。とりわけ19世紀以

物語の秘める真実

語り部ボブ（右）とお孫さん
（写真：筆者）

降アイルランドでは妖精にまつわる物語が盛んに収集されるようになり、ロマンチックな幻想物語、詩、絵画として再生産され、海外にも伝えられた。なぜ妖精信仰が生まれたのかという疑問が学問的にも追究されるようになり、さまざまの説が編み出された。アイルランドの妖精は神々の末裔ともいわれ、キリスト教以前の信仰にその起源があるとも考えられる。

妖精たちが娯楽や研究の対象として都会でもてはやされていた19世紀末、アイルランドのとある田舎町で、妖精退治という名目で殺人事件が起こった。事件のキーワードは「チェンジリング」。子どもや若い人が眠っている間に妖精と取り替えられ、人間のかわりに醜い妖精がベッドに残され、人間は妖精の国に連れていかれるという現象が「チェンジリング」と呼ばれ、実際に起こると信じられていた。人間を取り返そうと思えば、妖精を暖炉に放り込むなど、方法がいくつかある。事件の犠牲者は若い女性だった。病気で床に伏していた彼女は、周囲に妖精に取り替えられたのだと思われ、さまざまな暴力が加えられた挙句、妖精として焼き殺されるという羽目に陥ったのだった。小説家でフォークロア学者でもあるアンジェラ・バークは丹念な調査によってこの事件の真相を追究し、ドキュメンタリー小説として世に送り出した。それによるとどうやら、この女性は迷信のせいで妖精だと誤解されて殺されてしまった、というわけではないらしい。女性の夫をはじめとして彼女の殺害に関わった人びとは、女性のふりをした妖精を退治したかったというよりも、何か理由をつけてその女性を痛めつけ、殺したかったということで、その口実となったのが、「彼女は妖精と取り替えられてしまった」というフィクションだったのである。

過去の虐待や暴行といった事件のなかには、妖精の仕業だとして処理されてきたものもあることが明るみに出始めている。もともと妖精は草木に宿る精霊だったのかもしれないが、痛ましい事件を隠蔽するために悪用されることもあったという事実を見過ごすことはできない。

海に囲まれ湖にも恵まれたアイルランドでは、水中の妖精、すなわち人魚の伝説も数多く語り伝えられてきた。アイルランドの特定の名字、たとえばオシェー（O'Shea）家の人びとなどは、人魚と婚姻関係を結んだ祖先がいたとされる。人魚伝説の多くは、人魚の女性と人間の男性との間の婚姻関係を描いたものである。アイルランドの人魚伝説は、現実的な悲哀に満ちている。海から上がって人間と結婚した人魚は、地上の生活になじめず、苦労していることが多い。この世の食べ物を受けつけられない人魚。言葉をしゃべれない人魚。夫と子どもを残して海に帰っていく人魚の姿は、日本の『鶴女房』や『雪女』を思わせるだろう。こういった人魚伝説の解釈として、他家に嫁いだ女性が味わった孤独や精神的苦痛、婚姻関係の破綻という現実を、物語のベールに包んで語りなおしたものだという説がある。海という別世界からやってきた人魚のような遠くの村の女性ではなく、身近な人と結婚しなさい、という教訓を読み取ろうとする解釈もある。

教訓的要素が人魚伝説の一側面であるとしても、人魚は教訓を語るための単なる小道具にすぎないというわけではない。人魚伝説の背後には、海と人との深い関係に根ざした信仰がある。その信仰によると、地上世界を鏡のようにそっくり映し出した世界が、海の底にはある。そこでは地上の動物に対応する魚たち、草木に対応する海草が生息し、人間のかわりに人魚族が生活しているらしい。海底に広がるもう一つの世界は、海とともに生きたアイルランド人にとっての竜宮城であり、海を畏れ、その未知の領域に想像をめぐらせた人びとの心の真実を映し出している。自然界の動きのひとつひとつに、鳥や動物たちの鳴き声のひとつひとつに、豊かな意味があった。今もその意味は消えることなく、物語のなかに息づいているのである。

（池田寛子）

アイルランド神話の現在

コラム4 池田寛子

ゲームやファンタジーのキャラクター事典には、アイルランドの神話や伝説の主要人物が次々と登場し、「原作」を踏まえていると思われる彼らの属性がつづられている。こうして伝説の住人たちが新たな居場所を見いだして広く知られるようになった今となっては、元祖「アイルランド神話」について語る必要などとくにないような気さえしてくる。それでもあえてここでは、突出した知名度を誇る英雄クー・フリンと、彼をめぐる物語に欠かせない女王メーヴを取り上げ、現代感覚からしても魅惑的なこの二人の、知る人ぞ知る本性に迫りたい。

少年時代のクー・フリンが「もしわたしの名声と行動が後世に生き続けるならば、わたしは一昼夜しか生きなくてもかまわない」と言い、これが彼の太く短い人生の予言にもなったことは有名である。この台詞はアイルランド語でもきちんと残っている。1000年を超える昔にこの名台詞を発した伝説の英雄が、21世紀にゲーム、アニメ、ファンタジーの世界に生き続けている。予言通りだった、と言うべきかもしれない。

クー・フリンが大活躍するのは、長編小説の趣を持つ伝説「クーリーの牛争い」である。物語の発端は、王アリルとその妻メーヴの財産比べにある。自分が牛1頭負けていると知った女王は、アルスター地方の牛を奪うために、王とともに軍勢を率いてアルスターに向かう。アルスターのほかの男たちが呪いのために闘えない状態にあったため、クー・フリンは牛とアルスターを守るために孤軍奮闘する。

今でも「誘惑者」のイメージで語られるメーヴは、伝説でも勇士たちをたぶらかす女性として描かれている。土地、戦車、さらに「私の親密な太もも」を与えるという条件で、メーヴは当初戦わずして牛を持ってこさせることを企んでいた。「太もも」にはセクシャルなニュアンスがあることは言うまでもない。「多くの夫や恋人を持った好色な女王」の正体は、実は地母神信仰にさかのぼる。メーヴの原型は、歴代の王が神聖な結婚の契りを結ぶ必要のあった不死の女神であり、大地を象徴する母神なのである。

メーヴの宿敵、それが英雄クー・フリンである。「牛争い」当時のクー・フリンは17歳。クー・フリンの描写にはかなりの紙面が割かれている。丹念に構築されてきたこの英雄のイメージは実に鮮やかだ。頭髪は黒、赤、黄色の3色に染め分けられたという描写もあり、奇抜でお洒落なクー・フリン像が浮かび上がってくる。顔と表情については「彼の両頬にはそれぞれ四つのえくぼがあった。色は黄色、緑、深紅、そして青である」と始まり、目には「七つの宝玉」が光るという、現実にはありえない描写が続く。少女漫画のキャラクターたちの瞳に星が散りばめられてきたように、英雄のキラキラしたまなざしを表現するのに昔の人も心を尽くしたのだろう。

クー・フリンのきらびやかな戦闘衣装の描写に続き、「八つの短剣、象牙の柄をつけたきらめく刀、八つの短い槍」に始まって、持ちきれないほどの武器が列挙される。アニメのスーパーヒーローも顔負けといったところだが、原作の記述を映像化することは不可能だろう。魔法と超自然の要素も話を盛り上げているが、その一つに、育ての父からもらった「姿隠しのマント」がある。父から身を隠すためのマントをもらうという発想は、「ハリー・ポッター」にも健在である。

戦闘場面は過激でグロテスクである。それでは「クーリーの牛争い」は戦争賛美の物語なのだろうか。莫大な財産を所有する女王が1頭の牛が欲しいというつまらない理由で戦争を始め、多くの命が失われることになったという虚しい話であることからすれば、その背後に戦争忌避の気持ちをみてとることは難しくない。女王と王は正々堂々と闘うクー・フリンを、汚い手口で殺そうとたくらむ。彼らの狡猾さや不誠実さは、純真無垢なクー・フリンとの対照で際立つ。クー・フリンは戦いを通じて非人間的な姿に「変貌」する。戦いからは「憎しみ」しか生まれない。親友との一騎打ちを強いられるという悲劇も起こる。英雄の短命の原因は、この戦争で買った恨みである。

ただし、クー・フリンをめぐる伝説から「暴力賛美」と「自己犠牲の肯定」が読み取られてきたという事実は否めない。19世紀末以降、死をも恐れぬ英雄クー・フリンは、英国からの独立を求める武力闘争支持者たちの模範的存在としてもてはやされた。1960年代以降、北アイルランドで英国系住民とアイルランド人ナショナリストとの対立が深まった際には、クー・フリンはどちらの陣営からも自分の側を支える英雄だとみなされるようになった。アルスターを自分たちの領地だと考えるプロテスタントのユニオニストたちにとって重要だったのは、クー・フリンが牛に象徴されるアルスターの利益のために戦った、この一点である。

伝説の英雄やヒロインの名前を持つアイルランド人に会うことは少なくないが、「クー・フリン」にはまだ会ったことがない。この名が連想させる20世紀以降の歴史が、あまりに生々しすぎるからだろう。

56

劇場からみえる伝統

★英国演劇と国民演劇★

ストーリー・テリングの伝統が強かったアイルランドでは、独自の演劇伝統が希薄だったということが通説となっている。それゆえ、アイルランド演劇について語るさい、19世紀末の国民演劇運動を経て、アビー劇場が設立される時代から始められることが多い。確かに、中世のヨーロッパ各地で見られる、キリスト教会から発生した典礼劇はアイルランドでは確認されていないし、1901年にダグラス・ハイドが意識的にアイルランド語で作品を書くまで、アイルランド語による演劇作品はなかったという事実が、そうした通説の根拠となっている。とはいえ、アイルランドにも、英国の演劇伝統の流れを汲む「植民地の演劇」としての伝統はあり、演劇を楽しむ習慣は17世紀にさかのぼることができる。

アイルランドにおける最初の本格的劇場は、1637年に建設されたワーバー・ストリート劇場である。これは王政復古以前にロンドン以外で建てられた唯一の劇場で、1641年にアルスターで起こった武装蜂起の影響で閉鎖されるまでの4年間、ベン・ジョンソンやトマス・ミドルトンら英国人劇作家の作品を上演していた。また、清教徒による劇場封鎖（1642〜1

660）が解かれた後の1662年には、ロンドン以外で初めての国王認可劇場《パテント・シアター》（スモック・アリーのシアター・ロイアル）が建設された。ここではファーカー（1678〜1707）やゴールドスミス（1728〜1774）、シェリダン（1751〜1816）ら、アイルランドで生まれ、教育を受けた劇作家たちによる、いわゆる王政復古喜劇が上演されていた。彼らの作品は、ロンドンで成功を収めた後、アイルランドに逆輸入されたものであるが、その多くは今日に至るまで、英語圏の劇場のレパートリーとして上演され続けている。英国演劇の発展に貢献した多くのアイルランド生まれの劇作家たちは、その作品にステージ・アイリッシュマン（舞台の上のアイルランド人）と呼ばれるステレオタイプ化したアイルランド人を頻繁に登場させた。アイルランド訛りをしゃべる、酒好きで愚かな田舎者のステージ・アイリッシュマンは、多くの場合アイルランド生まれの俳優によって演じられ、常に嘲笑の対象となってはいたが、同時に、言葉巧みにほかの登場人物を煙に巻く、人気者の道化でもあった。

ステージ・アイリッシュマンの伝統は、19世紀に入り、メロドラマが演劇の主流となっても続いていく。メロドラマというジャンルで大成功したアイルランド生まれのディオン・ブシコー（1822?〜1890）は、アクター・マネージャーとして劇団を経営し、自らが書いた250作以上の劇で主演しながら演出を行い、巨万の富を得た後、最後には一文無しになって死んだ劇作家である。ブシコーは、アイルランドを舞台にした『金髪の乙女』（1860）、『キスのアラー』（1864）、『放浪者』（1874）という3作品のなかで、従来脇役にすぎなかったステージ・アイリッシュマンを、魅力的な登場人物として主役の座に据えてみせた。ブシコーの作品は長い間忘れられていたが、近年特に彼のアイルランド劇に対する再評価が進み、英語圏の劇場で再演が重ねられた結果、今日では、ア

今日のアビー劇場
（写真：筆者）

イルランド演劇はブシコーに始まると考える演劇研究者は少なくない。

しかし、19世紀末にW・B・イェイツ（１８６５〜１９３９）やグレゴリー夫人（１８５９〜１９３２）、J・M・シング（１８７１〜１９０９）らが、アイルランド独自の国民演劇運動を推進するうえで念頭に置いたのは、こうしたステージ・アイリッシュマンに代表されるアイルランド人のステレオタイプを打ち破ることだった。イェイツはグレゴリーに宛てた手紙で、「アイルランドが、常に表象されているような下品な道化芝居やお涙頂戴の感傷ばかりを生み出す国ではなく、古の理想主義を生み出す国であることを演劇を通して示しましょう」と述べている。そうした国民演劇運動の本拠地として１９０４年にオープンしたアビー劇場は、アントワーヌがパリに創設した「自由劇場」の流れも汲んでいて、商業劇場では上演できないような、アイルランドの劇作家による実験的な新作を上演し続けた。20世紀初頭、英国からの脱植民地化をはかるアイルランドにおいて、人びとが新しい国家とそのアイデンティティを追求するなかで、アビー劇場は、アイルランド人とは何かという問いに対する議論の場を

シアター・ロイアルの跡地に再建されたスモック・アリー劇場
（写真：筆者）

提供し続けたのだった。

アビー劇場が輩出した多くの劇作家のなかで、シングとショーン・オケイシー（１８８０～１９６４）が生み出した数々の作品は、アイルランド演劇の古典として、初演から１００年近い年月を経ても、けっして色褪せることなく上演され続けている。とはいえ、１９０７年にシングの『西の国のプレイボーイ』が初演されたとき、一部の愛国主義者たちが劇場で暴動を起こしている。彼らは、アイルランドの農民が、夢物語にうつつを抜かす飲んだくれとして戯画化されていると、作品を糾弾したのだった。一方、オケイシーの『鋤と星』の初演時（1926年）にも、労働者の旗である「鋤と星」と、後に国旗となる三色旗が、娼婦のいるような酒場に持ち込まれた点が非難され、1916年のイースター蜂起（第15章参照）や新しく成立したアイルランド自由国に対する敬意に欠けるとして、同様の暴動が起こっている。このように、独立をめざし、新しい国をかたち作っていこうとするプロセスのなかで、芸術作品としての評価よりも、政治的な立場による評価が目立ってしまうこともときにはあったが、新しい国のアイデンティティをめぐる「議論」が演劇の評価をめぐって起こったことは興味深い。

現在、国内各地にある劇場を訪ねることで、こうしたアイルランドのさまざまな演劇伝統に思いを馳せることができる。たとえば2012年、テンプル・バーの外れにオープンした、ダブリンで「最も古く最も新しい劇場」といわれるスモック・アリー劇場は、1662年に建てられたスモック・アリーのシアター・ロイアルの跡地を発掘調査し、同じ場所に再建したものである。また、演劇愛好家たちになじみの深いダブリンのゲイアティ劇場やオリンピア劇場、ベルファストのグランドオペラハウスなどは、それぞれ19世紀の建造物を踏襲したもので、ヴィクトリア朝のメロドラマが上演された劇場の様子を今日に伝えている。アビー劇場は1951年に火事で焼失してしまったが、イースター蜂起の50周年を記念する1966年に元の劇場跡地に再建され、今日ではアイルランド共和国の国立劇場として、その伝統を守り続けている。

（三神弘子）

57

舞台が語る過去・現在・未来

★演劇とアイルランド史★

「歴史という網の中に囚われていない人間について書くことはむずかしい」と、劇作家で小説家のセバスチャン・バリー（1955〜）がいみじくも語ったように、アイルランドの劇作家の多くは、この歴史性に囚われ、こだわり続けてきた。自国の歴史について思いを馳せ、自らのアイデンティティについて問うことは、長い間、アイルランドの劇作家たちにとって大きなテーマだったのである。歴史劇で扱われる時代は、それが書かれた「現在」になんらかのかたちで呼応している。たとえば、イェイツとグレゴリー夫人の共作による一幕劇、『キャスリーン・ニ・フーリハン』（1902）では、1798年の武装蜂起がまさに始まろうとするなか、婚礼を明日に控えたマイケルが一人の老婆に出会うところから始まる。「美しい土地を取り戻し、自分の家からよそ者を追い出す」ことが夢だと語る老婆は、侵略者との戦いに若者を誘い、彼らが流す血によって若返る。そして、女王の足取りで立ち去る「老婆＝キャスリーン・ニ・フーリハン」というメタファーは、20世紀初頭のアイルランドの観客に広く受け容れられた。彼らは百年前の蜂起に思いを馳せながら、1902年という現在をみていたのである。

同様に、20世紀に書かれた19世紀アイルランドを舞台にした作品からは、確実に20世紀がみえてくる。トム・マーフィー（1935〜2018）の『ファミン』（1968）は、タイトルが示す通り、19世紀半ばにアイルランドを襲った大飢饉を劇の背景としているが、マーフィーは、飢饉は過去の出来事ではなく、1950年代の国の貧困に直結していると考え、『ファミン』を「20世紀半ばという時代と、その時代に生きる不機嫌な自分を描いた劇」と位置づけた。1833年に舞台を設定したブライアン・フリール（1929〜2015）の『トランスレーションズ』（1980）では、舞台は英語化、つまり植民地化が進むプロセスが描かれている。1969年以降激化し出口のみえない北アイルランド紛争の混乱状態を重ねながら、植民者の言語である英語を我が物とする代わりに、母語であるアイルランド語を失っていった歴史的事実を通して、アイルランド人とは何かという切実な問題提起をした作品である。

次に、アイルランド史において重要な1916年をめぐって書かれた二つの作品を取り上げたい。ショーン・オケイシー（1880〜1964）の『鋤と星』（1926）は、同年4月末に起こったイースター蜂起を劇の背景にしている。『鋤と星』が上演されたのは、失敗に終わった蜂起からわずか10年後のことだったが、その間にアイルランドは、独立戦争を経て、1922年には北部6州を残しアイルランド自由国（南の26州）として英国から独立を果たした。蜂起を神話化し、その指導者を殉教者とみなそうとする時代の流れのなか、オケイシーは、否応なく混乱に巻き込まれる一般市民の視線で、蜂起を批判的に描いている。フランク・マクギネス（1953〜）の『ソンムに向かって行進するアルスターの息子たちに照覧あれ』（1985）は、蜂起の数か月後に起こった第一次世界大戦の激

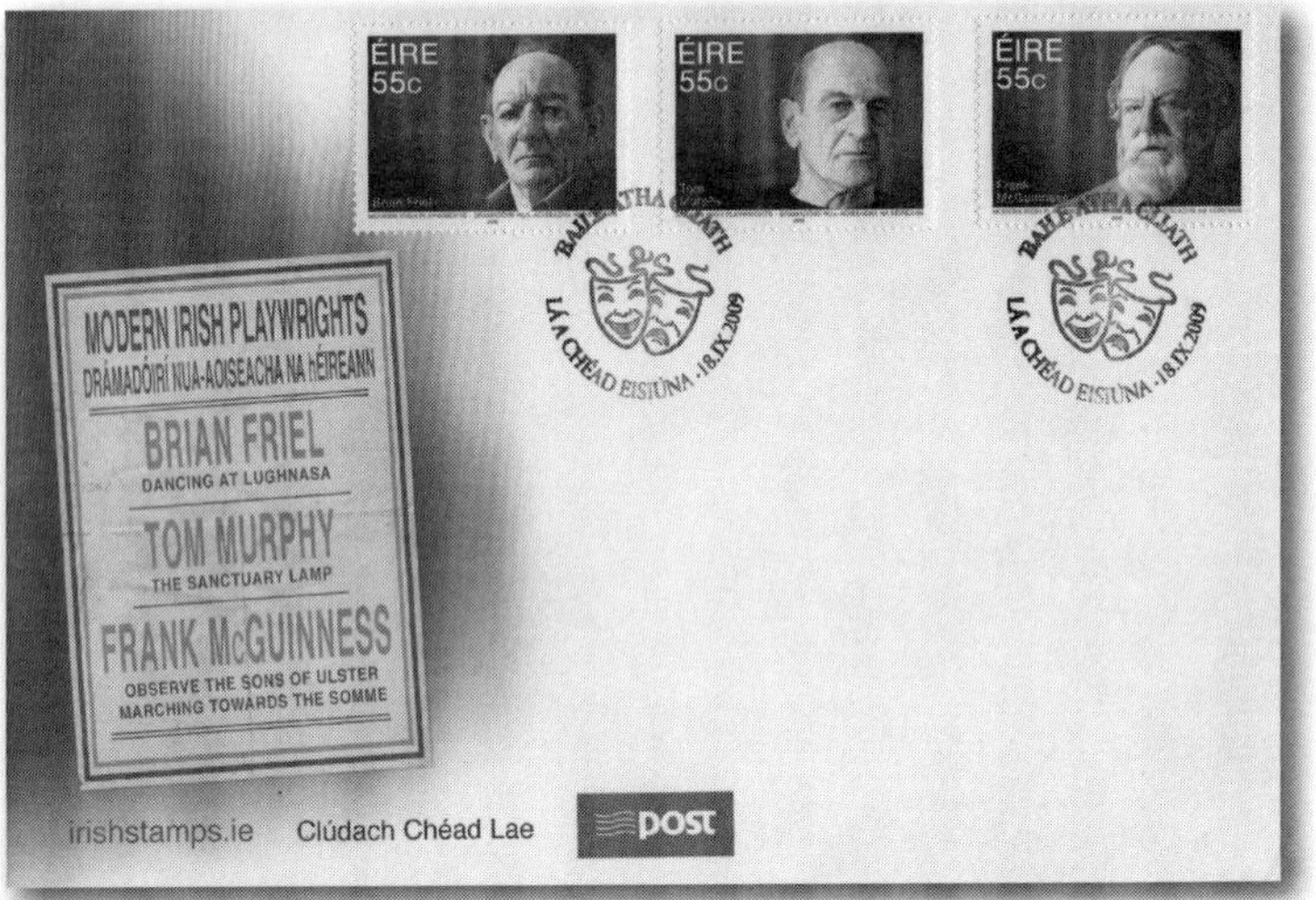

劇作家たちの肖像の記念切手
左からブライアン・フリール、トム・マーフィー、フランク・マクギネス
Reproduced by kind permission of An Post ©

戦地、ソンムの戦いに参戦した兵士たちの物語である。初演時に、ソンムの決戦で多くのアイルランド人、特にアルスター出身の兵士たちが戦死した事実について知る観客はほとんどいなかったという。しかし、彼らを、「自分たちの兄弟、親戚、息子たち」として記憶すべきだというマクギネスの強い思いから生まれたこの作品は、社会に大きな衝撃を与え、アイルランド島におけるアイデンティティと伝統の多様性を、あらためて認識させるきっかけとなった。

　アイルランドが国として参戦することはなかった第二次世界大戦を背景に、トマス・キルロイ（1934〜）は、対照的な人生を送った二人のアイルランド人を『ダブル・クロス』（1986）に登場させている。ホーホー卿の名でナチスの対英プロパガンダ放送を担当した後、反逆罪で処刑されたウィリアム・ジョイスと、英国情報部長官として活躍したブレンダン・ブラッケンは、故郷を否定し、アイルランド人以外の何者かになろうとしたという点で、その人生は交差しからみ合う。二人を結ぶ共通性は、一人の俳優がジョイスとブラッケンを演じることよっていっそう強調され、アイデンティティとは何かという問いに鋭く切り込んだ作品となっている。

大戦後の1950年代のアイルランドは不況に見舞われ、19世紀の飢饉以来、最も多数の国民が移民という選択を余儀なくされた時代である。マーフィーの『空威張り（闇を切り裂く警笛）』（1961）やフリールの『フィラデルフィアへやって来た』（1964）は、1950年代、60年代の閉塞したアイルランド社会に向けて鏡を掲げ、その状況をつぶさに映し出したという点で共通している。また1969年以降の北アイルランドでは、プロテスタント系住民とカトリック系住民の対立が激化の一途をたどり、北アイルランド紛争に発展した。紛争勃発当初から、北の問題は劇作家にとって避けられないテーマとなってきた。たとえば1972年、デリー（ロンドンデリー）でデモ行進に参加していた丸腰の一般市民に向かって軍隊が発砲し、13名の死者を出すという血の日曜日事件に触発されたフリールは、事件の翌年に『デリーの名誉市民たち』（1973）を発表している。その他、グレアム・リードの『追想』（1985）、マリー・ジョーンズの『11月のある夜』（1994）など、優れた作品が多く書かれている。

アイルランドで多くの歴史劇が書かれる理由について、ブレンダン・ケネリーは1988年に出版されたあるアンソロジーの序文で、アイルランドが貧しいこと、英国との長く不幸な関係が続いていること、北アイルランド問題に直面していることといった、「悲劇的状況の根にある困難と葛藤」がその原動力になっていると述べている。そして、「アイルランドは進行中のアイルランド史を常に再創造している」と続けている。ケネリーの序文が書かれた30年前とは異なり、アイルランドはもはや貧しくはないし、英国との関係も改善され、北アイルランド紛争も1998年の聖金曜日合意（第17章参照）以降、問題を残しつつも大枠では解決している。そうした新しい状況のなか、1990年代後半に登場し、活躍を続けるマーティン・マクドナー（1970〜）やコナー・マクファーソン（1971〜）といった作家たちは、従来の劇作家たちとは異なり、過去にこだわらず、またアイルランドという文脈にことさら固執することなく、広くグローバルな視点で作品を書き続けている。とはいえ、彼らもまた、アイルランド社会に向けて鏡を掲げ、「進行中のアイルランド史を常に再創造」していることに違いはない。そして、そこには未来が映っているかもしれない。

（三神弘子）

58

日本とアイルランドが出逢う舞台

★ウィリアム・バトラー・イェイツと能狂言★

アイルランドの国民詩人ウィリアム・バトラー・イェイツの戯曲『猫と月』が神戸学院大学で上演されたのは、２０１５年11月のことだった。その年はイェイツの生誕１５０年。『猫と月』は１９１７年、イェイツ本人が「日本人が狂言と呼ぶもの」として創作した作品で、それを大蔵流狂言師の松本薫が演出し、狂言の名家、茂山千五郎家の千五郎（当時、正邦）、茂、千三郎が初めて日本語による狂言形式で演じたのだった。創作から約百年の時を経て日本で本物の狂言師が演じたことで、あらためてこの作品の普遍性が再認識され、その後も２０１８年12月までに、アイルランド３都市での３公演を含む計９回の上演が重ねられた（2回目以後の出演は、千五郎、茂、松本）。

日本へ来たことがないイェイツと、能狂言の世界。両者は奇跡的な運命の糸によって出遭う。当時、イェイツは、劇作家で芸術のパトロンであったオーガスタ・グレゴリー（グレゴリー夫人、１８５２〜１８３２）とともにダブリンにアビー劇場を創設し、そこを本拠地に劇作と劇場経営をしていた。自作のほか、Ｊ・Ｍ・シング（１８７１〜１９０９）、ショーン・オケイシー（１８８０〜１９６４）ら劇作家の新作を上演したが、その狙いは英国に抑圧されてきたゲールの魂や精神を民衆のなかにかき立て、誇りを持たせることにあった。「自分の劇がいつか（神話の故郷）スリーブ・ナ・モンや、（巡礼の地）クロー・パトリックで演じられることを願う」とイェイツは語っている。しかし、そのためには当時主流だったリアリズム劇や商業演劇、さらに自作でさえ満足できなかった。求めていたのは観客の想像力をもっと強く刺激する新たな劇だった。

イェイツはそんな時期、米国出身の詩人、エズラ・パウンド（1885〜1972）を通じて能狂言と出遭う。パウンドは1913年から16年まで毎冬、イェイツの秘書として英国サセックスにあるストーン・コテッジに滞在したが、その直前の1913年、日本の美術を蒐集し海外に紹介した米国人美術史家、アーネスト・フェノロサ（1853〜1908）の遺稿を夫人から託されていた。そこにはフェノロサが書き溜めた能狂言に関するメモが含まれており、それを読んで感動したパウンドがメモをもとに戯曲を制作し、イェイツに聞かせたのだった。

はたして、イェイツは能狂言に刺激を受け、そこに自身の演劇活動の突破口を見いだした。イェイツが魅せられた要因の一つは、劇中に現れる異界との交流だった。能には、平氏の亡霊や恋を成就できなかった恋人などが怨念や情念を身にまとい異界の者として現れる。イェイツがグレゴリー夫人とともに蒐集した物語や歌にも消滅寸前のゲールの心が溢れ、妖精など異界の存在が満ちていた。また、能は神話や『源氏物語』、『平家物語』などの国民の文化遺産を題材にすることが多く、ゲールの魂や誇り、記憶を刺激したかったイェイツの狙いとも合った。さらに、能狂言のシンプルな舞台作りにも共感を覚えた。イェイツにとって大切だったのは近代化により大規模化し複雑化する劇場という装置

『猫と月』
2017年7月、スライゴー　ファクトリー・パーフォーマンス・スペースにて（茂山茂、松本薫、茂山千五郎）。（提供：茂山千五郎狂言アイルランド公演実行委員会）

ではなく、詩を愛する観衆がそれぞれの想像力を自由に羽ばたかせることができる舞台であり、見る側と見られる側が共有できる濃密な空間だった。それへの一つの解を、イェイツは能狂言の手法に見いだした。能の主人公であるシテの台詞が「謡《うたい》」という詩であり、クライマックスで豪華な装束と面《おもて》をつけて舞う様も、美を追求し、台詞に散文よりも詩を用い、象徴的な踊りと仮面を活かす形式を求めてきたイェイツには、理想的なモデルと映ったようだ。

突破口を見いだしたイェイツはまず1916年、能にインスピレーションを得て戯曲『鷹の泉』を書き上げた。ロンドンのキュナール夫人邸の居間で初演された際、イェイツは「小さな部屋で、四、五十人の詩を愛する人が賄える程度の費用で上演できる劇を完成した」と喜んだ。続いて『骨の夢』なども創作し、1921年、『踊り手のための四つの劇』という本にまとめ上げた。

『猫と月』は、イェイツによると「『鷹の泉』や『骨の夢』などの間で演じ、観客の気持ちを和らげるように」書かれた作品だった。能が古典的悲劇を扱い、儀式的側面を持つのに対して、狂言は基本的に喜劇で、民の力に満ち、民話や民衆に根づく話を扱うということをイェイツは理解していたようだ。そのストーリーは、イェイツが住んでいた西部のカウンティ・ゴールウェイに存在する聖コールマンの泉に伝わっていた秘蹟譚に基づいている。目の悪い男と足の悪い男が40年以上の旅を続けた末にたどり着いた聖なる泉。そこで出会った聖者に「祝福を受けたいか、(体を)治してほしいのか」と尋ねられ、足の悪い男は祝福を求め、目が見えない男は治癒を選ぶ。精神と肉体の二項対立を突きつけながら、劇中歌《猫と月》が歌われ、聖者と足の悪い男のダンスで幕は閉じる。ゲールの心を表すため、台詞にはアイルランド訛の強い英語が用いられ、軽妙に交わされる短い言葉、そしてダンスによる終幕に狂言の影響がみられる。

能狂言の創作には、当時ロンドンにいた3人の日本人、舞踊家伊藤道郎(1892〜1961)、画

『猫と月』
2018年7月、スライゴー　ファクトリー・パーフォーマンス・スペースにて(茂山千五郎、松本薫、茂山茂)。
(提供:茂山千五郎狂言アイルランド公演実行委員会)

家久米民十郎（1893〜1923）、劇作家郡虎彦（萱野二十一、1890〜1924）が貢献した。伊藤はもともと、伯父の家に能舞台があり幼いころから能に接していたが、西洋の舞踊に興味を持ちパウンドに「能はつまらない」とさえ話していた。しかし「そう言える程、君は我々より理解している」と逆に伝授を依頼され、能について舞踊家の立場から説明を求められた。次第に能の魅力に気づき、『鷹の泉』初演時には異界の存在として登場する「泉を守る鷹の女」を能の影響がうかがえる独自の踊りで演じ、大成功を収めた。また、久米は幼い頃、自宅の能舞台で狂言を演じたほどで、イェイツとパウンドに能狂言の指導をした。郡も二人とともに指導を行ったという。

以来、100年余。日本とアイルランドの交流はここにきて、再び活況の様相を呈している。先に述べた『猫と月』のアイルランド公演のさいには、イェイツと同時代にかたや日本にやってきたアイルランドにルーツを持つ文豪、小泉八雲（ラフカディオ・ハーン）の短編『ちんちん小袴』が茂山千五郎によって狂言化され上演された。2017年2月には渋谷オーチャードホールで、アイルランドのコーラスグループ、アヌーナと四世梅若実（当時玄祥）が「ケルティック能」と銘打ち、能研究家、横道萬里雄がイェイツの『鷹の泉』に触発され書き上げた能『鷹姫』を大掛かりな装置を用いて幻想的に演じている。一方10月には、京都観世会館の能舞台で原点返りをめざす公演を、片山九郎右衛門、観世銕之丞などが行った。『猫と月』は2018年12月にも、国際イェイツ協会と日本イェイツ協会の合同学会において、京町家「嘉祥閣」にある能舞台で世界から集まった研究者に披露された。イェイツと日本との邂逅で生まれた演劇は、これからも東西交流の歴史を紡ぎ、新しい芸術を生み続けるに違いない。

（真鍋晶子）

59

世界的な広がりをみせる映画産業

★アイルランドの映画★

近年で最も成功したアイルランド映画は、2007年公開の『ONCE ダブリンの街角で』だろう。自分の音楽に自信をもてないミュージシャンの男と、チェコから移民してきたばかりの若い母親が、ダブリンの街角で出会い、音楽を通じて心を通わせていく淡いラブ・ストーリーだ。13万ユーロ（2000万円弱）という低予算。撮影期間はたった17日間だった。この映画はアイルランド国内で温かく迎えられただけでなく、米国では口コミによって上映館が2館から140館にまで拡大。日本でも独立系の劇場を中心に全国で公開され、静かな人気を呼んだ。主演のグレン・ハンサードとマルケタ・イルグロヴァが作詞作曲した挿入歌《フォーリング・スローリー》は、2008年のアカデミー賞歌曲賞を受賞した。2011年には舞台化され、2012年にブロードウェイに進出。その年のトニー賞8部門を受賞した。映画を監督したアイルランド人のジョン・カーニーは、日本でも公開された『はじまりのうた』、『シング・ストリート 未来へのうた』など、その後もスマッシュ・ヒットを飛ばしている。

世界的に高い評価を受けるアイルランド映画は、ますます増えている。1950年代にニューヨークに移民した若いアイルランド女性を描く『ブルックリン』（2015年、監督はアイルランド人のジョン・クローリー）は、アカデミー賞で作品賞を含む3部門にノミネート。原作・脚本（エマ・ドナヒュー）と監督（レニー・エイブラハムソン）がアイルランド人の『ルーム』（2015年）は、アカデミー賞4部門にノミネートされ、母親役を演じたブリー・ラーソンが主演女優賞を受賞した。カンヌ映画祭では、アイルランドの独立闘争とその後の市民戦争をテーマにした『麦の穂をゆらす風』（2006年、ケン・ローチ監督）がパルム・ドールを、子孫を残すためのパートナーが見つからない人は動物に変えられてしまうというディストピア近未来を描いた『ロブスター』（2015年、ヨルゴス・ランティモス監督）が審査員賞を受賞している。

アニメーション映画に目を移すと、8世紀アイルランドの僧院で暮らす少年を主人公にした『ブレンダンとケルズの秘密』（2009年、トム・ムーア／ノラ・トゥーミー監督）、アイルランド伝説の妖精の母親と人間の父親の間に生まれた兄妹の冒険を描くファンタジー長編『ソング・オブ・ザ・シー 海のうた』（2014年、トム・ムーア監督）、タリバンが支配するアフガニスタンで力強く生きる少女を描いた『生きのびるために』（2017年、ノラ・トゥーミー監督）がアカデミー長編アニメ映画賞にノミネートされている。ちなみに、アイルランドにおけるアニメーション業界の近年の成長はめざましく、十年前には70人にすぎなかった就業人口が、2017年にはその20倍に急増している。また、実績豊かな日系米国人アニメーターのジミー・ムラカミ（2014年没）は、アイルランド移住後に業界の発展に大きく寄与し、「アイルランドのアニメ業界の父」とも呼ばれている。

ここに挙げたすべての映画（『はじまりのうた』を除く）を資金面を含めて援助しているのが、アイル

映画『シング・ストリート　未来へのうた』より

ランド映画庁（IFB）である（2018年6月にスクリーン・アイルランドに改称）。この機関は、文化／伝統／ゲールタハト（ゲール語使用地域）省の監督下にあり、1980年に設立された（ただし、財政難のため1987年から1993年まで活動停止）。その目的は、アイルランド映画（テレビ番組とアニメーションも含む）および映像産業の支援と振興である。この機関の存在なしには、近年のアイルランド映画の隆盛はなかったともいえる。2011年から2017年までのデータによれば、IFBの援助により、長編映画だけで年平均14本が制作されている。

映画産業の振興策の一つとして、税金控除というインセンティブが映画制作のアイルランド誘致に一役買っている。これは租税法第481条に基づくことから、一般的には単に「第481条」と呼ばれている。2014

年まではアイルランド在住の個人でもこの制度を利用することができたが、現在は制作会社の法人税のみが対象となる。控除を受けられるのはアイルランド国内で使った経費に対してだけなので、映画の撮影や編集などの作業はアイルランドで行われることになる。これにより、アイルランドの経済は刺激され、雇用が創出され、映画制作のスキルやノウハウが蓄積されることになる。この制度により、制作会社はアイルランドで使う経費の最大32％を節約することができる。「第481条」を活用してアイルランド国内で撮影された映画には、『ブレイブハート』、『プライベート・ライアン』、『サラマンダー』、そして世界遺産のスケリッグ・マイケルでロケが行われた『スター・ウォーズ／フォースの覚醒』などがある。

俳優陣では、リーアム・ニーソン（『96時間』シリーズ）、コリン・ファレル（『セブン・サイコパス』、『ロブスター』）、キリアン・マーフィー（『インセプション』、『ダンケルク』）が主役級の活躍を見せているほか、シアーシャ・ローナン（『つぐない』、『ブルックリン』、『レディ・バード』の演技でアカデミー賞に3度ノミネート）、ルース・ネッガ（『ラビング 愛という名前のふたり』でアカデミー賞ノミネート）、バリー・コーガン（『ダンケルク』、『聖なる鹿殺し キリング・オブ・ア・セイクリッド・ディア』）など、新進の俳優も続々と育っている。

かつて「アイルランド映画」と呼ばれていたのは『静かなる男』（1952年、米国資本・米国人監督）や『ライアンの娘』（1970年、英国資本・英国人監督）など、アイルランドを舞台にしてはいるが、意地悪な言い方をすればアイルランドのステレオタイプを商品化したような映画だった。IFBの設立後にやっと自国の文化を映画で表現するという動きが本格化し、ジム・シェリダン（『マイ・

レフトフット』）やニール・ジョーダン（『クライング・ゲーム』）など、国際的な評価を獲得したアイルランド人監督も生まれた。現在では、アニメーション、ドキュメンタリー、短編映画（『シックス・シューター』（2006年）と『スタッタラー』（2016年）がアカデミー短編映画賞を受賞）の佳品も数多く生み出しているほか、ストーリーとしてはアイルランドにまったく関係のない映画（『ルーム』、『ロブスター』、『生きのびるために』など）にも出資するなど、アイルランドの映画産業は大きな広がりを見せている。

（宮谷直樹）

60

国際競争にもまれ続けて45年

★大きな転換期を迎えたテレビ★

デジタル放送が始まる2010年代前半まで、アイルランドで視聴できるアイルランドの地上波テレビチャンネルは四つだった。公共放送のRTÉ（Radio Telefís Éireann）が2波（RTÉ1とRTÉ2）、アイルランド初の民間テレビ局であるTV3、そしてRTÉ傘下のアイルランド語放送局、TG4だ。しかし、1990年代の後半にTV3とTG4が開局するまで、アイルランドにはRTÉの2波しかテレビ局がなかった。こう書くと、アイルランドではRTÉが家庭のお茶の間を独占してきたように聞こえるかもしれないが、じつはそうではない。世界有数の予算と番組制作能力をもつ英国のBBCやITVの映像が、言語の障壁もなく、北アイルランドの送信塔から共和国側にも届いていたからだ。すでに1950年代後半にはアイルランドの人口の6割が、英国のテレビ局を視聴できるエリアに住んでいたのだ。この事実は、RTÉ設立の経緯にも大きな影響を与えている。

RTÉがテレビ放送を開始したのは1961年の大晦日なのだが、これはヨーロッパではかなり遅い（1956年の時点ですでに、ヨーロッパでは23か国がテレビ放送を開始している。日本は1

958年に放送開始)。主な理由として、当時の政治家の多くがテレビをアイルランドの伝統文化に大きな影響を与える「必要悪」と考えていたこと、そしてテレビを「贅沢品」とみなす財務相が、ただでさえ困窮している財政に大きな負担をかけることを恐れ、かたくなに反対していたことが挙げられる。しかし、英国の電波が届く範囲が広がるにつれ、別の問題が政治家たちの頭を悩ませるようになる。まず、英国の価値観で制作された番組や英国王室の映像が、アイルランドの家庭に入り込んでいるという歯がゆい事実。また、共和国のほうが北アイルランドより生活水準が低いと認めたくない政府は、「北」にあるテレビ放送が「南」(共和国)に存在しないことを、そのまま放置しておくわけにはいかなかった。

運営本体を民間企業とするのか、それとも公共放送とするのか、財源をどうするのか、などの議論を経て、1921年からラジオ放送を行っていた公共組織体のRTÉ(当時はRadio Éireann)がテレビ放送も行うことに決定。視聴者からのライセンス料(受信料)と広告を収入の二本柱とし、国からは金銭的な援助を受けない独立採算制をとることになった。また、公共放送でありながらも自主的な放送内容を確保するため、政府が直接管理するのではなく、政府が任命した委員会が運営することになった。財源と運営方式については、現在も基本的に開局当時と同じである。

独自性の確保は、どの国の放送局にとっても重要な問題であり、RTÉももちろん例外ではない。1960年に制定された放送法では、政府は書面による命令によって、特定の放送を差し止めることができると定められていた(第31条)。制定当時は、書面でなければ放送内容に口出しできないため、進歩的とさえみられていたが、この条文はのちのち、RTÉと政府間の自律性をめぐる議論の火種を提供し続けることになる。第31条に基づく命令が初めて発せられたのは、北アイルランドでの紛争が激化した1971年のこと、RTÉがIRA（アイルランド共和軍）幹部のインタビューをたびたび放送するのに業を煮やした政府は、「暴力的な手段で目的を達成しようとする団体の宣伝とみなされるような題材を放送してはならない」という命令を出し、IRA関係者の映像を流すことを禁じた。1982年にはRTÉが民主主義の観点から、選挙に際してIRAと関係の深いシン・フェイン党の政見放送をオンエアしようとしたところ、これも政府の命令で差し止められた。IRAとシン・フェイン党に対する規制は、IRAが休戦を宣言する1994年まで続くことになる。

アイルランドのテレビ放送をめぐるもう一つの大きな論点は、アイルランド語の取り扱いである。1960年の放送法は、「アイルランド語を復興し、国民的文化を維持して発展させるという国としての目標を常に念頭に置く」ことをRTÉに要求している。このため、英語だけでなくアイルランド語の番組も制作したわけだが、アイルランド語の復興をめざすグループからはアイルランド語の番組の割合が少なすぎると非難され（一部の人はアイルランド語復興こそがRTÉの第一目的であるべきだと考えていた）、逆にアイルランド語を義務化すべきでないと考えるグループからはその割合が多すぎると非難される始末だった。また、表立っては議論されなかったが、アイルランド語の番組が増えると視聴率と広告収入が低下し、営業的にはマイナスになるのも事実であった。1990年には、アイルランド語の番組がオンエア時間に占める割合は2％まで落ちた。アイルランド語を国民の精神的な支柱として重要視する政府は、公共放送として主にアイルランド語の番組を放送するTelefís na Gaeilge（略称TnaG、現在のTG4）を設立、1996年10月に放送を開始した。1997年には1％未満だったチャンネル別視聴率シェアが、2000年代半ばには3％台前半にまで上昇し、当初の目標には達しなかったものの、まずまずの成功を収めたといえる。

デジタル放送への切り替え、多チャンネル化、ストリーミング・プラットフォームの登場など、ここ十年ほどでアイルランドのテレビを取り巻く状況は急激に変化してきた。地上波のデジタル放送への移行は2011年5月に始まり、2012年10月のアナログ放送の停止により完了した（日本は同年3月）。現在の地上波デジタル・チャンネル数は10。衛星放送受信機に接続すれば、英国の100以上のチャンネルを無料で視聴することができる。また、日本と同様に、ストリーミング・サービスも充実してきている。ネットフリックスやアマゾン・プライムがサービスを開始し、RTÉやTV3もオンデマンドのコンテンツを用意している。

こうした多チャンネル化やSNSの普及により、従来の地上波の視聴率は2010年ごろから徐々に低下している。2017年の調査では、10％の人がライセンス料を支払うことをやめて、オンライン・コンテンツのみの視聴に切り替えたと回答した。30歳以下の若い年代では、この数字は17％に上昇する。さらに、30歳以下の約半数がオンラインのみへの移行を検討中だという。同調査によれば、アイルランド人は週平均で約6時間半をオンライン・コンテンツの視聴に費やしている。

テレビは今でも強い影響力を維持しているものの、お茶の間の王様だった時代は終わった。人びとが娯楽を楽しみ、情報を得るための手段は、大きく変わろうとしている。

（宮谷直樹）

コラム5

ラフカディオ・ハーンとアイルランド

小泉　凡

アイルランド人を父にもつパトリック・ラフカディオ・ハーン（Patrick Lafcadio Hearn、1850～1904）は、2歳から十数年間をダブリンで過ごした。そして米国、カリブ海のマルティニーク島の滞在を経て、地球を半周以上めぐって39歳のときに日本の土を踏んだ。以来、日本の民間伝承を中心とした基層文化を発掘し、エッセーや再話文学を紡いで世界に発信した。時に日本の伝統文化と祖国アイルランドのそれに共通点を感じていたようだ。

ハーンは松江の士族の娘、小泉セツと結婚するが、その新婚旅行の途次に不思議な夢をみる。出雲の女性が薄暗い寺の境内のような場所で、物悲しい歌を静かに歌い始める。その歌を聞いているうちに、ケルトの子守歌の記憶がおぼろげに蘇えるのだった。さらにその女の黒髪は渦を巻いて石の上に落ちた。しかもその夢をみたのは、年に一度、祖霊が異界からこの世に帰還する盆の晩だった。ケルト装飾のシンボルである渦巻きと、夢にみた出雲の女の髪のスパイラルは、遠いケルト民族の祖霊祭であるサウィンを思い出しつつ結びついたのかもしれない。出雲地方で荒神のご神木や盆行事、海上他界の死生観、民話「子育て幽霊」に共感したのも、アイルランドの伝統的文化環境の影響を感じる。ハーンが最も愛した日本の伝説は「浦島太郎」だが、アイルランドの異郷探訪譚「オシアン」と響き合うことはいうまでもない。代表作「耳なし芳一」の類話「魔法のフィドル」も、アイルランドでよく知られる民話である。

さて、ダブリン時代のハーンは、大叔母サラ・ブレナンからカトリック教徒として厳格にしつけられたが、それに違和感を抱くハーンにケルトの子守歌を歌ったのは、キャサリン・コ

ラフカディオ・ハーン
（1889年、提供：小泉家）

ステロというコナクト出身の乳母だった。キャサリンの出自は定かでないが、ゴールウェイの西にはコステロ姓が多く、「コステロ」という地名も存在する。筆者も2014年に「祖母がキャサリン・コステロという名の語り部だった」という男性に遭遇したことがある。

ハーンが晩年、1901年9月に東京からW・B・イェイツに宛てた手紙には、「自分にはコナクト出身の乳母がいて、妖精譚や怪談を語ってくれた。だから私はアイルランドを愛している」と書かれている。家族にもけっして明かさなかった祖国への愛情を、イェイツにはしっかりと告白している。アイルランド語話者、キャサリンが語るケルト口承文化の世界が、ハーンにアイルランドとの精神的絆を形成させ、同時に日本の怪談への扉を開いたといえよう。

じっさい、小泉家には、ハーンがアイルランド時代に聞いた物語として、「三つのお願い」と「聞き耳」の話が伝わっており、筆者は父から口頭で聴かされている。

2015年、ダブリン・リトル・ミュージアムで初めての本格的なハーンの里帰り展「Coming Home—The Open Mind of Patrick Lafcadio Hearn」が催され、南部のトラモアには「小泉八雲庭園（Lafcadio Hearn Japanese Gardens）」がオープンした。この庭園は八雲の人生を九つの庭で表現するもので、それぞれにテーマがある。「旅の始まり——トラモアとの縁」、「アメリカへの旅」、「平和と調和の庭」、「生き神様の伝説」など。全体的には樹木に囲

トラモアの小泉八雲庭園
（提供：小泉家）

まれた回遊式の日本的な庭園とも見えるが、八雲の人生における多様な異文化体験を表している。すでにビジターセンターも整備され、国内外の多くの観光客を受け入れている。アイルランドでも稀有なマリンリゾート地であるトラモアからの新たな発信が、アイルランドでは「知る人ぞ知る作家」だったハーンを国民に知らせる役割も担った。

２０１７年には日愛外交関係樹立60年を記念し、松江の小泉八雲記念館とダブリン作家記念館の双方で、アイルランド文学とハーンをテーマにした企画展が開催された。ハーンとその事績は、未来の日愛交流にも有効な文化資源としての価値をもっているのかもしれない。

61

公用語はアイルランド語

★アイルランド語の未来★

アイルランドのそこかしこでアイルランド語を目にし、耳にすることができる。観光客であればまず空港の「ようこそ」(Céad Míle Fáilte) という文字で迎えられ、ダブリン市内を走る路面電車ルアス (LUAS) のアナウンスで耳慣れないアイルランド語の地名を聞くだろう。バスや列車内の地名表示、地名や通り名を記した道標には、必ずアイルランド語と英語が併記されている。町を歩く警察官の背中には、アイルランド語で警察官を意味する「ガーダ」(Garda) が大きく記されている。首相を指すときには「ティーショク」(Taoiseach) というアイルランド語の単語がふつうに使われる。アイルランド語の名前を名乗る人も少なくない。日本でもよく知られる英語のファーストネームをアイルランド語に置き換えると、ジョンはショーン、メアリーはモイラ、ジェームズはシェイマスになる。女性であればメーヴやニーヴなど、伝説の女神や妖精の名を持つ人もいる。

アイルランド共和国の憲法で、アイルランド語は第一公用語の地位を与えられている。それにもかかわらず、その保護育成のための法律が不十分であるとの批判を受け、特に2002年以降、法的整備に力が入れられるようになった。2003年の

第61章
公用語はアイルランド語

公用語法は、約３００の公的機関での文書をすべてアイルランド語と英語の両方で作成することを義務づけている。１９９８年のグッド・フライデー・アグリーメントにより、アイルランド語は北アイルランドでも公的な地位を獲得し、英国政府による一定の保護が得られることになった。ＥＵは言語の多様性を文化の豊かさの証として尊重しており、アイルランド語もＥＵの公用語の一つに定められている。

アイルランド語には、貧困、後進性などのネガティブなイメージがつきまとってきた。19世紀半ばの大飢饉がアイルランド語使用人口に大打撃を与え、アイルランド語衰退を決定づけたことが、こうしたイメージの根底にある。飢饉以後、英語化の進む国内で生きるにしろ海外に移住するにしろ、アイルランド語を捨てて英語を学ぶことに希望があるとみなされる時期が続いた。

独立運動ではアイルランド語復興の気運が高まり、独立後はアイルランド語が義務教育に組み込まれた。だが日本での英語教育についてよく言われてきたのと同様、文法教育が重視されたこともあって、多くの人がしゃべれないということが起こった。高校を出て以来アイルランド語とはいっさい関わらずに生きてきたという人たちは「教育が悪かった」という。現在、アイルランド西部を中心に点在するアイルランド語使用地区は過疎化の傾向にあり、２０１６年の時点では人口は９万６０００人程度、学校以外で毎日アイルランド語を使用しているのはそのうち3分の1程度にすぎないというデータがある。

アイルランド語はその実用性よりも、ナショナル・アイデンティティを象徴するという意味での政治性が強調されてきた。アイルランド語復興の動きが独立運動の一環として高まった、という歴史的経緯があるためである。アイルランド人であるからにはアイルランド語復興を共通の目的とすべき、という建前論は、アイルランド語に対する国民感情にマイナスに働いてきた。しかし近年のアイルランドでは、政治的な意味づけとは切り離して、自分たちの言語としてアイルランド語を見直す風潮もある。

このような時代の流れに伴い、教育現場もゆるやかな変化を続けている。アイルランド語であらゆる教科を教える初等学校および中等・高等学校の数は、1972年にはアイルランド共和国で16校にすぎなかった。しかし2017年9月の段階では、北アイルランドを含めたアイルランドで、305校の小学校でアイルランド語を通じての教育を受けることが可能である。重要なのは、政府からの押しつけというかたちではなく、こうした教育環境を求める人々の要望によって変化が起こってきた、という点である。

さまざまなメディアが活発にアイルランド語を発信している。1972年に始まったアイルランド語のラジオ放送（Raidió na Gaeltachta）は、今やインターネットを通じて24時間、世界中で聞くことができる。アイルランド語放送のテレビ局（Teilifís na Gaeilge、通常TG4と呼ばれる）は、1996年10月に開設された。子どもたちのためのテレビ番組も盛んに放映されている。ある調査によると、アイルランド人がアイルランド語に触れるのは、残念ながらというべきか、ラジオ、テレビを通じての機会が最も多いということである。

アイルランド全体におけるアイルランド語を取り巻く事情を、とりわけ「使用度」にこだわった2013年の調査結果から具体的にみておこう。アイルランド共和国では57％が、北アイルランドでは

第61章
公用語はアイルランド語

17%が、基本的もしくは高度なアイルランド語力を有していると回答している。アイルランド語を比較的よく話しているのは、共和国では若い人であり、北アイルランドでは当然ながらカトリックであるという結果も出た。使用の頻度については、アイルランド共和国では1週間に1回以上アイルランド語を話しているという回答が13%得られたが、北アイルランドでは２％にすぎない。

ここで話す機会の圧倒的少なさも浮き彫りになった。アイルランド共和国で基本的なアイルランド語力を有していると自覚している人のうち75%が、自分の活動範囲ではアイルランド語を使用する人がいない、と報告している。望ましいアイルランドの言語状況の未来としては、英語を主要言語として２か国語国家を保つという意見が多数派で、これが共和国の43%を占める。アイルランド共和国についての２０１６年の統計によると、学校以外で毎日アイルランド語を話している人は、３歳以上のアイルランド人の１・７％になっている。

学校の教科としてのアイルランド語に対する学習者の反応は、おおむね否定的である。アイルランド語よりも算数や英語のリーディングのほうを好む生徒が大多数であり、アイルランド語に対して難しいと感じるといった声も上がっている。アイルランド語を学ぶ動機としては、アイルランド人のアイデンティティに関わるような本質的な理由ではなく、就職に役立つといった現実的な理由が主なものである。公務員や教員になろうとするさいに、アイルランド語が必要になるのである。さまざまな社会的場面でアイルランド語を積極的に使おうとする動きが人々の間で高まらないかぎり、アイルランド語の将来的な繁栄は望めないだろう、と専門家は述べている。

アイルランド語の魅力と価値の一端は、豊かな文学遺産からうかがうことができる。今では英訳を通じて世界に知られるようになったアイルランドの神話や伝説も、もとはすべてアイルランド語だった。たとえば日本の「浦島太郎」にも似たオシーン伝説。英雄オシーンは妖精に誘われて常若の国に行き、そこで数年過ごしたつもりだったが、その間アイルランドでは数百年の時がたち、キリスト教の時代が到来していた。アイルランド語の地名にまつわる物語も数多く、アイルランドでは土地に物語が書き込まれている、と言われるほどである。こういった地名の由来を語る物語は9〜12世紀に『地誌』という書物にまとめられ、今に伝わる。

今でも質の高い文学作品が、アイルランド語で生み出され続けている。ヌーラ・ニゴーノルやカハル・オシャーキーといった詩人たちの作品は世界から注目され、何か国語にも訳されている（第54章参照）。2018年3月にニゴーノルはポーランドの国際文学賞を受賞したが、ニゴーノルが選ばれた理由の一つとして、「小さな言語」アイルランド語への英雄的な献身が挙げられている。

北アイルランドでは今でもアイルランド語が政治的闘争の中核に位置づけられており、2017年5月にはナショナリスト系住民が、アイルランド語振興策の実施を求めて大規模なデモを行った。北アイルランドにおいてもアイルランド語がアイルランド共和国と同等の公的な地位を獲得することが最終目標であるが、それには莫大な予算が必要になる。これを無駄遣いと考える側との対立が深まれば、紛争の新たな火種にさえなりかねない。

アイルランド語の存続問題を考えるとき、法律やナショナリズムの力といった政治的な要素が絡むことは否めない。だが、歴史の波に翻弄され続けてきたアイルランド語の未来は、言葉そのものに内在する力と、その力を信じる人びとに支えられ続けるであろう。

（池田寛子）

VIII

音楽とダンス

62

音楽から探るアイルランド人の世界観

★アイルランド音楽の音階★

それぞれの民族の培ってきた音楽は、その民族の「世界観」の表れと考えることができる。すなわち、アイルランドの音楽について考えることは、アイルランド人の潜在意識に分け入ろうとする試みでもあるのだ。

アイルランドの音楽には、「ドレミファソラシド」という、私たちが学校教育で慣れ親しんだ音階は、あまり登場しない。アイルランド人は、「ドレミファソラシド」のすべての音を使うのではなく、そのなかのいくつかの音を、ほとんど、あるいはまったく使わないという「世界の切り取り方」をするのである。この「欠如感」、あるいは、「完全なるものを回避しようとする傾向」こそ、音楽におけるアイルランド人の世界の理解の仕方の根本的な方法論である。

具体的にどの音を使わないかということは、時代や地域によって、また作曲家によっても異なる。たとえば、アイルランドを代表するバロック期の作曲家ターロック・オキャロラン（第47章参照）の作品では、曲ごとに「どの音を使わないか」ということについて多様な変化と巧みな演出がなされており、そのことが彼の作品の魅力と独特の不可思議さを高めている。

伝統的なダンスの曲の場合は、ファの音とシの音が、ほとんど、あるいはまったく使われないということが非常に多い。このファとシの音、つまり「ドレミファソラシド」という長音階の4番目と7番目の音を欠く五つの音からなる音階は、じつは、世界各地で耳にすることができる、「人類の原風景」の一つの典型ともいえる、人の心のなかの、幼い頃の記憶や、隠しもっていた感情を刺激する、きわめて直接的ともいえる音階である。わが国では《ぞうさん》、《七つの子》、《たきび》、《春がきた》、《ゆりかご》など、母の膝の上で聞いた多くの曲が、この音階で構成されている。ちなみに『男はつらいよ』のテーマ音楽も、この音階である。アイルランドの多くのダンス曲は、これらの曲の音階とほぼ同じなのであるが、ただし、一つだけ決定的に違うのは、多くの曲において7番目のシの音が、曲中にほんの数回だけ、時間にしてごく短い時間登場するということである。この瞬間、アイルランドの音楽は、「人類の原風景」ともいえる五つの音からなる音階のもつ世界観を超越した「次の段階」に突入するのである。音楽の専門的な解説分析はかえって混乱を招く恐れがあるので、あえて言葉で表現するならば、ここでいう「次の段階」とは、「土俗から洗練へ」、「無意識から意識へ」、「不条理から整合性へ」ということができるかもしれない。もっとも、このような世界へのきっかけとなる鍵となる音を、ほとんどの曲において意図的にごく限られた回数しか使わないアイルランド人は、それらの世界の存在を知り、認識し、是認しつつも、完全に受け入れることを強固に阻む、ある圧力がつねにかかっていることを音楽からは読み取ることができる。

今、述べたアイルランド音楽の音階の特徴を日本人の側から眺めるならば、日本人がアイルランドの音楽を聴いたときに、「懐かしさ」と「憧れ」の感情を同時に刺激される理由を、この点に求めることができる。わかりやすくいうならば、音階から考えたとき、アイルランドの音楽は日本人にとって《七つの子》や《ゆりかご》に、バッハの音楽のフレーバーをほんの少しだけ軽くまぶしたようなものとなるのである。

さて、アイルランドの音楽には、このほかに「ドリア調」と「ミクソリディア調」と呼ばれる、ヨーロッパの中世に好んで使われた音階が登場する。「ドリア調」は今日広く親しまれている「短調」（ただしこの場合は「旋律的短音階」の上行形）と、「ミクソリディア調」は「長調」とほとんど同じ音で構成されているが、決定的な違いは、導音と主音（長調の場合は「ドレミファソラシド」のシの音とドの音）が半音ではなく全音であるということである。たとえば「ラ」の音を基音とする「ドリア調」の場合、導音と主音は「ソラ」となるが、私たちが一般的に親しんでいる短調の音楽の場合は「♯ソラ」という具合に、ソが半音高くなって「ソ」と「ラ」が「半音」の関係となるのである。

音楽の専門的なことにはこれ以上は立ち入らず結論を述べると、アイルランド人の選択したこれら二つの音階は、人びとの心のなかの「懐かしさ」を強く刺激し、はるか遠い過去や、ここではないどこか別の場所へと、人を誘う吸引力をもっている。さらには、これらの音階は、現在の管理社会で正しいとされる概念や価値観とは異なる、日常生活の常識を超えた無重力状態へといざなう力をもつ。それは、実際に遠い過去にこれらの音階が演奏されていた事実以外に、これらの音階が音楽理論上、「整合性」や「因果律」といった概念と真っ向から衝突せざるをえない構造をもっていることから導き出されるものである。

中世のヨーロッパで使われていた音階には、ほかにもいくつかの種類があるが、興味深いことに、今日でもユダヤ人やスペイン人、ハンガリー人などが好んで使う強い「民族性」と「パッション」を感じさせる「フリジア調」や、また、スラブ系の人びとなどがときおり使う、「諧謔味」に満ちた「リディア調」には、アイルランド人は歴史上まったく興味を示すことがなかった。アイルランド人にとっては、前記の民族が採用した「フリジア調」による過激な「感情表出」の様式はある種「下品」で「気恥ずかしい」ものであり、また、スラブ人がときに使う「リディア調」のもつあからさまな「諧謔味」とは別の種類の、屈折した「ユーモア」を追求してきたのである。

興味深いことに、アイルランド人が好んで使うドリア調の音楽の基本的なメロディーの動き方である、「ラソラ」や「ラソミソラ」は、何を隠そう、わが国の「わらべ歌」の基本的な音構造や発展段階と見事に一致している。また、さらには、「ドリア調」や「ミクソリディア調」の音階のもつ「導音と主音が全音」という関係は、太古の時代を想起させる力と同時に、ジャズなどの黒人音楽や、ポピュラー音楽に多用される「ブルー・ノート」との類似性を指摘することができる。今日、アイルランドの音楽が、多くの国々の人たちの心をつかんで放さない理由の一つとして、このことも見逃すことができない。

なお、立ち入った話になってしまうが、アイルランド人は、これらの音階を使うときにも、ある音の使用頻度をあえて低くしたりとか、また、「ミクソリディア調」の場合、「導音と主音が全音」という関係こそが、この音階の性格のもっとも重要な要素であるにもかかわらず、意図的にときおり「導音と主音を半音に」したりするという、きわめて屈折した、したたかで不可解なことをやってのける。「ミクソリディア調」におけるこの試みは、先ほど述べた「土俗から洗練へ」、「無意識から意識へ」

「不条理から整合性へ」への架け橋となることはいうまでもないが、大切なことは、アイルランド人は、それらの「幻影」をちらつかせながらも、そのことによってさらに「ミクソリディア調」のもつ、「土俗性」、「無意識」、「不条理」といった性格を、ほかの民族以上に効果的に表現することに成功しているというところが興味深いのである。

（守安 功）

63

グレート・キャラクター

★アイルランド音楽の構造★

アイルランドの音楽の構造は、極言すれば「究極のワンパターン」ということができる。もっとも、その一見何の工夫もないようにみえる単純な構造が、無限の「うねり」を生じ、ほかのもっと複雑な構成の音楽に増して、人びとの心からさまざまな感情を喚起する点こそが、アイルランド音楽の真骨頂といえる。

具体的に、アイルランド音楽の構造を、伝統音楽のダンスの曲を例にとって話してみたい。

アイルランドのダンス・チューンのほとんどは、前半8小節のくり返し、後半も8小節のくり返しで一曲を構成し、その一曲を任意の回数くり返すというごく単純なパターンが定石である（8小節がまれに4小節になったり、前半、後半の2パートが、三つ以上のパートに増えるなどの例外はあるが、あくまでごく少数派にすぎない）。しかも、そこに登場するリズムパターンは、ほかの国のさまざまなジャンルの音楽に比べて、はるかに可能性が限られ、しかも、その音階は、第62章で述べたとおり、ある種、同じような傾向をもつ、いくつかのものに限られている。

そのようなアイルランド音楽の構造が、実際に演奏する人にどのような影響を与えるかについては、この章の最後に考察してみたい。

まずは具体的に、アイルランドの音楽にどのような種類のダンスの曲があるかを紹介したい。

もっとも代表的なものは、「リール」(reel)と呼ばれる4分の4拍子のテンポの速い曲である。これと並んで、「ジグ」(jig)と呼ばれる8分の6拍子の曲も、好んで演奏される。これら2種類のリズムは、アイルランドのすべての地域で、演奏家にとっての必須のレパートリーとなっている。また、これらのリズムに続いてポピュラーなものとして、「リール」と同じく4分の4拍子の「ホーンパイプ」(hornpipe)をあげることができる。アイルランドの音楽が、ダンスと切り離され、ステージ上で演奏されるようになってきた動きのなかで、「リール」は年々、どんどん速く演奏される傾向があり、一方、「ホーンパイプ」は、同じ4分の4拍子の「リール」との差別化を図るため、本来のテンポよりも、かなり遅く演奏される傾向が生じてきた。

そのような現象自体が、「歴史」の一部であることを認めるにやぶさかではないものの、私自身は、一演奏家として、それぞれのダンスの曲は、その本来のテンポとリズムとノリで演奏されたほうが、曲そのものの魅力をより的確に引き出すことができると考えている。

「ケーリー」と呼ばれる、ダンスと音楽の集いのときなどには、ここに述べたリズムに乗って踊られるダンスの合間に、「気分転換」「気晴らし」として、「ウォールス(ワルツ)」(waltz)が踊られる。これは、いうまでもなく、4分の3拍子のダンス曲である。

これら以外にも、たとえば4分の2拍子の「ポルカ」(polka)や、8分の12拍子の「スライド」(slide)も重要なリズムである。これらの曲は、アイルランド南部、なかでも「シュリーヴ・ルクラ」

と呼ばれる、コーク、ケリー、リムリックにまたがる地域でとくに好んで演奏される。もっとも、けっして、この場所の専売特許というわけではなく、アイルランド各地に、それぞれに微妙にノリやテンポの異なる「ポルカ」が存在することも忘れてはならない。

また、文化的にスコットランドとのつながりの強い、アイルランド北西部のドニゴールには、「マザーカ（マズルカ）」（mazurka、4分の3拍子）や、スコットランド起源の「ハイランド」（highland、4分の4拍子）といった、アイルランドのほかの地域ではあまり演奏されないタイプの曲の伝統があったりもする。

このほかにも、さまざまなリズムは存在するが、演奏頻度は、今までに述べたものよりは、かなり低くなってしまうので、ここでは省略したい。一つだけ無視できない重要なものとして、「セット・ダンス」（set dance）という種類の曲があるのだが、これは特殊な曲（というかジャンル）で、曲によって拍子や小節数が異なり、その曲のためだけの特別なダンスのステップで踊られ、また、音楽的にも独特な様式をもつものである。

さて、これらのダンス曲が実際に演奏されるときには、最初に書いたように、前半後半のそれぞれのパートが2回ずつくり返され、また、曲自体も数回くり返される。とはいっても、メロディーを単純にくり返すのではなく、その都度、「変奏」や「変更」が即興的に加えられる。また、同じ曲を複数の音楽家で同時に演奏するということが、アイルランドでは日常的に行われているが、その場合、同じメロディーをほかのプレーヤーとは、意図的に少し異なったヴァージョンで演奏することをよしとする発想がある。

アイルランドのダンス曲が、最初に述べたように、小節数やリズム、音階の可能性が限られていることは、言い換えれば、基本のパターンさえ把握し体になじませてしまえば、新しい曲もそれほどの苦労なく、すぐにマスターできることを意味する。つまり、たとえばクラシックのピアノやヴァイオリンのように、不断の練習と精進なくしては、新しい曲を弾きこなしたり、技術をキープできないジャンルとは異なり、ある一定レベルに達した後は、それほどの厳しい練習を必要とはしない。それよりはむしろ、それぞれの人の人間性や性格が、より直接に演奏に反映するジャンルであるということができる。アイルランドで音楽家をほめるときに「グレート・キャラクター（great character）」という言葉をよく使うことは象徴的である。

そんな彼らが、最終的にめざしているのは、完璧な音楽や、巧みな演奏ではなく、音楽を含めた、ある独特な「状況」というか、ある時間の流れなのである。つまり、アイルランドの音楽は、究極のところ、音楽であって音楽ではない、という言い方もできるかもしれない。

（守安　功）

64

酔っぱらうと弾けないヴァイオリン？

★アイルランドの楽器★

結論からいうならば、アイルランド的な楽器、非アイルランド的な楽器というのは厳密には存在しない。あるのは、任意の楽器でアイルランドの音楽を、気持ちよく演奏できるか否かという違いだけである。

アイルランドの音楽に欠かせない、アコーディオンやコンサーティーナといった蛇腹楽器も、19世紀になってから新しく発明された楽器で、アイルランドの伝統音楽がその姿を整えた後に出現した楽器である。20世紀後半には、ギリシャの民族楽器ブズーキが、アイルランドの伝統音楽の演奏に取り入れられ、またたく間に市民権を獲得した。これから先、アイルランドの音楽に、どんな楽器が取り入れられ、そして、どんな楽器が人気を博すかは、神のみぞ知ることである。

アイルランドの音楽で、古くからもともと使われていた楽器は、フィドル、イリアン・パイプス（アイルランドのバグパイプ）、ハープの3種類である。

フィドルとは、つまりヴァイオリンのことである。楽器自体には、何の違いもない。同じ楽器をフィドラーが弾けば「フィドル」に、ヴァイオリン奏者が弾けば「ヴァイオリン」となるのである。よくこの二つの楽器の違いについて質問されるが、私はいつも、「楽譜がないと弾けないのがヴァイオリン、楽譜があっても読めないのがフィドル」(アイルランドの音楽の名人には酒飲みが多く、演奏のときにも酒は欠かせない)と答えている。もちろんジョークであるが、意外に両者の本質(とくに、演奏される音楽のめざすものの違い)についての「痛いところ」をついた説明ではないかと自分では思っている。

 フィドル(ヴァイオリン)は、アイルランドに限らず、世界各地に伝播し、それぞれの地域でユニークな演奏法を確立していった。それだけ、順応性に富み、無限の可能性を秘めた魅力あふれる楽器で、『ニューグローヴ世界音楽大事典』にも、「楽器製作の最大の功績の一つ」と定義されている。アイルランドにおいても、国中のあらゆる地域で使われており、しかもほかの楽器以上に、それぞれの地域の独特のスタイル(regional style)を如実に反映する。つまり、アイルランドの地域ごとの音楽の特徴を知るためには、まずはそれぞれの地域のフィドルの演奏を聴き比べてみるといいともいえる。

 イリアン・パイプスは、世界各地のさまざまなタイプのバグパイプのなかでも、もっとも複雑怪奇に進化した楽器である。この楽器は、楽器の構造上、ほかのバグパイプ以上のとても広い音域での演奏や、音を短く切る「スタッカート奏法」が可能である。そのうえ、メロディーのほかにさまざまな種類の和音(ときには単音のこともある)を供給するレギュレーターと呼ばれる装置までついており、また、バグパイプの特徴であるドローン(低音でずっと鳴り続ける音)を自由に鳴らしたり止めたりることもできる。

酔っぱらうと弾けないヴァイオリン？

イリアン・パイプス
（写真：筆者）

ここまでの説明でもおわかりのように、この楽器を説得力をもって演奏するためには、大変な修練を要する。最近では、急激にこの楽器への関心が高まり、実際に演奏する人も今までになく増えてきた。そのため、楽器職人、とくに優秀な人には注文が殺到し、私の友人のある職人などは、注文した楽器を手に入れるまで20年以上待たねばならないという気の遠くなるような状況になっている（それでもなお、彼に注文する人は跡を絶たない）。アイルランドには、イリアン・パイプスをマスターするには「楽器について学ぶのに7年、音楽について学ぶのに7年、曲について学ぶのに7年」かかるという諺《ことわざ》があるが、今では、その諺に「楽器を入手するのに7年」という言葉をつけ加えたジョークまであるほどである。いずれにしても、楽器の性質上、この楽器はアイルランドのほかの楽器とは一線を画した、ある独特な固有の世界を形成している。それは、その演奏や、独自の

コンサーティーナ（左）とバゥロン（右）
（写真：筆者）

レパートリーのみならず、この楽器の演奏家についてもいえることかもしれない。

ハープは、本来は、伸ばした爪で金属弦を弾いていた。たとえば、ダブリンのトリニティ・カレッジに残されている14世紀末のものと考えられている「ブライアン・ボルーのハープ」を実際にみてみると（第47章参照）、今日の指で弾く奏法では、となりの弦に指が触れてしまうほど、弦と弦の間隔が狭いことに驚かされる。今日では、ごく一部の奏者が昔ながらの奏法を採用している以外は、ほとんどの奏者はナイロン弦の楽器を、クラシック音楽の奏法をベースにした弾き方（厳密には異なるが）で演奏している。もっとも、アイルランドの音楽が、最初に述べたとおり、貪欲に新しい楽器を取り入れていることを考えても、ハープの奏法の変化も、別に責めるべきことでも何でもない。

この楽器のことを考えるとき忘れてはならないのは、アイルランドの伝統音楽が、本質的に名もない庶民によって形成されたものであることとは対照的に、ハープが貴族階級によって享受されていたという事実である。しかしながら、今日では、ほかのアイルランドの楽器との伝統音楽の演奏になじむような奏法がどんどん工夫され、伝統音楽にとってなくてはならない楽器の地位を獲得しつつある。つまりハープは、伝統音楽の立場からみるならば、ブズーキと同じく、20世紀後半になってはじめて、本当の意味で伝統音楽のなかでの位置を獲得した「新しい楽器」という言い方もできるかもしれない。

アイルランドには、このほかにも、蛇腹楽器としては、先ほど述べたアコーディオン、コンサーティーナがある。わが国でアコーディオンというと、一般には「鍵盤アコーディオン」を指すが、アイルランドではこのタイプのものも使われてはいるものの、大多数は「ボタン・アコーディオン」である。また、笛類としては縦笛のホイッスル、横笛のフルートが使われる。ともに指穴が六つあり、ホイッスルはブリキ製やプラスチック製、フルートはほとんどが木製である。また、弦楽器としてブズーキ以外にも、バンジョー、マンドリン、ギターなどもよく使われる。このうちギターとブズーキは主に伴奏楽器として用いられる。ピアノ、ハープシコードなどの鍵盤楽器も登場するが、ダンスの伴奏のときなどは、電気ピアノが使われることが多い。打楽器にはバゥロン（太鼓）や、スプーン2本を打ち付けて楽器にするスプーンズ、同様にコインズ（2枚の硬貨を使う）、ボーンズ（2片の牛のあばら骨を使用）や、さらにはダンスの伴奏のときには、好んでドラム・セット（アイルランドではドラムズと呼ばれる）も使われる。それ以外にも、ハーモニカ（アイルランドではマウス・オーガンと呼ばれる）や、ハンマーでたたいて音を出すハンマー・ダルシマーなども使われる。

（守安 功）

65

Poor People

★アイルランドの音楽を支える人びと★

今日では録音された世界中の音を簡単に家庭で再生でき、日本にいながら各国のプレーヤーのステージ上の演奏を享受できるようになった。だが、その過程で音楽を支えている状況や文脈についての理解や愛情は、ついつい忘れられがちになってしまう。

アイルランドの音楽は、今日ファッショナブルに世界各地に紹介されてはいるものの、じつは、今までずっと、名もないごく普通の人びとによって生活のなかの「気晴らし」として伝えられてきたものである。私は毎年、1年の3分の1前後をアイルランドに滞在し、その間、ステージ上で華やかな演奏活動をくり広げる著名な演奏家たちとも、会い、語り、ともに演奏をする機会もあるが、それ以上に、各地の農夫や漁師の演奏家や歌手やダンサーや語り部たちの話を聞いたり、一緒に曲を演奏する時間をより優先している。彼（女）らとの出会いのなかから感じたこと、考えたことははかりしれないし、それは単に私の演奏のみならず、生きていくことの根本的な発想にまで決定的な影響を与えてしまっている。1994年にこの世を去った、農夫で、かつ縦笛、横笛、歌の名人で語り部でもあったマイコー・ラッセルが、あるインタビューで、「どんな人がアイルランドの音楽を演奏していたんですか」という質問に、たった一言「Poor people（貧しい人びとさ）」と答えたことがあった。実際、20世紀の終わり近くまでアイルランドの各地で、伝統音楽というのは、「貧しい人びとが、仕事の後、汚れた服のまま演奏する、うさんくさい時代遅れの田舎くさい音楽」という認識があったことを忘れてはならない。今日、このような状況は急激に変化しつつあり、伝統音楽を演奏することはある種「カッコイイ」ことにさえ昇格しつつあるが、アイルランドの大多数の人びとにとっては、伝統音楽についての敬意などはなく、ほとんどの若者にとっては、ロックを聴いたり演奏することや、ディスコに行くことのほうがずっと興味ある楽しいことである。また、ある年齢以上になると、クラシック音楽により関心のある人も少なくはない（アイルランドにはクラシック音楽専門のFM放送局もあり人気がある）。私がとても影響を受けた、音楽家、ダンサーで、アイルランドを代表するバンド「ザ・チーフテンズ」の創立メンバーであるマイケル・タブラディーも、あるときこう語っている。

「私はアイルランド西部クレアの生まれで、今では首都ダブリンに住んでいますが、ダンスや音楽に関心のある人が集まる場所はともかく、たとえば結婚式や何かのセレモニーで頼まれて伝統音楽を演奏しても、そのようなものに、社交辞令ではなく本当の意味で興味をもつ人はごく少数です」

先ほども書いたとおり、アイルランドの音楽を演奏しているほとんどの人は別の仕事をもっている。驚いたことに、日本や米国でまで演奏活動を行っている有名な演奏家のなかにも、フルタイムの音楽家ではなく、農夫、教師、警察官、タイル職人といった各種の職業に従事する人が何人もいる。今日では、楽譜を使って、お金をとって定期的にアイルランドの音楽を教えるということが広まってし

音楽を楽しむ農夫たち
（写真：筆者）

まったが、今、アイルランドの音楽を支えている名人のほとんどは、自分の住んでいる地域の名人たちから、生活のなかで、楽譜を使わずに耳から曲を自然に覚えていった人たちなのである。

日本では、アイルランドの音楽の演奏される場所として、パブでの演奏を連想する人が多いが、じつは、パブで音楽を演奏するという習慣はそれほど昔からあったわけではない。何より、20世紀前半の田舎においては、女性がパブに入ってきただけで「法律違反じゃないかと真剣に考えてしまった」という証言もあるほど、パブは今とはずいぶん雰囲気の違うものであったようだ（第43章参照）。今日、お客の獲得のために音楽が有効であることに気づいたパブの経営者たちが、アイルランドへの観光客が増えていることとともからめて、音楽の演奏をパブの「売り」の一つとして積極的に利用し始めている。もっとも、そのような傾向とともに、パブのセッションに以前のような必然性と緊張感がなくなってきたと考える音楽家や音楽ファンも少なくはない。

では、人びとがどのようなところで、音楽を楽しみ、曲を憶えていったかというと、それは家々のなかだったのである。今日でも、パブとは別に、雑音なしで音楽の演奏や話に集中できる場所として、家のなかでの音楽家の交流は静かに続けられている。今では、ずいぶん少なくなってしまったが、昔は（とくに、音楽やダンスの盛んな地域では）、音楽だけではなく、演奏が始まると村人たちが自然に踊り始め、また、歌や、語り部による物語が披露されるという、人びとの気のおけない集まりが日常的に行われていた。ダンサーが踊るときの「Mind the dresser!（食器棚にぶつからないように気をつけて）」というかけ声は、このような時代の雰囲気を彷彿させる。せまい家のなかで踊るときには、音楽家たちは、部屋の隅に寄せたテーブルの上に乗って演奏した、という話も何度も聞かされたし、また、音楽家が飲みすぎて演奏不能になったときには、「リルティング」といって楽器を使わずに曲を口ずさむ方法もあった。ラジオやテレビの普及が、このような美しい伝統を破壊してしまったことは、じつに悲しむべきことである。私自身は、アイルランド各地で、このような雰囲気を今日に残す状況に何度も立ち会ったことがあるが、「アイルランドにおいては音楽は音楽だけでは成立しない」という言葉の真意は、そのようなときにこそ心から納得することができる。詩人でフルート奏者、歌手でもあるキアラン・カーソンは、このことを次のような言葉で表現している。

「音楽や歌の合間にはダンスが踊られ、物語が語られ、酒がどんどん飲まれる。つまり、このようなすべてをひっくるめた、『ある状況』自体が一つの『ジャンル』なのである」

（守安 功）

66

伝統音楽ブームの火付け役

★ミュージック・ビジネス★

「音楽とはスピリチュアルなもの。ミュージック・ビジネスはそうではない」といい切ったのはヴァン・モリソン。ベルファスト出身のソウルやR&Bの大御所だが、アイルランドの伝統音楽を取り入れる試みもしている。音楽産業はスピリチュアルではないかもしれない。しかしビジネスがなければモリソンにもスポットが当たらなかったはずだ。

アイルランドの伝統音楽（トラディショナル・ミュージック、トラッドなどとも呼ばれるが，この名称で統一する）は生活のなかで伝えられてきた音楽だった（第65章参照）。世界各地で伝統的な音楽文化が育まれてきたが、アイルランドの場合は定住型の農耕民が口承文化として伝えたことからより深く根づいたといわれる。楽譜ではなく口伝え（耳伝えというべきかもしれない）であったことから，固定観念にこだわらず生き残れたという人もいる。流動的という特徴によって、同じ曲の演奏でも地域や個人のキャラクターによる違いが生じていった。しかし大飢饉によって多くの農民が海を渡り、次第に音楽も廃れたのだった。

地域性の強い伝統音楽が復興したきっかけが、19世紀後半から20世紀前半に起こったゲーリック・リバイバルだ（第14章参照）。脱英国化の旗のもとで音楽にもアイルランドらしさが求められた。しかし当時は近代的な音楽産業は確立されていなかった。復興は文化的なムーブメントであり、商業的利益をもたらしたわけではない。より広範なブームが起こったのは、1960年代以降だった。伝統音楽リバイバルの貢献者といわれるのがショーン・オリアダ。オーケストラ形式で伝統音楽を取り入れ、1961年にキョールトリ・クーランという楽団を結成した。このメンバーとして加わっていたのがザ・チーフテンズ（日本ではチーフタンズと呼ばれる）のパディ・モローニ、ショーン・キーン、マーティン・フェイ。後にグラミー賞やアカデミー音楽賞を受賞して世界的に有名になるこのバンドは、1962年に結成され、現代風のアレンジを加えたスタイルで商業的に大成功を収めた。メンバーの一部が他界したり、体調を崩したりしているものの、現在でも活動を続けている。一方、同時期に米国で名声を得たアイルランド出身のザ・クランシー・ブラザーズもブームの一端を担った。歌を中心としたグループだが、独特な表現方法を使う伝統的な歌い方（シャン・ノース）ではなく、フォーク

『エッセンシャル・チーフタンズ』のCDカバー
（提供：ソニー・ミュージックジャパンインターナショナル）

ソングをレパートリーとする。酒を飲みながら陽気に歌うことが多いためドリンキング・ソングとも呼ばれ、楽器演奏を中心とした伝統音楽とは一線を画す（とはいえ土産店では伝統音楽のコーナーでCDが売られている）。彼らと同じ流れを汲むのがザ・ダブリナーズで、1962年の結成以来（メンバーを替えつつ）いまだに現役だ。こうして1960年代から、伝統音楽が市場に売り出されるようになる。

1970年代に入ると、プランクシティ、ザ・ボシー・バンドといったバンドが伝統音楽への関心をさらに高めた。また伝統音楽に別の要素をフュージョンさせて評判を呼んだクラナドも、1970年代の代表バンドだ。そのメンバーに兄弟がいて、一時は自らもバンドに所属していたのが、日本でも大人気のエンヤである。この頃から「ケルティック・ロック」という言葉も使われるようになった。伝統音楽の要素を融合させたロックやソウルが世界的に受け入れられた。

1980年代以降も、デ・ダナン、アルタン、ダービッシュ、アーケイディ、パトリック・ストリートなどが次々と活躍。メアリー・ブラックやシャロン・シャノンといったソロのアーティストも世界へと飛び出した。伝統音楽やダンスの要素を組み入れたショーダンスの「リバーダンス」（第70章参照）の興行成功によって、引き続き伝統音楽がミュージックシーンで注目され、キーラ、ルナサ、ダヌー、ティーダといった新進バンドも知られていった。商業的にデビューしたバンドやアーティストの音楽がレコードやCDとして簡単に手に入るようになったことで、口伝えよりも素早く、世界中にアイルランドの音楽が広がっていくようになった。

プロとして活躍する音楽家たちと、昔と同じように家族や友人たちと音楽を演奏している（第65章のPoor People に相当する）人びとによる音楽の違いを言葉で説明することは容易ではない。多くのプロ

ティーダ
左から2番目がオシーン・マクディアマダ。（提供：Damian Stenson）

ミュージシャンが、ダンス曲と歌を組み合わせたバランスのよい音楽構成を提供している。ダンス曲はダンスを踊るための音楽であり、踊りに合わせたテンポでくり返されるため、からだを動かさずに聞いているだけでは退屈に感じることがあるかもしれない。実際には演奏者は単純にくり返しているのではなく、リピートされる音の合間に個性的な変化を加えてダンサーを乗せている。しかしそのような微妙な感覚は、コンサート会場や録音された音楽からは聞き取りにくい。そこで聞き手には似たように聞こえるダンス曲を連続して演奏するのではなく、コンサートやCDではアイルランド語や英語の歌を入れ、またダンス曲についても踊れないほどテンポを速くしてみたり、ジャズやロックの要素をフュージョンしてみたりして、エンターテインメント性を加えている。巧みなアレンジが商業的な成功へとつながったといえるだろう。

商業的な成功という言葉を使ったが、活躍中の多くのプロミュージシャンが口承の伝統音楽にふれて育ったことを加えておく。たとえばティーダのフィドラーのオシーン・マクディアマダは、プロのミュージシャンとしての活動を行いつつ、伝統音楽の振興団体であるコールタス（第70章参照）で音楽検定テストの試験官やアマチュア中心のコンペティションの審査員も務めながら、伝統音楽の普及に力を注いでいる。プロのミュージシャンである彼らも音楽を家庭や地域で日常的に演奏し、さまざまな先輩ミュージシャンとの交流を通じて腕を磨くという伝統を受け継いでいるのだ。コンサートが終わると地元に帰り、昔なじみの仲間たちと仕事とは関係のない演奏に興じることもある。幼い頃から音楽の世界に浸り、その能力を生かした職業に就いた彼らはもちろん成功者といえるだろう。しかしその一方で、同じような環境に育ちながらプロとしての道を歩まなかった音楽家たちも多数存在する。技術的に劣るからそうなったのではなく、自分の人生として舞台ではなく日常生活のなかで演奏するアマチュアを選んだ人もいる。両方の世界があるからこそ、アイルランドの音楽はおもしろいのではないだろうか。音楽産業を中心としたミュージック・ビジネスがあってもなくても、音楽はあくまでもスピリチュアルなのだから。

（山下理恵子）

67

歌は世につれ

★ポップ・ミュージック★

アイルランドのトラディショナルな音楽やダンスに造詣の深い方は、ケーリーという言葉を聞いたことがあるかもしれない。人びとが年代や性別を問わず集まり、伝統音楽を演奏し、ダンスを踊るという、アイルランドの伝統的な社交イベントである（第69章参照）。現代でもケーリーは各地で行われているが、最盛期の1940～50年代にはアイルランド中で無数のケーリーが催されていた。

しかし、古臭いという印象からケーリーは1950年代終わり頃からいったん衰退するのだが、それにとって代わるように全国的に流行したのが「ショーバンド」と呼ばれる形態のライブ音楽だった。ショーバンドは6人から7人で構成されるダンス・バンドで、ヒットチャートをにぎわせているロックンロールやカントリー&ウェスタン、ディキシーランド・ジャズなどがレパートリーだった。一部のバンドは伝統音楽も演奏したものの、伝統音楽ではない大衆音楽、マスメディアを媒介としたいわゆるポップ・ミュージックという意味では、ショーバンドがアイルランド最初のムーブメントだったといえるだろう。全盛期の1960年代半ばには、700ものショーバンドが国内のダンスホールをツアーして回っていた。ザ・フレッシュメンやマイアミ・ショーバンドなど、実力のあるバンドは絶大な人気を誇り、今でも国民的な記憶の一部となっている。2010年には当時の人気バンドをモチーフにした切手も発売された。

1970年代に入るとショーバンドのブームは終焉を迎えるのだが、それと入れ替わるように台頭してきたのが、自作の曲を演奏するロック・ミュージシャンである。なかにはロリー・ギャラガーやヴァン・モリソンのように、そのキャリアをショーバンドから始めた者もいた。彼らに加え、アイルランドから世界に羽ばたいたロックバンドの先駆けの一つには、フィル・ライノットをリーダーとするハードロック・バンドのシン・リジー（デビューは1970年）がある。

チャリティ・コンサート「バンド・エイド」の主唱者として有名なボブ・ゲルドフ率いるザ・ブームタウン・ラッツ（1977年）、デリー出身パンクバンドのジ・アンダートーンズ（1978年）、名実ともにアイルランドを代表するロックバンドのU2（1980年）、ケーリー音楽（ダンスに使われる伝統的な音楽）とパンクを融合させたザ・ポーグス（1984年）、女性ヴォーカリストのシネイド・オコナー（1987年）、路上ライブから身を起こしたホットハウス・フラワーズ（1987年）、映画『ONCE ダブリンの街角で』の成功で一躍有名になったグレン・ハンサード率いるザ・フレームズ（1991年）、ドロレス・オリオーダンの歌声が特徴的なザ・クランベリーズ（1992年）、4人のメンバーが全員兄妹（姉妹3人とその兄）のザ・コアーズ（1995年）などは、国境を越えて多くの音楽ファンから多大な支持を受けた。

しかし、1990年代半ばを過ぎるとレイヴ・ミュージックの流行により、ロックバンド・シーン

第67章

歌は世につれ

は下火になってしまう。かつては若者向けのパブでは、週末になると生バンドがヒット曲のカバーを演奏していたのだが、それがDJにとって代わられるようになったのもこの頃である。その後はシーンが細分化し、レイヴ、ロック、レゲエ／ダブ、シンガーソングライターなど、さまざまなジャンルや形態の音楽活動が盛んに行われているが、かつてほどアイルランド産のロックが世界のヒットチャートをにぎわす機会は少なくなったかもしれない。しかし、中心メンバーの二人が北アイルランド出身のスノウ・パトロール、2013年にデビュー・アルバムを発表したザ・ストライプスとコーダライン、同じく2013年に『テイク・ミー・トゥー・チャーチ』が大ヒットしたホージアなどは世界の大舞台で活躍している。

1990年代から2000年代にかけて、アイルランド発の音楽として影響力が大きかったのはボーイバンドである。ボーイバンドとは、楽器は演奏しないが歌って踊れるハンサムな若い男性のグループ。その音楽性の決定にはプロデューサーが大きな役割を果たし、売り出しには徹底的なマーケティングが行われる。ボーイバンドの先駆者は英国のテイク・ザットだが、この形態をさらに洗練させて大きな成功を収めたのがアイルランド出身のルイ・ウォルシュである。彼がマネジメントを行ったボーイゾーン（デビューは1994年）やウエストライフ（同1999年）は英国やアイルランドでは絶大な人気を誇り、世界各地で大きな成功を収めている。

日本でもおなじみの英国のタレント発掘番組「Xファクター」からは、若いアイルランド人アーチストも誕生している。2009年に登場したジェドワードはダブリン郊外出身の双子のティーンエイジャーなのだが、楽器は弾けない、曲は作らない、歌も踊りも下手。コスチュームも髪型もふるま

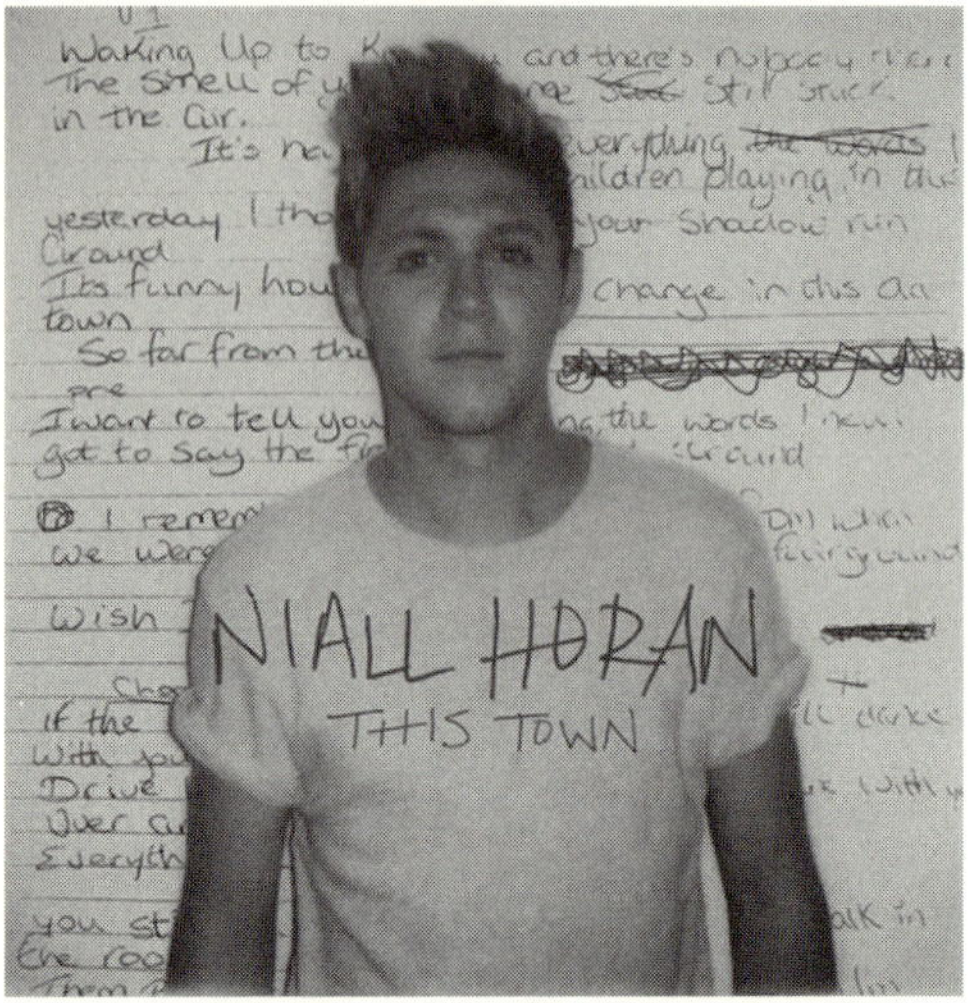

ナイル・ホーラン『ディス・タウン』(2016)
(提供：ユニバーサルミュージック合同会社)

いも人を苛立たせるのだがなぜか憎めないというキャラだけで人気を獲得した。2010年の出場者たちで結成されたワン・ダイレクションにはアイルランド人のナイル・ホーランが参加しており、2017年にはソロ・アルバムを発表した。

最後に、毎年5月になるとアイルランドで大きな話題となる、ユーロヴィジョン・ソング・コンテストについてふれておきたい。ヨーロッパのほとんどの国が参加するこのコンテストは、出場国がオリジナルの楽曲を1曲ずつ披露し、優勝者を決めるという国対抗の歌合戦である。50年以上の歴史を誇るこのコンテストは、アバ（スウェーデン代表）やセリーヌ・ディオン（スイス代表）も輩出している。アイルランドは最多の7回の優勝を誇っており、とくに1992年から94年まで3連覇を果たして圧倒的な強さをみせていた。だが近年は成績が優れず、予選を突破できないことも多い。参加国がそれぞれほかの国を採点するという審査方式なのだが、新たに参加した旧東欧諸国が近隣の国に高得点を与えてしまうのがアイルランド低迷の原因だという声もある。しかし、上位にも食い込めないのであれば、曲自体に魅力がないのではないかといわれてもしかたがない。

このコンテストは優勝国が次の年の大会を開催することになっている。日本でもおなじみになったリバーダンスは、もともとはアイルランドで開かれた１９９４年大会の幕間の出し物だった。アイルランドがコンテストで優勝していなければ、リバーダンスも存在していなかったかもしれないと考えると感慨深い。

以上、伝統音楽ではないアイルランドの大衆音楽という観点でまとめてみた。伝統音楽を基盤に大きな人気を博したミュージシャン（第66章のザ・チーフテンズなど）にはあえてふれていないのでご了承いただきたい。

（宮谷直樹）

コラム6

セント・パトリックス・デイの祝い

山下理恵子

守護聖人セント・パトリックの命日である3月17日のセント・パトリックス・デイは、アイルランド（北アイルランドも同様）で国民の祝日というだけでなく、世界中で緑を身につけて盛大な祝いが行われる日でもある。

この日には世界各地でパレードが行われている。そして大臣などアイルランドの要人たちが各国に派遣されて、パレードに参加する。パレードの起源は米国のニューヨーク。独立宣言より前の1762年に始まった。当時、英国統治下のアイルランドでは、緑を身につけることさえ禁じられていた。最初は米国で英国軍として兵役に従事していたアイルランド人たちの行進から始まったのだが、やがてアイルランド系移民たちにとって、自分たちのアイデンティティやプライドを示すイベントとなった。現在でもニューヨークのパレードが世界のどこよりも大きい。パレードは朝11時に始まり6時間にわたり、五番街44ストリートから79ストリートという目抜き通りを進む。15万人以上の人がパレードに参加し、観客数は200万人以上だという。そしてニューヨークだけでなく、米国の各地、さらには世界各地でパレードが行われるようになった。また毎年この時期には、アイルランドの首相が米国大統領に、両国の友好の証としてシャムロックの植えられた鉢をプレゼントすることが伝統となっている。

パレードに参加するのは（厳密な規定はないが）名誉あるグランドマーシャルを先頭に、政治家や社会的に活躍した人びと、マーチングバンドやパイプバンド、サンババンド、アイリッシュ・ダンサー、チアリーダー、バナーを持つグループなど。長時間歩くわけだから、ペースを整えるうえでもマーチングバンドは大切だ。

ニューヨークのパレードでは150近いマーチングバンドが全国から集まる。

アイルランド国内でもっとも大きいパレードは首都ダブリンのものだが、パレードを含む数日にわたるセント・パトリックス・デイ・フェスティバルとして祝われるようになったのは1990年代中盤だった。3月17日は1903年から国民の祝日なのだが、当初は祝日のためパブが閉店するなど、お祭り感は薄かったようだ。やがて米国でのセント・パトリックス・デイの華やかな様子に影響を受けつつ、この日を盛大に祝うようになっていったという。ダブリンのパレードはパーネル・スクエアを起点に、オコンネル通りを下ってリフィー川を渡り、ト

セント・パトリックス・デイのパレード
（提供：アイルランド政府観光庁）

リニティ・カレッジを背にデーム通りへと進み、クライストチャーチ、聖パトリック大聖堂からさらにケヴィン通りに入ったところまで行進する（第5章の地図参照）。音楽やダンスだけでなく、乗り物で牽引するフロート上で大きなマスコットを動かしたり、仮装した人たちが演じながらパレードしたりとなかなか見ごたえがある。海外のセント・パトリックス・デイのパレードよりも国際色が豊かかもしれない。

最近の傾向は、アイルランド系移民が少ない国でもセント・パトリックス・デイの祝いが広まっていること。日本でも1992年の東京でのパレードを皮切りに、全国各地でパレードやフェスティバルが開催されている。

この日に世界を緑にするというグローバル・グリーニングも広まっている。2018年にはニューヨークのエンパイア・ステート・ビル、シドニーのオペラハウス、ローマのコロッセオ、伊勢神宮の大鳥居など、世界300か所以上の名所が緑色にライトアップされた。グリーニングは建物だけではない。シカゴ川は1962年からこの日に川を緑に染めてきた。ただし染料はトップシークレットということで、環境にどれほどの影響があるかは判明していない。

パレード以外にもさまざまなお祭りやイベントなど、楽しいプログラムが満載のセント・パトリックス・デイ。お酒の消費がぐんと伸びる日でもある。もちろん本来は宗教的な祝いでもあるので、教会では特別なミサが行われる。あまりに商業化することに多少の批判もあることを付け加えておく。

68

旅するダンシング・マスター

★アイリッシュ・ダンスの起源★

「ダンスは狂人が最初に始めた」というアイルランドのことわざがあるが、アイリッシュ・ダンスはいつ、誰が始めたのだろうか？

アイルランドでどのようなダンスが営まれていたかが書かれている文献は、中世以前にはほとんど見当たらない。このため推測の域を越えないのだが、古代のヨーロッパで戦争や宗教儀式でダンスを実践していたことから、アイルランドでも同様のダンスがあった可能性が考えられる。おそらく政治的な役割も担う神官だったドルイドが祭事を行うさいに、ダンスが営まれていただろう。

古代からかなり時代を進めて、12世紀にアイルランドに侵攻したアングロ・ノルマン人が、彼らが踊っていた「キャロル」を持ち込んだということは文献に残っている。クリスマスキャロルの原型であるこのダンスは、ぐるりと輪になって歌いながら踊るものだったという。

エリザベス1世（在位1558〜1603年）がダンス好きだったことは広く知られている。この時代、アイルランドは英国の統治下にあり、エリザベス女王はたびたびアイルランドを訪れた。当時のアイルランド総督の秘書官が書き残した書物には、エリザベス女王が歓待の宮廷ダンスをたいそう気に入った様子が描かれている。

アイルランドのダンスの兼ね合いで登場するもう一人の英国王がジェームズ2世。1685年に即位した彼はカトリック教徒であることから英国国教会と対立し、1688年に名誉革命でフランスに亡命した。その後、王権回復をもくろんで1689年にアイルランド南西部のキンセールに上陸。カトリックを支持するアイルランド人が、ダンスでジェームズ2世を迎え入れた。結局ボイン川の戦いでウィリアム3世に破れたジェームズ2世はその後敗走したのだが、彼のために踊られたダンスについての記述が残っている。

ここまで登場したダンスはアイルランド独自のダンスというわけではなく、ヨーロッパ大陸やイングランド、スコットランドから伝わり、その影響を大きく受けたダンスだといえる。アイルランドではダンスが人びとの楽しみとして享受されていたのだ。そのダンスをよりいっそう普及させて、現在踊られているかたちの原型に近いアイルランドのダンスとして発展させていったのがダンシング・マスターだ。

トラベリング・ダンシング・マスターと呼ばれる彼らは、村から村へと旅をしてまわりながらダンスを教えていた。主に18世紀から19世紀にかけて活躍したとされる。ヨーロッパ大陸や英国では、貴族にダンスを指導する教師としてのダンシング・マスターが存在していた。アイルランドでも上流階級の子どもたちの家庭教師として、エチケットやしつけの一部としてダンスを教えるダンシング・マスターもいた。その一方で、定住地を持たずに、各地を巡回しながらダンスを教えるトラベリング・

第68章

旅するダンシング・マスター

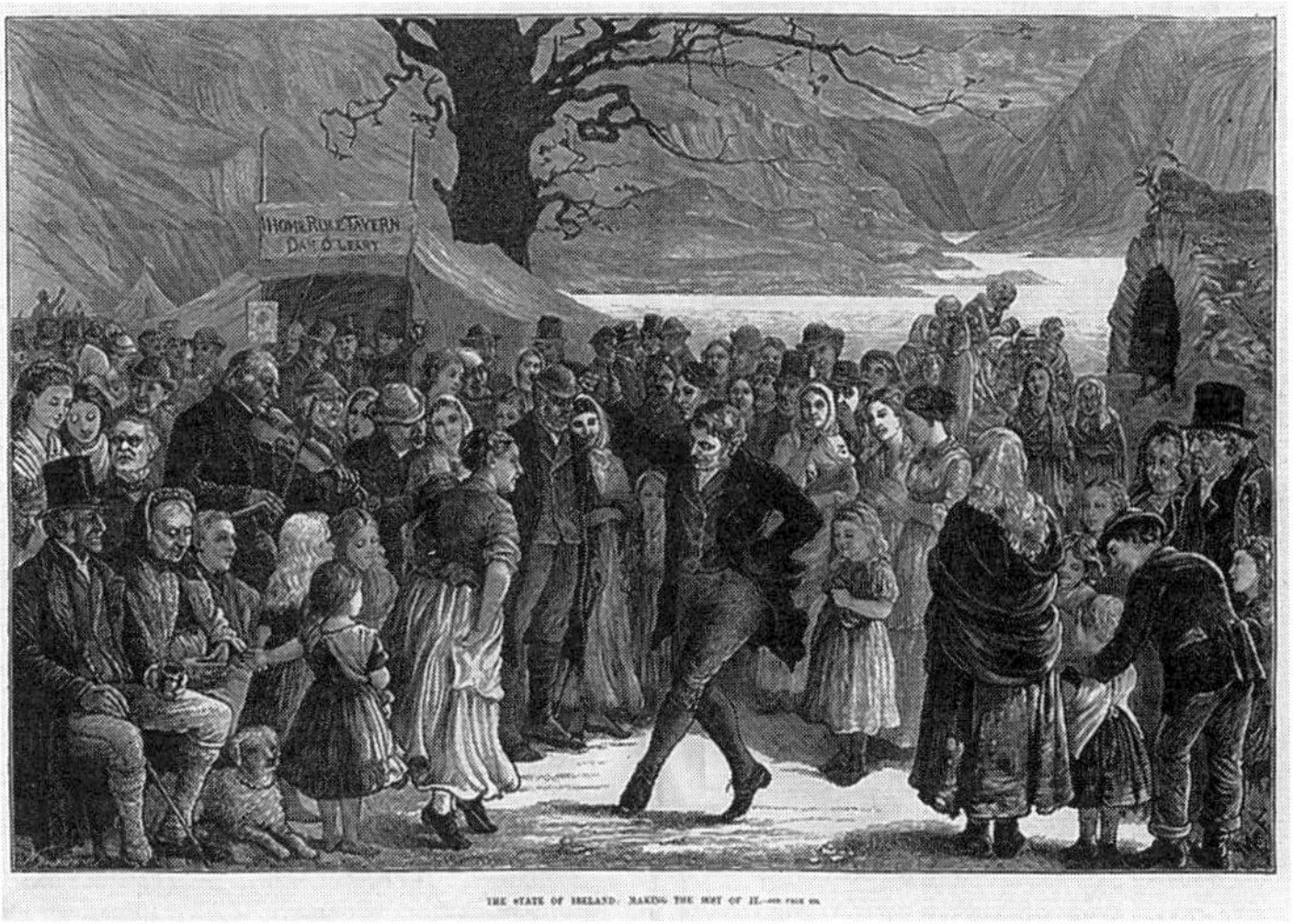

1879年の出版物から、踊る人々の様子
（出所：Irish Traditional Music Archive）

ダンシング・マスターもいた。当時、ダンスは庶民の大きな娯楽で、ダンシング・マスターの訪問はとても喜ばれた。

18世紀後半にアイルランドを訪れて紀行文を書いたアーサー・ヤングという英国人農学者が、ダンシング・マスターや庶民のダンスについて観察した文章を残している。彼によるとダンシング・マスターはパイプ弾きや盲目のバイオリン弾き（フィドラー）を伴い、一つの村に数週間程度滞在して、ダンスを教えることでお金を受け取っていた。奇妙な格好をして、大げさな言葉遣いを好む、気位の高い人たち（初期の頃は多くが独身男性）だったといわれている。ほかのダンシング・マスターとかち合うと、ダンスで果し合いを挑んだという記述もある。

ダンシング・マスターが教えたのは、メヌエットやカントリー、フランスで生まれたコティヨンなど、幅広い種類のダンスだった。このコティヨン、そして19世紀にヨーロッパで人気が高まったカドリールはアイルランドの音楽で踊られるようになり、社交的なダンスとして発展した。また、リールやジグなどのアイルランドで広く演奏されていた音楽に合わせて、足だけを動かして器用に踊るステップ・ダンスを発展させたのもダンシング・マスターだ。これはソロのダンスなので、とくにダンスが得意な者たちが習得していった。アイルランド独自に生まれたダンスというわけではないが、外国のダンスを取り入れながら、特徴的なダンスが徐々に形成されていったのだ。

とはいえ、ダンシング・マスターは、カトリック教会からは目の敵にされていたらしい。男女が手をつないで踊るなどはもってのほか。道徳的な観点から、ダンシング・マスターを糾弾する神父も少なくなかった。

やがて19世紀末の大飢饉が大きな影を落とした。ダンシング・マスターが活躍したといわれるアイルランド西部や南西部からも多くのアイルランド人が海を渡ったのだが、彼らも例外ではなかった。音楽を提供するミュージシャンの数が減り、ダンスを教えることがままならなくなった。さらに貧困が深刻化すると、人びとの娯楽に対する興味も薄れていったと考えるのは当然だろう。ダンスの正式な教本があるわけではなく、人から人へと伝承されていたため、やがて忘れ去られていった。ダンシング・マスターの功績も人びとの記憶から失われてしまったのだった。

（山下理恵子）

69

ゲーリック・リーグによる脱英国化

★アイリッシュ・ダンスの創造★

1892年に「脱英国化されたアイルランドの必要性」というテーマで講演を行ったダグラス・ハイドは、翌年ゲーリック・リーグを設立した。ケルト文芸復興運動によってアイルランド語が注目を浴び、アイルランドの固有の文化が見直されるなかで、文学研究者であるハイドが立ち上げた団体だ。当時、アイルランド語の話者は激減していた。19世紀初頭には英語よりアイルランド語を話す人が多かったのだが、20世紀初頭になるとアイルランド語はマイナー言語となった。英国の統治下で英語の使用が不可欠であったこと、そして英語圏の文化の普及がその背景にある。リーグはアイルランド語の保存と復興のために各地で支部を設立する一方で、語学だけでなくダンスや演劇のクラスも開催するようになった。

この団体がダンスに注目するきっかけとなったのが、1897年にリーグのロンドン支部で開催された「ケーリー」。ケーリーというのは生演奏で踊る社交的な集まりで、スコットランド人が催すケーリーに参加したアイルランド人が、同じようなイベントを実現させたのだ。ところがいざ開催してみると、参加者が知っているのはワルツやカドリールといった外国のダンスばかり。リーグの会員にはいわゆるホワイトカラーと呼ばれる知識層が多く、農民が踊り手の主体だったアイルランドのダンスに関する知識をあまり持っていなかったという。これが「アイルランドのダンスを掘り出そう」という動きのきっかけとなった。ロンドン支部には「プロフェッサー（教授）」というあだ名のカウンティ・ケリー出身者がいて、彼がダンスを教えるようになった。もっともこの人物が本当にダンスに精通していたのかについては異論もある。

ロンドンでの活動はアイルランドにも波及した。各支部でダンスのクラスが開催されるようになり、同時に「アイリッシュ・ダンスって何だろう」という疑問も持ち上がってきた。いったん衰退したダンスを再興するのは、非常に大変な作業だ。そのうえリーグは脱英国化、つまり英国の影響を受けた文化は排除して、アイルランド独自の文化を普及させるというミッションを持つ。どのダンスが外国の影響を受けていて、どのダンスがアイルランド文化として適切なのか。この問題を解決するために、自国ダンスと外国ダンスを仕分けする委員会が設立された。しかしもともとダンシング・マスターは外国ダンスをアイルランドに紹介し、それらがアイルランド音楽と結びついてダンスが発展したわけで、自国と外国の差はあいまいだった。

やがて独立運動を経て、１９２２年にアイルランド自由国が誕生する。リーグは非政治的組織だったのだが、独立運動に関わったマイケル・コリンズやエイモン・デ＝ヴァレラなど、多くの人がリーグのメンバーだったのも事実だ。また伝統的なスポーツを振興するＧＡＡ（第40章参照）とも協同し、ナショナリズムの機運の高揚に貢献した。独立後は、彼らの一部が新政府に入閣した。リーグの一員であり、義勇軍の最高司令官でもあったオーエン・マクニールは、初代教育相となっている。設立者

1938年の新聞に掲載されたダンサーたちの写真
(Courtesy of the Irish Examiner archive.)

のハイドは、自身がプロテスタントで独立戦争には関与しなかったのだが、初代大統領に就任した。新生アイルランドにとって、アイルランド語やアイルランド文化の普及は重要な政策の一環となった。

1920年ごろからリーグがダンス専門のスクールを開校するようになった。ここでは教えられるべきなのはアイリッシュ・ダンスであり、ダンスの選別がよりいっそう必要となった。それらのダンスは正式な教師が教え、正式な審査員が優劣をつける競技会(コンペテョション)で踊られることになる。そこでアイリッシュ・ダンシング・コミッションが立ち上がり、競技会で踊られるステップやダンスを規定していった。

ダンス・スクールで教えるソロのダンスは、ダンシング・マスターが発展させた、腕を下ろしたまま足の裏の前のほうを床に当てて音を立てながら踊るステップ・ダンスを基礎としている。横に進むときのサイドステップという独特の動きも取り入れられた。ダンシング・マスターの時代には台所など狭い場所で踊られることが多かったので、飛んだり跳ねたりという派手な動作はなかったのだが、ダンス・スクールのダンスはステー

1927年に新聞に掲載されたダンス・コンペティションの写真
(Courtesy of the Irish Examiner archive.)

ジ上で踊るため動作が大きくなっていった。グループで踊るダンスについても、同様のステップで踊るよう規定された。複数で踊るダンスは昔から踊られてきたものを発掘したとされているが、起源が明らかではないダンス、つまり新たに創作された可能性のあるダンスもあったという。グループ・ダンスは「ケーリー・ダンス」という名称で呼ばれるようになった。

アイルランド人のナショナル・アイデンティティとしてのダンスを広めるためには、それ以外のダンスを排除する必要もあった。いくつかのダンスが「外国の影響を受けている」とみなされたのだが、その一つがセット・ダンスだった。フランスのコティヨンやカドリールが起源であり、さらに英国経由で伝わったという歴史的経緯から禁止に至った。ダンス・スクールの生徒たちは、アイリッシュ・ダンス以外のダンスを踊ることが許されなかったのだが、セット・ダンスはスクール以外の人たちがダンスを楽しむケーリーでも禁じられた。

セット・ダンスは昔から民家や道端（四つ辻のような広い場所）で踊られてきた。リーグによる禁止令に加えて、1935年の「パブリック・ホール・アクト」という法案が出ると、セット・ダンスはさらに打撃を受けることになる。この法律は生活に困窮した農民が自宅でダンスの集まりを開いてお金を徴収することを規制したい警察とカトリック教会が、警察が監視できるダンス・ホール以外でのダンスの集まりを禁じたものだ。徴収されたお金がＩＲＡの資金になることもあったという、不安定な政治状況も影響した。商業目的のホールでフォックストロットやワンステップのような社交ダンスや、米国から輸出された流行りのダンスが踊られるようになると、昔ながらのアイルランドのダンスが踊られる機会は少なくなっていった。

こうしてリーグのダンスは、アイルランドで踊られるダンスが主流になっていった。だが誰もがそれを歓迎したわけではない。やや堅苦しいステップや、男性には腰で巻くスカートのような無地のキルトを履かせるといった規定によって、アイリッシュ・ダンスを習うことを躊躇するアイルランド人もいた。それでも不安定ながら独立国として歩み始めたアイルランドを象徴するアイデンティティの一つとして、アイリッシュ・ダンスが持つ社会的役割は小さくなかった。

（山下理恵子）

70

グローバル化するダンス

★アイリッシュ・ダンスの変貌★

独立後は農業を中心とした保護主義的な経済対策を維持してきたアイルランドが、1950年代後半に開放経済への転換を図るようになる。アイルランドは外に開かれた国へと変化しようとしていた。

1951年に設立されたコールタス・キョールトーリ・エーレン（CCÉとも呼ばれる）はアイルランド語で「アイルランド音楽家協会」という意味で、伝統音楽の保存と振興を目的とした非営利団体だ。プロやアマチュアの音楽家が所属し、伝統音楽のリバイバルに貢献した。またコールタスの集まりではダンスも踊られたのだが、ゲーリック・リーグと異なり、セット・ダンスを禁止しなかった。彼らのケーリーでは、ケーリー・ダンスとセット・ダンスの両方が踊られた。

1970年代には、コールタスやGAAがリーグとは一線を画したダンスのコンペティションを行うようになった。そのなかにはセット・ダンスのコンペティションも含まれていた。ただし優劣をつけなければならないコンペティションの性質上、伝統的に踊られてきたスタイルから多少の逸脱があったことは否めない。とはいえ、踊ることが禁じられてきたセット・ダンスへの注目が、これをきっかけに高まっていった。

1980年代に入ると、衰退し、忘れ去られた昔のセット・ダンスを発掘・記録し、教える人たちが現れた。昔ながらのダンスを覚えているお年寄りを訪ね、記憶をたどりながらダンスを再生するという地道な活動だが、次第に各地に広がっていった。夏になると各地で開催されるサマースクールでは、セット・ダンスのワークショップやケーリーが主流となっていった。

もちろんゲーリック・リーグによる競技会も盛んに行われ、アイルランドだけでなく海外からも多くのダンサーが参加するようになったのだが、ダンス・スクールに通うのはおもにティーンエイジャーだった。テクニックが高度化すると脚への負担も大きくなり、成人前に引退するダンサーが少なくなかった。あくまでもアマチュアの競技会であり、スクールを開校して教師となる以外は、ダンスを職業とすることはむずかしかったこともその要因だ（さらに教師だけで食べていける人はごく少数だった）。一方、セット・ダンスにはダンス・スクールとは関係ない大人たちが、社交的な目的で集まった。棲み分けのようなものができたわけだ。

やがて1990年代にアイルランドの経済は飛躍的に発展する。貧しく、古いアイルランドからの脱皮。そのイメージにぴったりなダンスが大旋風を巻き起こした。1994年、ダブリンのポイント・シアターで行われたユーロヴィジョン・ソング・コンテスト。前年の優勝国が開催し、幕間の出し物を用意する（第67章参照）。それが7分間のセンセーショナルな「リバーダンス」だった。軽やかなステップ、迫力のある音、バックダンサーとソロダンサーの一体感があるクライマックス。観客だけでなく、ヨーロッパ中のテレビ視聴者が釘づけとなった。その後、この出し物は2時間の「リ

リバーダンス
(Riverdance photograph by kind permission of Abhann Productions)

バーダンス　ザ・ショー」へと拡大され、世界ツアーが大成功を収めた。ザ・ショーではアイリッシュ・ダンスだけでなく、フラメンコやアイリッシュ・ダンスに由来するといわれるタップ・ダンスも組み入れられて、グローバルなプログラムに仕上がった。ダンスに使われた音楽は昔から演奏されていた伝統音楽ではないが、伝統音楽のテイストを十分に取り入れた音楽であり、現代人に受け入れられた。また、ダンス自体は競技会で披露されるソロのステップ・ダンスを基本としているのだが、たとえば手をぴったりと横に下ろして動かしてはいけないという競技会の規定などには従わず、ダンスに柔軟さを加えた。衣装もケルト模様のワンピースや男性用キルトではなく、女らしさ、男らしさを強調するコンテンポラリーなスタイル。このような要素からより官能的で、開放的な作品となった。

リバーダンス以降、次々とダンス・カンパニーが結成され、アイリッシュ・ダンスのエッセンスが散りばめられたダンスショーが世界中で演じられるようになった。ステージで踊るダンサーの多くが、競技会で実績を残した優秀なダンサーたちだ。つまり、プロのダンサーとして生計を立てる道が開かれたということでもある。プロ意識が高まると、怪我をしないようにアスリート並みに体調を管理するダンサーも増加。競技会で踊られるステップ・ダンスへの興味も高まり、これまではアイルランド人やアイルランド系移民のアイデンティティの表象として踊られていたダンスに、アイルランドとはつながりがない世界中の人びとが関心を持つようになった。豊かなアイルランド、グローバルなアイルランドを象徴するダンスへと変わっていったのだ。

シャン・ノースを踊る少年
（提供：Kai & Miwa Ino O'Sullivan）

ダンスのグローバル化は、グローカリゼーションのような現象も引き起こした。ゲーリック・リーグが規定したダンスより前の、ダンシング・マスターが踊っていた地域に残るダンスを再興し、踊る人もいれば、ダンシング・マスターが行き着かなかった地域で踊り継がれたシャン・ノースと呼ばれるダンスを学ぼうとする人もいる。シャン・ノースは手を自由に使うアドリブ的なダンスで、リーグには野蛮なダンスであるとみなされ排除された。1960年代にコネマラ地方のゲールタクトで市民権運動が起こり、ダンスを含む自分たちの文化を披露する場が求められた。その後、このダンスがシャン・ノース（アイルランド語で「古いスタイル」の意味）という名称で全国に広がり、独特な踊り方に関心が高まった。自由な身体表現が現代的で、活気あふれる現代アイルランドのイメージと重なる。愛国心を示すダンスから、世界のダンスへ。アイルランド社会の変化に伴って、アイリッシュ・ダンスも変貌を遂げ続ける。

（山下理恵子）

おわりに

第2版の発行から約8年。アイルランドはその間、大きな変化を遂げてきた。経済が飛躍的に発展したケルティック・タイガーから金融危機へ。怒涛の21世紀の始まりを経験したアイルランドだが、最近では再び好景気を迎えている。ある著者は、「住宅不足や経済間格差の拡大といった負の側面が顕著になる一方で、社会における多様化など正の側面で劇的な変化も肌で感じています」という。しばらく緊縮財政だった予算だが、公共住宅の整備、中小企業へのサポートといった転換が図られる予定だ。

その大きな原動力となりそうなのが英国の欧州連合（EU）離脱、いわゆるブレグジットである。本著でもいくつかの章で述べられているように、英国の離脱交渉に翻弄されつつも、アイルランドにとっては大きなビジネスチャンスだと捉えられることが多い。EUおよびユーロ圏における唯一の英語圏であり、巨大なEU市場へのアクセスが魅力的なうえ、法人税などの経済政策や法制度も充実。すでに多くの企業がアイルランドでの事業拡大を計画している。日本企業にとってもアイルランドがEUへの重要な入り口となるだろう。「ここではもっぱら、ブレグジットによる国境や貿易の影響についての話題でもちきりです」とアイルランド在住の著者が近況を語っている。

離脱交渉の大きな障害といわれるのが南北の国境問題。現在は自由に通行が可能な北アイルランドとアイルランド共和国の国境の管理をどうするのかという課題だ。このような状況下、北アイルランドの人びとも揺れている。「2018年に訪れたベルファストで、会う人会う人がアイリッシュパスポートを申請、取得したといっていたのが印象的です。その多くは英国系で、EUがどれほど大きな存在であるかを実感しました。ブレグジットは、すでに北アイルランド社会に大きな影響を及ぼしているようです」とかつて北アイルランドに居住していた著者が教えてくれた。ほかの著者によると「南北アイルランドは経済的に一体化しつつあり、この点が後戻りすることはないと思います」という。ブレグジットによって、政治的にはいまだに難題を抱える南北関係の改善が阻まれないことを願うしかない。

経済分野以外にも、アイルランドと日本の絆が深まっている。音楽、文学、演劇、映画、ダンス、スポーツなど、日本でアイルランドの文化が紹介される機会が多くなった。留学先、ワーキングホリデーでの滞在先にアイルランドを選ぶ日本人も少なくない。もちろん観光地としての魅力にもあふれている。アイルランド共和国だけでなく、自然も文化も豊かな北アイルランドを訪れる人も今後増えるだろう。「2010年に完成したタイタニック博物館が人気ですし、ベルファスト国際文化祭のような年間を通じて開催されているフェスティバルを訪れるのもいいでしょう」と北アイルランドに詳しい著者。アイルランド共和国に目を向けると、にぎやかな首都ダブリンだけでなく、圧倒的な自然景観や文化遺産が各地に存在する。最近では交通インフラがかなり整備されてきたので、いろいろな場所に足を伸ばしてみることがおすすめだ。

日本がアイルランドから学べることも多い。男女間格差の是正、同性婚の合法化など、画期的な法整備が進んでいる。また、難民や移民の人権を尊重する政策が行われている。かつては離婚や中絶が認められず、多くの女性が結婚後に仕事を辞めていたアイルランドからは想像しがたい変化だ。最年少で首相になり、同性愛者であることを公表している移民の親を持つレオ・バラッカー首相がこの国を象徴しているようだ。「アイルランドでは偏見は支持されません」と明言した首相が、アイルランドの明るい未来を予見しているように思える。

（まとめ：山下理恵子）

アイルランドを知るための文献・情報ガイド

【邦文文献】

❖ 概　略

上野格、アイルランド文化研究会編著『図説アイルランド』河出書房新社、1999年
グメルク、ジョージ『アイルランドの漂泊民』亀井好恵、高木晴美訳、現代書館、1993年
高橋晃弘、武井みゆき、山下理恵子、松井ゆみ子、中濱潤子、犬石万蔵、実川元子『アイルランド――パブとギネスと音楽と』トラベルジャーナル、1998年
ロジャース、メアリー・M『アイルランド』守安功訳、国土社、1999年

❖ 歴　史

アーサー、ポール、ジェフリー、キース『北アイルランド現代史――紛争から和平へ』門倉俊雄訳、彩流社、2004年
上野格、松浦高嶺『イギリス現代史』（うち「アイルランド」）山川出版社、1992年
勝田俊輔『真夜中の立法者キャプテン・ロック――19世紀アイルランド農村の反乱と支配』山川出版社、2009年
キレーン、リチャード『アイルランドの歴史』鈴木良平訳、彩流社、2000年
高神信一『大英帝国のなかの「反乱」――アイルランドのフィーニアンたち（第2版）』同文舘出版、2005年
中央大学人文科学研究所編『ケルト復興』中央大学出版部、2002年
波多野裕造『物語アイルランドの歴史――欧州連合に賭ける〝妖精の国〟』（中公新書）中央公論新社、1994年

法政大学比較経済研究所・後藤浩子編『アイルランドの経験――植民・ナショナリズム・国際統合』法政大学出版局、２００９年
高橋哲雄『アイルランド歴史紀行』筑摩書房、１９９１年
堀越智『北アイルランド紛争の歴史（改訂版）』論創社、１９９６年
――『アイルランド独立戦争１９１９―２１』論創社、１９８５年
――『アイルランドイースター蜂起１９１６』論創社、１９８５年
松尾太郎『アイルランド問題の史的構造』論創社、１９８０年
――『アイルランドと日本――比較経済史的接近』論創社、１９８７年
――『アイルランド民族のロマンと反逆』論創社、１９９４年
ミラー、カービー、ワグナー、ポール『アイルランドからアメリカへ――７００万アイルランド人移民の物語』茂木健訳、東京創元社、１９９８年
ムーディ、T・W、マーティン、F・X編著『アイルランドの風土と歴史』堀越智監訳、論創社、１９８２年
森ありさ『アイルランド独立運動史――シン・フェイン、ＩＲＡ、農地紛争』論創社、１９９９年
山本正『「王国」と「植民地」――近世イギリス帝国のなかのアイルランド』思文閣出版、２００２年

❖社会・政治・経済

池田真紀「アイルランド・北アイルランド」馬場康雄、平島健司（編）『ヨーロッパ政治ハンドブック（第2版）』東京大学出版会、１～１３頁、２０１０年
大野光子『女性たちのアイルランド――カトリックの〈母〉からケルトの〈娘〉へ』（平凡社選書）平凡社、１９９８年
小舘尚文、千葉優子「アイルランド共和国・北アイルランド」松尾秀哉、近藤康史、溝口修平、近藤正基（編著）『教養としてのヨーロッパ政治』ミネルヴァ書房、２０１９年（刊行予定）
佐藤亨『北アイルランドのインターフェイス』水声社、２０１４年
鈴木良平『ＩＲＡ（アイルランド共和国軍）：アイルランドのナショナリズム』彩流社、１９９９年
髙久隆太『アイルランドとＥＵの租税紛争：背景にある企業誘致と優遇税制』泉文堂、２０１７年
栩木伸明『アイルランドのパブから――声と文化の現在』日本放送出版協会、１９９８年
波多野裕造「終戦時の日本と中立国の関係――アイルランドの場合を中心に」『白鴎法學』13号、１９９９年9月

林景一『アイルランドを知れば日本がわかる』角川グループパブリッシング、2009年
福井令恵『紛争の記憶を生きる：北アイルランドの壁画とコミュニティの変容』青弓社、2015年
南野泰義『北アイルランド政治論：政治的暴力とナショナリズム』有信堂、2017年

❖文化・象徴

オコーナー、ヌーラ『アイリッシュ・ソウルを求めて』茂木健・大島豊訳、大栄出版、1993年
カーソン、キアラン『アイルランド音楽への招待』守安功訳、音楽之友社、1998年
武部好伸『アイルランド「ケルト」紀行――エリンの地を歩く』彩流社、2008年
鶴岡真弓、松村一男『図説 ケルトの歴史――文化・美術・神話をよむ』河出書房新社、1999年
中濱潤子『アイルランドB&B紀行』東京書籍、1997年
ブリアー、ダイアナ『アイルランド音楽入門――音楽・ダンス・楽器・ひと』守安功訳、音楽之友社、2001年
松島まり乃『アイルランド民話紀行――語り継がれる妖精たち』集英社、2001年
守安功『アイルランド　人・酒・音　愛蘭土音楽紀行』東京書籍、1997年
――『アイルランド　大地からのメッセージ』東京書籍、1997年
山下理恵子『アイルランドでダンスに夢中』東京書籍、1998年
山下理恵子、守安功『アイリッシュ・ダンスへの招待』音楽之友社、2002年

❖文学・演劇・評論・言語

井村君江『ケルトの神話――女神と英雄と妖精と』（ちくま文庫）筑摩書房、1990年
エルマン、リチャード『ダブリンの4人――ワイルド、イェイツ、ジョイス、そしてベケット』大澤正佳訳、岩波書店、1993年
オシール、ミホール『アイルランド語文法　コシュ・アーリゲ方言』研究社、2008年
オブライエン、エドナ『ジェイムズ・ジョイス』（ペンギン評伝双書）井川ちとせ訳、岩波書店、2002年
現代英米詩研究会編『ポール・マルドゥーンとの出会い――北アイルランド詩の現在』国文社、1994年
現代演劇研究会編『現代演劇　特集ブライアン・フリール』英潮社、2001年
河野賢司『現代アイルランド文学序論――紛争とアイデンティティの演劇』近代文藝社、1996年

木村正俊編『アイルランド文学——その伝統と遺産』開文社出版、2014年
グラッシー、ヘンリー編『アイルランドの民話』大澤正佳・大澤薫訳、青土社、1994年
佐野哲郎編『豊穣の風土——現代アイルランド文学の群像』山口書店、1994年
下楠昌哉『妖精のアイルランド——「取り替え子」の文学史』（平凡社新書）平凡社、2005年
鈴木弘『図説イェイツ詩辞典』本の友社、1994年
ディレイニー、フランク『ケルトの神話・伝説』鶴岡真弓訳、創元社、2000年
栩木伸明『アイルランド現代詩は語る——オルタナティヴとしての声』思想社、2001年
梨本邦直『ニューエクスプレス　アイルランド語』白水社、2008年
奈良アイルランド語研究会編『語り継ぐ力——アイルランドと日本』アイルランドフューシャ奈良書店、2018年
ヒーニー、シェーマス『シェーマス・ヒーニー——ナチュラリストのパラダイム』小野正和、清水重夫著訳、書肆山田、1993年
風呂本武敏編著『ケルトの名残とアイルランド文化』溪水社、1999年
——『近・現代的想像力に見られるアイルランド気質』溪水社、2000年
——『アイルランド・ケルト文化を学ぶ人のために』世界思想社、2009年
松岡利次『アイルランドの文学精神』岩波書店、2007年
松村賢一編『アイルランド文学小事典』研究社出版、1999年
水之江有一『アイルランド——緑の国土と文学』研究社出版、1994年
八幡雅彦『北アイルランド小説の可能性——融和と普遍性の模索』溪水社、2004年
『ユリイカ　特集　アイルランドの詩魂』青土社、2000年2月
渡辺洋子、岩倉千春編訳『アイルランド民話の旅』三弥井書店、2005年

❖文学作品

イェイツ、W・B『鷹の井戸』（角川文庫）松村みね子訳、角川書店、1953年
——『イェイツ戯曲集』佐野哲郎・風呂本武敏・平田康・田中雅男・松田誠思訳、山口書店、1980年
——『W・B・イェイツ全詩集』鈴木弘訳、北星堂書店、1982年
——『ケルト妖精物語』（ちくま文庫）井村君江訳、筑摩書房、1986年

――『ケルトの薄明』(ちくま文庫) 井村君江訳、筑摩書房、1993年
イーグルトン、テリー『聖人と学者の国』鈴木聡訳、平凡社、1989年
オコナー、フランク『フランク・オコナー短編集』(岩波文庫) 阿部公彦訳、岩波書店、2008年
『現代アイルランド演劇 (1)~(5)』新水社、1992~2001年
『現代演劇 特集 ブライアン・フリール』現代演劇研究会編、英潮社、2011年
ショー、バーナード『バーナード・ショー名作集』鳴海四郎他訳、白水社、1966年
ジョイス、ジェイムズ『若い芸術家の肖像』(新潮文庫) 丸谷才一訳、新潮社、1994年
――『ユリシーズ(1)~(4)』(集英社文庫) 丸谷才一他訳、集英社、2003年
――『フィネガンズ・ウェイク(1)~(4)』(河出文庫) 柳瀬尚紀訳、河出書房新社、2004年
――『ダブリナーズ』(新潮文庫) 柳瀬尚紀訳、新潮社、2009年
シング、J・M『アラン島』(岩波文庫) 姉崎正見訳、岩波書店、1996年
――『アラン島』栩木伸明訳、みすず書房、2006年
――『シング戯曲全集』松村みね子訳、沖積舎、2003年
ニー・ゴーノル、ヌーラ『ファラオの娘――ヌーラ・ニー・ゴーノル詩集』大野光子訳編、思潮社、2001年
ニゴーノル、ヌーラ『ヌーラ・ニゴーノル詩集』(新・世界現代詩文庫11) 池田寛子編訳、土曜美術社出版販売、2010年
橋本槙矩編訳『アイルランド短篇選』岩波書店、2000年
ヒーニー、シェイマス『シェイマス・ヒーニー全詩集 1966―1991』村田辰夫他訳、国文社、1995年
――『言葉の力』佐野哲郎他訳、国文社、1997年
ヒーニー、マリー『アイリッシュ・ハープの調べ――ケルトの神話集』大野光子監修、河口和子・河合利江訳、春風社、2007年
ビンチー、メイヴ『タラ通りの大きな家 (上・下)』安次嶺佳子訳、扶桑社、2001年
ベケット、サミュエル『ゴドーを待ちながら』(ベスト・オブ・ベケット1) 安堂信也・高橋康也訳、白水社、1990年
――『勝負の終わり/クラップの最後のテープ』(ベスト・オブ・ベケット2) 安堂信也・高橋康也訳、白水社、1990年
――『しあわせな日々/芝居』(ベスト・オブ・ベケット3) 安堂信也・高橋康也訳、白水社、1991年
ボウエン、エリザベス『あの薔薇を見てよ――ボウエン・ミステリー短編集』太田良子訳、ミネルヴァ書房、2004年
水崎野里子編訳『現代アイルランド詩集』(世界現代詩文庫26) 土曜美術社出版販売、1998年

ワイルド、オスカー『ドリアン・グレイの肖像』（新潮文庫）福田恆存訳、新潮社、１９６２年
――――『幸福な王子――ワイルド童話全集』（新潮文庫）西村孝次訳、新潮社、１９６８年

❖論文

海老島均「分断された社会におけるスポーツ――アイルランドにおけるスポーツのシンボリズムと文化的多様性に対する寄与に関する研究」日本スポーツ社会学会編『スポーツ社会学研究』第6巻、97～１０２頁　法政大学出版局、１９９８年
コールター、キャロル「アイルランドの家族法に関する最新の研究結果」大野光子訳、東海ジェンダー研究所記念論集編集委員会編『越境するジェンダー研究』明石書店、２０１０年
山下理恵子「社会変遷の中でのアイリッシュ・ダンスのアイデンティティーとしての役割」『エール』第19号、１５０～１５５頁　日本アイルランド協会、１９９９年
――――「ディアスポラのカルチュラル・アイデンティティー――米国と日本におけるアイリッシュ・ダンスの展開」『エール』第20号、１０８～１２４頁、日本アイルランド協会、２００１年
山下理恵子、山本拓司「アイリッシュ・ダンスの社会学――歴史的展開に関する序論的考察」『エール』第23号、66～81頁　日本アイルランド協会、２００３年

【欧文文献】

❖概略

The Encyclopaedia of Ireland. Ed. Brian Lalor. Dublin: Gill & Macmillan, 2003.

❖社会

Galligan, Yvonne. *Women and Politics in Contemporary Ireland.* Pinter, 1998.
Horgan, John. *Irish Media: A Critical History Since 1922.* Routledge, 2001.
Hug, Chrystel. *The Politics of Sexual Morality in Ireland.* Macmillan Press, 1999.
Lalor, Brian. ed., *The Encyclopaedia of Ireland.* Gill & Macmillan, 2003.

Matthews, P. J. *Revival: The Abbey Theatre, Sinn Fein, the Gaelic League and the Co-operative Movement* (Critical Conditions: Field Day Essays and Monographs). Cork University Press, 2003.

McCloskey, James. *Voices Silenced: Has Irish a Future?* Cois Life Teoranta, 2001.

O'Sullivan, Mary. "Industrial Development: A New Beginning?" in *The Economy of Ireland: Policy and Performance of A European Region*. ed. J.W. O'Hagan, pp. 260-285, Gill & Macmillan, 2000.

Scally, John. *The Giants of Irish Rugby*. Mainstream Publishing, 1996.

❖ 政治・経済

Coakley, John & Gallagher, Michael. *Politics in the Republic of Ireland* (6th Edition). Routledge, 2017.

Cox, Michael, Guelke, Adrian & Stephen, Fiona. *Farewell to Arms? Beyond the Good Friday Agreement* (2nd Edition). Manchester University Press, 2006.

Dixon, Paul. Northern Ireland: The Politics of War and Peace (2nd edition). Palgrave MacMillan, 2008.

Dukelow, Fiona & Considine, Mairéad. *Irish Social Policy: A Critical Introduction* (2nd edition). Policy Press, 2017.

Elkink, Johan A. and Farrell, David (Eds). *The Act of Voting: Identities, Institutions and Locale.* Routledge, 2015.

FitzGerald, Garret. *Reflections on the Irish State.* Irish Academic Press, 2003.

Fanning, Bryan. *Racism and Social Change in the Republic of Ireland* (2nd Edition). Manchester University Press, 2012.

Gilligan, Chris. *Northern Ireland and the Crisis of Anti-Racism: Rethinking Racism and Sectarianism.* Manchester University Press, 2017.

Inglis, Tom. *Global Ireland: Same Difference.* London. Routledge, 2007.

Kelly, Morgan. *The Irish Credit Bubble.* WORKING PAPER SERIES WP09/32, UCD CENTRE FOR ECONOMIC RESEARCH, 2009.

Kitchin, Rob, et al. *A Haunted Landscape: Housing and Ghost Estates in Post-Celtic Tiger Ireland.* NIRSA Working Paper 59, NUI Maynooth, 2010.

Laffan, Brigid & O'Mahony, Jane. *Ireland and the European Union.* Palgrave Macmillan, 2008.

Laffan, Michael. Judging W.T. *Cosgrave: The Foundation of the Irish State.* Royal Irish Academy, 2014.

Mair, Peter. *The Changing Irish Party System: Organization, Ideology and Electoral Competition.* 1988.

Mitchell, Paul & Wilford, Rick. *Politics in Northern Ireland.* Routledge, 1998.

Norris, Michelle. *Property, Family and the Irish Welfare State.* Palgrave, 2016.

O'Hagan, J.W. ed. *The Economy of Ireland: Policy and Performance of A European Region.* Gill & Macmillan, 2000.

Progress Report on Follow up to The Global Irish Economic Forum. Department of Foreign Affairs, 2010.

Ryan, Philip & O'Connor, Niall. *Leo Varadkar: A Very Modern Taoiseach*. Biteback Publishing, 2018.

Thompson, Joseph E. *United States-Northern Ireland Relations*. World Affairs, Vol. 146, 1984.

Tussing, A. Dale & Wren, Maev-Anne. *How Ireland Cares: The Case for Health Care Reform*. New Island Books, 2006.

❖ 文化・象徴

Brennan, Helen. *The Story of Irish Dance*. Brandon, 1999.

Cullinane, John. P. *Aspects of the History of Irish Dancing in North America*. Dummy Penguin list for Waterstones. 1987.

———. *Further Aspects of the History of Irish Dancing*. John P. Cullinane. 1990.

Harbison, Peter. *Irish High Crosses – with the figure sculptures explained*. The Boyne Valley Honey Company, 1994.

Kilfeather, Siobhan. *Dublin: A Cultural History (Cityscapes)*. Oxford UP, 2005.

Ó Cinneide, Barra. *Riverdance: The Phenomenon*. Blackhall Publishing, 2002.

Rockett, Kevin. *Ten Years After: The Irish Film Board 1993-2003*. The Irish Film Board, 2003.

❖ 言語

A New View of the Irish Language, eds., Caoilfhionn Nic Pháidín and Seán Ó Cearnaigh, Cois Life, 2008.

Darmody, Merike. "Attitudes towards the Irish Language on the Island of Ireland." (2015)

McCloskey, James. *Voices Silenced: Has Irish a Future?* Dublin: Cois Life Teoranta, 2001.

Mac Gréil, Miceál, S.J. "Irish Language and Irish People: Report on the Attitudes towards, Competence in and Use of the Irish Language in the Republic of Ireland in 2007-'08." Survey and Research Unit, Department of Sociology, National University of Ireland Maynooth, 2009.

Micheál Mac Gréil, S.J. "Irish Language and Irish People" (Report on the Attitudes towards, Competence in and Use of the Irish Language in the Republic of Ireland in 2007-'08) Survey and Research Unit, Department of Sociology, National University of Ireland Maynooth. 2009.

O Donaill, Eamonn. *Turas Teanga*. Gill & Macmillan, 2004.

O'Siadhail, Michael. *Learning Irish*. Yale UP, 1995.

❖ 文学・演劇・フォークロア

Bourke, Angela. *The Burning of Bridget Cleary: A True Story*. Pimlico, 1999.

Fitz-Simon, Christopher. *The Abbey Theatre: Ireland's National Theatre: The First 100 Years*. Thames & Hudson, 2003.

Healy, Elizabeth. *Literary Tour of Ireland*. Wolfhound Press, 2001.

Longley, Michael, ed. *20th-Century Irish Poems*. Faber & Faber, 2000.

Mahon, Bríd. *Irish Folklore*. Mercier Press, 2000.

Ó Súilleabháin, Seán. *A Handbook of Irish Folklore*, Folklore of Ireland Society, 1942.

❖ 政府関係データなど

A Social Portrait of Children in Ireland, The Stationary Office, 2007.

Building Ireland's Smart Economy: A Framework for Sustainable Economic Renewal, The Stationery Office, 2008.

Central Statistics Office, *Statistical Yearbook of Ireland 2016,* Dublin, 2016.

Constitution of Ireland

Global Irish Economic Forum Report, Department of Foreign Affairs, 2009.

Ireland and America: Challenges and Opportunities in a New Context, Embassy of Ireland, Washington, 2009.

Ireland Vital Statistics July 2010, IDA Ireland, 2010.

National Development Plan 2007-2013 Transforming Ireland (Executive Summary), The Stationery Office, 2007.

State of the Nations Children Summary, Office of the Minister for Children and Youth Affairs Department of Health and Children, 2008.

World Economic Forum, The Global Gender Gap Report 2017, Geneva, 2017.

【ウェブサイト】

駐日アイルランド大使館▶ https://www.dfa.ie/irish-embassy/japan/

アイルランド政府観光庁▶ https://www.ireland.com/ja-jp/

アイルランド政府教育技術省ホームページ▶ http://www.education.ie/home/home.jsp?pcategory=10917&ecategory=12016&language=EN

アイルランド語による教育を行う学校（Gaelscoileanna）についての統計（2017）▼www.gaelscoileanna.ie/en/about/statistics/

【CD】

守安功、守安雅子『ターロック・オキャロラン作品全集』（第1巻「魂と肉体の別れ Separation of Soul and Body」、第2巻「妖精の女王 The Fairy Queen」、第3巻「聖体奉挙 The Elevation」、第4巻「プリンセス・ロイヤル The Princess Royal」発売元／ワオンレコード、販売／キングインターナショナル、２００７〜２００９年

――『グリーン・リトル・アイルランド The Green Little Ireland』発売元／ワオンレコード、販売／キングインターナショナル、２００７年

千葉優子（ちば・ゆうこ）［20、31、コラム1、コラム2］
青山学院大学経営学部准教授。分断社会・社会的包摂。2017年より現職。主な著作に、*Religious Education and Religious Liberty: Opt-Outs and Young People's Sense of Belonging*（共著）In: M. Hunter-Henin (ed.) , *Law, Religious Freedom and Education in Europe*（Oxford University Press、2012）など。

林　秀毅（はやし・ひでき）［21、22］
慶應義塾大学経済学部特任教授。東京大学卒業後、日本興業銀行入行。ルクセンブルグ興銀、調査部主任部員等を歴任。2005年以降、慶應義塾大学にてEU-Japan Economic Relationsの講義を担当、現在に至る。主な著作に、『EUは危機を超えられるか：統合と分裂の相克』（NTT出版、共著）、『EUを知るための63章』（明石書店、共著）、訳書に『国際金融アーキテクチャー』（東洋経済新報社、共訳）がある。

真鍋晶子（まなべ・あきこ）［58］
滋賀大学教授。アイルランド文学・アメリカ文学。主な著作に *Yeats and Asia: Overviews and Case Studies*（共著、Cork University Press, 2020）、*Crossings: Celebrating Sixty Years of Diplomatic Relationships between Ireland and Japan*（共著、Cork University Press, 2022）、*The Oxford Handbook of W. B. Yeats*（共著、Oxford University Press, 2023）など。

三神弘子（みかみ・ひろこ）［56、57］
早稲田大学国際教養学部教授。英米文学、アイルランド文学、アイルランド演劇。主な著書に、*Irish Theatre and Its Soundscapes*（共編著、Glasnevin Publishing、2015）、『アイルランド・ケルト文化を学ぶ人のために』（共著、世界思想社、2009）、*Frank McGuinness and His Theatre of Paradox*（Colin Smythe、2002）など。

宮谷直樹（みやたに・なおき）［59、60、67］
放送局勤務の後、現在アイルランドにて会社経営。

守安　功（もりやす・いさお）［62～65］
演奏家（アイルランドと英国の伝統音楽、およびヨーロッパのバロック音楽）。主な著作に『アイルランド 人・酒・音――愛蘭土音楽紀行』（東京書籍、1997）、『アイルランド　大地からのメッセージ――愛蘭土音楽紀行2』（東京書籍、1998）、『アイリッシュ・ダンスへの招待』（山下理恵子との共著、音楽之友社、2002）など。

山下理恵子（やました・りえこ）＊［1～6、25～27、34～38、43～51、66、68～70、コラム3, コラム6］
編著者紹介を参照。

山田朋美（やまだ・ともみ）［32、33］
工学院大学教育推進機構国際キャリア科准教授。国際文化交流論、アイルランド史。

〈執筆者紹介〉（50音順、＊は編者）

池田寛子（いけだ・ひろこ）［52～55、61、コラム4］
京都大学大学院人間・環境学研究科教授。アイルランド文学。主な著作に『イェイツとアイリッシュ・フォークロアの世界』（彩流社、2011）、『語り継ぐ力　アイルランドと日本』（共著、アイルランドフューシャ奈良書店、2018）。訳書に『ヌーラ・ニゴーノル詩集』（新・世界現代詩文庫11、土曜美術社出版販売、2010）、ミホール・オシール『アイルランド語文法』（共訳、研究社、2008）、ブライアン・メリマン『真夜中の法廷――18世紀アイルランドの至宝』（共訳、彩流社、2014）など。

上野　格（うえの・いたる）［18、19］
成城大学名誉教授。経済学史、アイルランド史。主な著作に『イギリス現代史』（松浦高嶺との共著、山川出版社、1992）、『図説アイルランド』（アイルランド文化研究会との共編著、河出書房新社、1999）、「日本におけるアイアランド学の歴史」『思想』（617号、岩波書店、1975）、「東海散士『佳人之奇遇』の周辺」『成城教育』（第31号、1981年3月）など。

海老島均（えびしま・ひとし）＊［28～30、39～42］
編著者紹介を参照。

河口和子（かわぐち・かずこ）［23、24］
愛知淑徳大学非常勤講師。アイルランド文学・文化。主な著作に『イギリス文化事典』（共著、丸善出版、2014）、訳書に『アイリッシュ・ハープの調べ――ケルトの神話集』（共訳、春風社、2007）、『まるで魔法のように　ポーラ・ミーハン選詩集』（共訳、思潮社、2022）など。

小泉　凡（こいずみ・ぼん）［コラム5］
小泉八雲記念館館長・焼津小泉八雲記念館名誉館長・島根県立大学短期大学部名誉教授。民俗学。主な著書に『民俗学者・小泉八雲』（恒文社、1995）、『怪談四代記――八雲のいたずら――』（講談社、2014）など。

小舘尚文（こだて・なおのり）［20、31、コラム1、コラム2］
アイルランド国立大学ダブリン校（UCD）社会科学・法学部准教授。比較社会政策・科学技術医療社会論。主な著作に、*Japanese Women in Science and Engineering: History and Policy Change*（共著、Routledge、2015）、*Systems Thinking for Global Health*（共編著、Oxford University Press、2022）など。

高神信一（たかがみ・しんいち）［7～17］
大阪産業大学経済学部教授。アイルランド社会経済史。主な著作に『大英帝国のなかの「反乱」』（同文舘出版、2005）、『アイルランドの経験――植民・ナショナリズム・国際統合』（共著、法政大学出版局、2009）、『近代イギリスの歴史』（共著、ミネルヴァ書房、2011）など。

〈編著者紹介〉

海老島 均（えびしま・ひとし）
成城大学経済学部教授。スポーツ社会学。主な著作に『現代スポーツのパースペクティブ』（共著、大修館書店、2006）、*Japan, Sport and Society: Tradition and Change in a Globalizing World*（共著 , Routledge, 2006）、*The Changing Face of Rugby: The Union Game and Professionalism since 1995*（共著 , Cambridge Scholar Publishing, 2008）など。

山下理恵子（やました・りえこ）
成城大学他非常勤講師。ライター、翻訳業。言語文化博士号取得。主な著作に『アイリッシュ・ダンスへの招待』（共著、音楽之友社、2002）、『アイルランド――パブとギネスと音楽と』（共著、トラベルジャーナル、1998）、『アイルランドでダンスに夢中』（東京書籍、1998）、訳書に『アンディ・サマーズ自伝――ポリス全調書』（ブルース・インターアクションズ、2007）など。

エリア・スタディーズ　44
アイルランドを知るための70章【第3版】

2004年12月24日　初　版第1刷発行
2019年 4月15日　第3版第1刷発行
2024年11月30日　第3版第2刷発行

編著者　海老島　均
山下　理恵子
発行者　大江　道雅
発行所　株式会社 明石書店
〒101-0021 東京都千代田区外神田 6-9-5
電話　03（5818）1171
FAX　03（5818）1174
振替　00100-7-24505
https://www.akashi.co.jp
装幀　明石書店デザイン室
印刷・製本　モリモト印刷株式会社

（定価はカバーに表示してあります）　ISBN978-4-7503-4817-9

エリア・スタディーズ

1 現代アメリカ社会を知るための60章
明石紀雄、川島浩平 編著

2 イタリアを知るための62章【第2版】
村上義和 編著

3 イギリスを旅する35章
辻野功 編著

4 モンゴルを知るための65章【第2版】
金岡秀郎 著

5 パリ・フランスを知るための44章
梅本洋一、大里俊晴、木下長宏 編著

6 現代韓国を知るための61章【第3版】
石坂浩一、福島みのり 編著

7 オーストラリアを知るための58章【第3版】
越智道雄 著

8 現代中国を知るための54章【第7版】
藤野彰 編著

9 ネパールを知るための60章
日本ネパール協会 編

10 アメリカの歴史を知るための65章【第4版】
富田虎男、鵜月裕典、佐藤円 編著

11 現代フィリピンを知るための61章【第2版】
大野拓司、寺田勇文 編著

12 ポルトガルを知るための55章【第2版】
村上義和、池俊介 編著

13 北欧を知るための43章
武田龍夫 著

14 ブラジルを知るための56章【第2版】
アンジェロ・イシ 著

15 ドイツを知るための60章
早川東三、工藤幹巳 編著

16 ポーランドを知るための60章
渡辺克義 編著

17 シンガポールを知るための65章【第5版】
田村慶子 編著

18 現代ドイツを知るための67章【第3版】
浜本隆志、髙橋憲 編著

19 ウィーン・オーストリアを知るための57章【第2版】
広瀬佳一、今井顕 編著

20 ハンガリーを知るための60章【第2版】 ドナウの宝石
羽場久美子 編著

21 現代ロシアを知るための60章【第2版】
下斗米伸夫、島田博 編著

22 21世紀アメリカ社会を知るための67章
明石紀雄 監修 赤尾千波、大類久恵、小塩和人、落合明子、川島浩平、高野泰 編

23 スペインを知るための60章
野々山真輝帆 著

24 キューバを知るための52章
後藤政子、樋口聡 編著

25 カナダを知るための60章
綾部恒雄、飯野正子 編著

26 中央アジアを知るための60章【第2版】
宇山智彦 編著

27 チェコとスロヴァキアを知るための56章【第2版】
薩摩秀登 編著

28 現代ドイツの社会・文化を知るための48章
田村光彰、村上和光、岩淵正明 編著

29 インドを知るための50章
重松伸司、三田昌彦 編著

30 タイを知るための72章【第2版】
綾部真雄 編著

31 パキスタンを知るための60章
広瀬崇子、山根聡、小田尚也 編著

32 バングラデシュを知るための66章【第3版】
大橋正明、村山真弓、日下部尚徳、安達淳哉 編著

33 イギリスを知るための65章【第2版】
近藤久雄、細川祐子、阿部美春 編著

34 現代台湾を知るための60章【第2版】
亜洲奈みづほ 著

35 ペルーを知るための66章【第2版】
細谷広美 編著

36 マラウィを知るための45章【第2版】
栗田和明 著

37 コスタリカを知るための60章【第2版】
国本伊代 編著

38 チベットを知るための50章
石濱裕美子 編著

39 現代ベトナムを知るための63章【第3版】
岩井美佐紀 編著

40 インドネシアを知るための50章
村井吉敬、佐伯奈津子 編著

41 エルサルバドル、ホンジュラス、ニカラグアを知るための45章
田中高 編著

42 パナマを知るための70章【第2版】
国本伊代 編著

43 イランを知るための65章
岡田恵美子、北原圭一、鈴木珠里 編著

44 アイルランドを知るための70章【第3版】
海老島均、山下理恵子 編著

エリア・スタディーズ

45 **メキシコを知るための60章** 吉田栄人 編著

46 **中国の暮らしと文化を知るための40章** 東洋文化研究会 編

47 **現代ブータンを知るための60章【第2版】** 平山修一 著

48 **バルカンを知るための66章【第2版】** 柴宜弘 編著

49 **現代イタリアを知るための44章** 村上義和 編著

50 **アルゼンチンを知るための54章** アルベルト松本 著

51 **ミクロネシアを知るための60章【第2版】** 印東道子 編著

52 **アメリカのヒスパニック＝ラティーノ社会を知るための55章** 大泉光一、牛島万 編著

53 **北朝鮮を知るための55章【第2版】** 石坂浩一 編著

54 **ボリビアを知るための73章【第2版】** 真鍋周三 編著

55 **コーカサスを知るための60章** 北川誠一、前田弘毅、廣瀬陽子、吉村貴之 編著

56 **カンボジアを知るための60章【第3版】** 上田広美、岡田知子、福富友子 編著

57 **エクアドルを知るための60章【第2版】** 新木秀和 編著

58 **タンザニアを知るための60章【第2版】** 栗田和明、根本利通 編著

59 **リビアを知るための60章【第2版】** 塩尻和子 編著

60 **東ティモールを知るための50章** 山田満 編著

61 **グアテマラを知るための67章【第2版】** 桜井三枝子 編著

62 **オランダを知るための60章** 長坂寿久 著

63 **モロッコを知るための65章** 私市正年、佐藤健太郎 編著

64 **サウジアラビアを知るための63章【第2版】** 中村覚 編著

65 **韓国の歴史を知るための66章** 金両基 編著

66 **ルーマニアを知るための60章** 六鹿茂夫 編著

67 **現代インドを知るための60章** 広瀬崇子、近藤正規、井上恭子、南埜猛 編著

68 **エチオピアを知るための50章** 岡倉登志 編著

69 **フィンランドを知るための44章** 百瀬宏、石野裕子 編著

70 **ニュージーランドを知るための63章** 青柳まちこ 編著

71 **ベルギーを知るための52章** 小川秀樹 編著

72 **ケベックを知るための56章【第2版】** 日本ケベック学会 編

73 **アルジェリアを知るための62章** 私市正年 編著

74 **アルメニアを知るための65章** 中島偉晴、メラニア・バグダサリヤン 編著

75 **スウェーデンを知るための64章【第2版】** 村井誠人 編著

76 **デンマークを知るための70章【第2版】** 村井誠人 編著

77 **最新ドイツ事情を知るための50章** 浜本隆志、柳原初樹 著

78 **セネガルとカーボベルデを知るための60章** 小川了 編著

79 **南アフリカを知るための60章** 峯陽一 編著

80 **エルサルバドルを知るための66章【第2版】** 細野昭雄、田中高 編著

81 **チュニジアを知るための60章** 鷹木恵子 編著

82 **南太平洋を知るための58章** メラネシア ポリネシア 吉岡政德、石森大知 編著

83 **現代カナダを知るための60章【第2版】** 飯野正子、竹中豊 総監修 日本カナダ学会 編

84 **現代フランス社会を知るための62章** 三浦信孝、西山教行 編著

85 **ラオスを知るための60章** 菊池陽子、鈴木玲子、阿部健一 編著

86 **パラグアイを知るための50章** 田島久歳、武田和久 編著

87 **中国の歴史を知るための60章** 並木頼壽、杉山文彦 編著

88 **スペインのガリシアを知るための50章** 坂東省次、桑原真夫、浅香武和 編著

89 **アラブ首長国連邦（UAE）を知るための60章** 細井長 編著

エリア・スタディーズ

90 **コロンビアを知るための60章**
二村久則 編著

91 **現代メキシコを知るための70章【第2版】**
国本伊代 編著

92 **ガーナを知るための47章**
高根務、山田肖子 編著

93 **ウガンダを知るための53章**
吉田昌夫、白石壮一郎 編著

94 **ケルトを旅する52章** イギリス・アイルランド
永田喜文 著

95 **トルコを知るための53章**
大村幸弘、永田雄三、内藤正典 編著

96 **イタリアを旅する24章**
内田俊秀 編著

97 **大統領選からアメリカを知るための57章**
越智道雄 著

98 **現代バスクを知るための60章【第2版】**
萩尾生、吉田浩美 編著

99 **ボツワナを知るための52章**
池谷和信 編著

100 **ロンドンを旅する60章**
川成洋、石原孝哉 編著

101 **ケニアを知るための55章**
松田素二、津田みわ 編著

102 **ニューヨークからアメリカを知るための76章**
越智道雄 著

103 **カリフォルニアからアメリカを知るための54章**
越智道雄 著

104 **イスラエルを知るための62章【第2版】**
立山良司 編著

105 **グアム・サイパン・マリアナ諸島を知るための54章**
中山京子 編著

106 **中国のムスリムを知るための60章**
中国ムスリム研究会 編

107 **現代エジプトを知るための60章**
鈴木恵美 編著

108 **カーストから現代インドを知るための30章**
金基淑 編著

109 **カナダを旅する37章**
飯野正子、竹中豊 編著

110 **アンダルシアを知るための53章**
立石博高、塩見千加子 編著

111 **エストニアを知るための59章**
小森宏美 編著

112 **韓国の暮らしと文化を知るための70章**
舘野晳 編著

113 **現代インドネシアを知るための60章**
村井吉敬、佐伯奈津子、間瀬朋子 編著

114 **ハワイを知るための60章**
山本真鳥、山田亨 編著

115 **現代イラクを知るための60章**
酒井啓子、吉岡明子、山尾大 編著

116 **現代スペインを知るための60章**
坂東省次 編著

117 **スリランカを知るための58章**
杉本良男、高桑史子、鈴木晋介 編著

118 **マダガスカルを知るための62章**
飯田卓、深澤秀夫、森山工 編著

119 **新時代アメリカ社会を知るための60章**
明石紀雄 監修 大類久恵、落合明子、赤尾千波 編著

120 **現代アラブを知るための56章**
松本弘 編著

121 **クロアチアを知るための60章**
柴宜弘、石田信一 編著

122 **ドミニカ共和国を知るための60章**
国本伊代 編著

123 **シリア・レバノンを知るための64章**
黒木英充 編著

124 **EU（欧州連合）を知るための63章**
羽場久美子 編著

125 **ミャンマーを知るための60章**
田村克己、松田正彦 編著

126 **カタルーニャを知るための50章**
立石博高、奥野良知 編著

127 **ホンジュラスを知るための60章**
桜井三枝子、中原篤史 編著

128 **スイスを知るための60章**
スイス文学研究会 編

129 **東南アジアを知るための50章**
今井昭夫 編集代表 東京外国語大学東南アジア課程 編

130 **メソアメリカを知るための58章**
井上幸孝 編著

131 **マドリードとカスティーリャを知るための60章**
川成洋、下山静香 編著

エリア・スタディーズ

132 ノルウェーを知るための60章　大島美穂、岡本健志 編著
133 現代モンゴルを知るための50章　小長谷有紀、前川愛 編著
134 カザフスタンを知るための60章　宇山智彦、藤本透子 編著
135 内モンゴルを知るための60章　ボルジギン・ブレンサイン 編著　赤坂恒明 編集協力
136 スコットランドを知るための65章　木村正俊 編著
137 セルビアを知るための60章　柴宜弘、山崎信一 編著
138 マリを知るための58章　竹沢尚一郎 編著
139 ASEANを知るための50章【第2版】　黒柳米司、金子芳樹、吉野文雄、山田満 編著
140 アイスランド・グリーンランド・北極を知るための65章　小澤実、中丸禎子、高橋美野梨 編著
141 ナミビアを知るための53章　水野一晴、永原陽子 編著
142 香港を知るための60章　吉川雅之、倉田徹 編著
143 タスマニアを旅する60章　宮本忠 著
144 パレスチナを知るための60章　臼杵陽、鈴木啓之 編著
145 ラトヴィアを知るための47章　志摩園子 編著
146 ニカラグアを知るための55章　田中高 編著
147 台湾を知るための72章【第2版】　赤松美和子、若松大祐 編著
148 テュルクを知るための61章　小松久男 編著
149 アメリカ先住民を知るための62章　阿部珠理 編著
150 イギリスの歴史を知るための50章　川成洋 編著
151 ドイツの歴史を知るための50章　森井裕一 編著
152 ロシアの歴史を知るための50章　下斗米伸夫 編著
153 スペインの歴史を知るための50章　立石博高、内村俊太 編著
154 フィリピンを知るための64章　大野拓司、鈴木伸隆、日下渉 編著
155 バルト海を旅する40章　7つの島の物語　小柏葉子 著
156 カナダの歴史を知るための50章　細川道久 編著
157 カリブ海世界を知るための70章　国本伊代 編著
158 ベラルーシを知るための50章　服部倫卓、越野剛 編著
159 スロヴェニアを知るための60章　柴宜弘、アンドレイ・ベケシュ、山崎信一 編著
160 北京を知るための52章　櫻井澄夫、人見豊、森田憲司 編著
161 イタリアの歴史を知るための50章　高橋進、村上義和 編著
162 ケルトを知るための65章　木村正俊 編著
163 オマーンを知るための55章　松尾昌樹 編著
164 ウズベキスタンを知るための60章　帯谷知可 編著
165 アゼルバイジャンを知るための67章　廣瀬陽子 編著
166 済州島を知るための55章　梁聖宗、金良淑、伊地知紀子 編著
167 イギリス文学を旅する60章　石原孝哉、市川仁 編著
168 フランス文学を旅する60章　野崎歓 編著
169 ウクライナを知るための65章　服部倫卓、原田義也 編著
170 クルド人を知るための55章　山口昭彦 編著
171 ルクセンブルクを知るための50章　田原憲和、木戸紗織 編著
172 地中海を旅する62章　歴史と文化の都市探訪　松原康介 編著
173 ボスニア・ヘルツェゴヴィナを知るための60章　柴宜弘、山崎信一 編著

エリア・スタディーズ

174 チリを知るための60章
細野昭雄、工藤章、桑山幹夫 編著

175 ウェールズを知るための60章
吉賀憲夫 編著

176 太平洋諸島の歴史を知るための60章 日本とのかかわり
石森大知、丹羽典生 編著

177 リトアニアを知るための60章
櫻井映子 編著

178 現代ネパールを知るための60章
公益社団法人 日本ネパール協会 編

179 フランスの歴史を知るための50章
中野隆生、加藤玄 編著

180 ザンビアを知るための55章
島田周平、大山修一 編著

181 ポーランドの歴史を知るための56章【第2版】
渡辺克義、白木太一、吉岡潤 編著

182 韓国文学を旅する60章
波田野節子、斎藤真理子、きむ ふな 編著

183 インドを旅する55章
宮本久義、小西公大 編著

184 現代アメリカ社会を知るための63章【2020年代】
明石紀雄 監修 大類久恵、落合明子、赤尾千波 編著

185 アフガニスタンを知るための70章
前田耕作、山内和也 編著

186 モルディブを知るための35章
荒井悦代、今泉慎也 編著

187 ブラジルの歴史を知るための50章
伊藤秋仁、岸和田仁 編著

188 現代ホンジュラスを知るための55章
中原篤史 編著

189 ウルグアイを知るための60章
山口恵美子 編著

190 ベルギーの歴史を知るための50章
松尾秀哉 編著

191 食文化からイギリスを知るための55章
石原孝哉、市川仁、宇野毅 編著

192 東南アジアのイスラームを知るための64章
久志本裕子、野中葉 編著

193 宗教からアメリカ社会を知るための48章
上坂昇 著

194 ベルリンを知るための52章
浜本隆志、希代真理子 著

195 NATO（北大西洋条約機構）を知るための71章
広瀬佳一 編著

196 華僑・華人を知るための52章
山下清海 著

197 カリブ海の旧イギリス領を知るための60章
川分圭子、堀内真由美 編著

198 ニュージーランドを旅する46章
宮本忠、宮本由紀子 著

199 マレーシアを知るための58章
鳥居高 編著

200 ラダックを知るための60章
煎本孝、山田孝子 著

201 スロヴァキアを知るための64章
長與進、神原ゆうこ 編著

202 チェコを知るための60章
薩摩秀登、阿部賢一 編著

203 ロシア極東・シベリアを知るための70章
服部倫卓、吉田睦 編著

204 スペインの歴史都市を旅する48章
立石博高 監修・著 小倉真理子 著

205 ハプスブルク家の歴史を知るための60章
川成洋 編著

206 パレスチナ／イスラエルの〈いま〉を知るための24章
鈴木啓之、児玉恵美 編著

207 ラテンアメリカ文学を旅する58章
久野量一、松本健二 編著

208 コンゴ民主共和国を知るための50章
木村大治、武内進一 編著

209 インド北東部を知るための45章
笠井亮平、木村真希子 編著

210 アジア系アメリカを知るための53章
李里花 編著

211 ロシアの暮らしと文化を知るための60章
沼野充義、沼野恭子、坂上陽子 編著

212 ベリーズを知るための60章
国本伊代、木下雅夫 編著

——以下続刊

◎各巻2000円（一部1800円）

〈価格は本体価格です〉